KB174823

기계는 어떻게 생각하고 학습하는가

IB 한빛미디어
Hanbit Media, Inc.

기계는 어떻게 생각하고 학습하는가

6인의 위대한 AI 석학이 조망하는 인공지능의 현재와 미래

초판 1쇄 발행 2018년 12월 05일
초판 5쇄 발행 2023년 12월 01일

지은이 뉴 사이언티스트, 닉 보스트롬, 넬로 크리스티아니니, 존 그레이엄-커밍, 피터 노빅, 앤더스 샌드버그, 토비 월시
옮긴이 김정민 / **펴낸이** 전태호
펴낸곳 한빛미디어(주) / **주소** 서울시 서대문구 연희로2길 62 한빛미디어(주) IT출판2부
전화 02-325-5544 / **팩스** 02-336-7124
등록 1999년 6월 24일 제25100-2017-000058호 / **ISBN** 979-11-6224-138-7 93000

총괄 송경석 / **책임편집** 박민아 / **기획** 이상복 / **교정** 문용우 / **진행** 이채윤
디자인 표지 김연정 내지 신종식 / **조판** 이경숙
영업 김형진, 장경환, 조유미 / **마케팅** 박상용, 한종진, 이행은, 김선아, 고광일, 성화정, 김한솔 / **제작** 박성우, 김정우

이 책에 대한 의견이나 오탈자 및 잘못된 내용에 대한 수정 정보는 한빛미디어(주)의 홈페이지나 아래 이메일로
알려주십시오. 잘못된 책은 구입하신 서점에서 교환해드립니다. 책값은 뒤표지에 표시되어 있습니다.

한빛미디어 홈페이지 www.hanbit.co.kr / 이메일 ask@hanbit.co.kr

Machines that Think
Copyright © New Scientist 2017
All rights reserved

Korean translation copyright © 2018 by Hanbit Media, Inc.
Korean translation rights arranged with Hodder & Stoughton Limited
through EYA (Eric Yang Agency).

이 책의 한국어판 저작권은 EYA(Eric Yang Agency) 에이전시를 통한 Hodder & Stoughton Limited와의 독점
계약으로 한빛미디어(주)에 있습니다.
저작권법에 의해 한국 내에서 보호를 받는 저작물이므로 무단 전재와 무단 복제를 금합니다.

지금 하지 않으면 할 수 없는 일이 있습니다.
책으로 펴내고 싶은 아이디어나 원고를 메일(writer@hanbit.co.kr)로 보내주세요.
한빛미디어(주)는 여러분의 소중한 경험과 지식을 기다리고 있습니다.

기계는 어떻게 생각하고 학습하는가

뉴 사이언티스트 외 지음

한빛미디어
Hanbit Media, Inc.

지은이 · 옮긴이 소개

지은이. **뉴 사이언티스트** New Scientist

세계에서 가장 대중적인 과학기술 주간지. 1956년 영국에서 창립되어, 현재 미국과 오스트레일리아까지 지부를 확장했으며 세계적인 과학축제 '뉴 사이언티스트 라이브'를 개최하고 있다. '과학적 발견이 미치는 사회적 영향에 관심 있는 모든 독자를 위해'라는 기치 아래 과학기술 및 미래에 끼칠 영향에 대해 심도 있는 뉴스, 특집기사, 평론, 논평 등을 제공한다. 세계적으로 500만 명 이상의 구독자가 있다.

지은이. **닉 보스트롬** Nick Bostrom

옥스퍼드 대학교 인류미래연구소 소장이자 『슈퍼인텔리전스』(까치, 2017) 저자다. 8장에서 '인공지능이 인간보다 똑똑해진다면?'을 썼다.

지은이. **넬로 크리스티아니니** Nello Cristianini

브리스틀 대학교의 인공지능 교수이자 『Kernel Methods for Pattern Analysis』(Cambridge University Press, 2014) 등의 머신러닝 교재 저자다. 1, 2, 3, 5장 집필에 참여했다.

지은이. **존 그레이엄-커밍** John Graham-Cumming

프로그래머이자 아마추어 코드브레이커로서『긱 아틀라스』(한빛미디어, 2015) 저자다. 2009년 영국 정부에 앨런 튜링에 대한 공식적 사죄를 요구하는 운동을 주도해 성공으로 이끌었다. 1장 집필에 참여했다.

지은이. **피터 노빅** Peter Norvig

NASA 에임스 연구 센터 계산과학부 총괄을 거쳐 현재는 구글의 연구이사다. 『인공지능』(제이펍, 2016)을 공저했다. 1, 2, 5, 6장 집필에 참여했다.

지은이. **앤더스 샌드버그** Anders Sandberg

옥스퍼드 대학교 인류미래연구소 연구원으로 신기술의 위험을 연구하고 있다. 6장에서 '소프트웨어도 고통을 느낄 수 있을까?'를 썼다.

지은이. **토비 월시** Toby Walsh

뉴사우스웨일스 대학교 인공지능 교수이자 『생각하는 기계』(프리뷰,
2018) 저자다. 8장에서 '특이점이 절대 오지 않는 5가지 이유'를 썼다.

옮긴이. **김정민**

서울대학교 컴퓨터공학과를 졸업하고 SK텔레콤에서 소프트웨어 엔지
니어로 근무했다. 변호사 자격을 취득하고 현대자동차, 헬스케어 회
사, 블록체인 회사 등을 거쳐 특허, 저작권, 영업비밀, 개인정보, 기술
전략, 규제대응 그 외 폭넓은 영역에서 다양한 기술 및 법률자문을 제
공하고 있다. 옮긴 책으로는 『컴퓨터 프로그램의 구조와 해석』(인사이
트, 2016), 『소프트웨어 개발의 지혜』(야스미디어, 2004) 등 10여 권이
있다. 현재 법무법인 인헌의 파트너 변호사로서 좋은 책이 더 많은 사
람에게 알려지도록 노력한다.

옮긴이의 말

인공지능이라는 말이 그 어느 때보다도 더 우리 삶에 깊숙이 들어온 시대다. 당장 내가 쥐고 있는 스마트폰, 우리 집 거실 TV, 대형 쇼핑몰에 전시된 수많은 가전, 지금 내 주위를 시험운행하고 있을 수도 있는 자율주행차 등 다양하고 재기발랄한 이름을 단 인공지능 기계들이 넘쳐난다.

대부분의 사람들은 처음에는 그저 신기하게 생각한다. 그리고 어린 아이 걸음마를 지켜보듯이 흐뭇하게 '기계나 컴퓨터가 이런 것도 할 수 있구나', '세상 참 좋아졌구나' 이렇게 생각한다. 기계가 체스를 두고, 어느 정도 대화도 나눌 수 있다는 것을 알면 조금 더 놀란다. '생각보다 빨리 발전하고 있구나', '몇 가지 허드렛일 정도는 시킬 수 있는 날도 곧 오겠다' 정도로. 그리고 기계는 영원히 인간의 두뇌게임으로 남아 있을 것 같았던 바둑에서 인간 최고수를 완벽히 꺾었다.

2016년 구글의 알파고와 이세돌 기사의 대국을 지켜보던 사람들이 느낀 감정에서 많은 부분은 공포가 차지했으리라 생각한다. 일부분은 몰이해에서 나온 감정이겠지만, 역설적으로 이는 어떤 의미에서는 인간의 지능이 매우 뛰어나다는 것을 시사한다. 우리는 앞으로 일어날 일들을 아직 다 보지 못했음에도, 복잡도가 매우 높은 바둑이라는 보드게임에서 인공지능이 인간을 추월한 사실이 무슨 의미를 갖는지 직관적으로 깨달았던 것이다. 즉 이러한 능력을 가진 인공지능이 등장한 이후의 우리 세상은 어떤 형태로든 매우 크게 달라질 것이라는 뜻이다.

실제로 알파고 이후로 세상은 말 그대로 무섭게 변하고 있다. 앞으로 인공지능이 대체하기 어려운 일자리 목록이 아이들의 장래희망에 영향을 줄 정도다. 그리고 우려되기도 하는 부분이지만, 이미 몇몇 일자리를 인공지능 챗봇이나 분석 시스템 등이 대체하고 있다. 발 빠른 기업들은 앞다투어 인공지능에 투자하고 있다. 인공지능의 능력과 그 잠재력까지 생각하면, 기존과 같은 '인간의 방식'에 머물러서는 치열한 생존경쟁에서 살아남을 리 만무하기 때문이다.

솔직히 모든 사람이 이런 변화를 감당할 수 있을지 걱정이 된다. 그렇다고 이런 변화를 돌이키거나 무조건 막을 수 없음도 인정해야만 한다. 그렇다면 현명한 인간이 할 일은 이제 인공지능을 제대로 이해하고 경쟁자나 대적자가 아닌 뛰어난 도구로 잘 활용할 방법을 찾는 것이다.

이 책은 인공지능 발전사부터 인공지능의 성격을 제대로 이해하기 위해 필요한 주요 개발 사례 및 최근 일어난 주요 사건까지 구체적인 사례를 풍부하게 들어 소개한다. 개인적으로 읽어본 많은 인공지능 관련 책 중에서도, 많은 사례와 사건을 인용하여 꼼꼼히 소개했다는 점, 일반인이 이해하기 쉬운 동시에 어느 정도 수준 있는 과학적 설명도 갖추었다는 점에서는 견줄 대상이 없을 정도다.

이 책의 원서를 펴낸 『뉴 사이언티스트』는 1956년부터 영국에서 발행되고 있는 과학 대중 주간지로, 우리나라 독자들에게는 이름이 다소 생소할 수 있으나 『네이처』와 함께 자주 거론되기도 하는 인기 높은 대중적 매체다. 전문지답게 원문의 문체는 다소 건조하나, 쉬운 말로 풀어 쓰면서도 가능한 한 설명에 맞는 적확한 단어와 표현을 사용하고자 하는 의도를 느낄 수 있었기에 미진하나마 그러한 의도를 살리고자 노력하였다.

한빛미디어의 배려로 좋은 책을 소개할 기회를 얻어 여러 차례 문장과 내용을 곱씹어 옮기면서, 스스로도 인공지능의 본질과 인공지능이 가져올 인간의 삶의 변화에 대해 깊이 생각할 기회를 얻을 수 있었다.

독자들도 이 책을 통해 앞으로 인공지능과 함께 살아가야 할 미래에 좀 더 잘 대응할 수 있게 되었으면 한다. 그리고 이 책의 도움으로 뛰어난 독자들이 인간지능의 한계를 극복하고, 더 나은 생각과 더 현명한 사고를 통해 더 좋은 세상을 만들 수 있게 되기를 바란다.

2018년 겨울,
김정민

서문

인공지능^{artificial intelligence}은 우리 시대를 정의하는 대세 키워드다. 지난 10여 년간, 컴퓨터는 그 어느 때보다 복잡한 작업을 수행할 수 있게 되었다. 이제 컴퓨터는 한때는 인간만이 할 수 있다고 생각되던 일까지도 능히 해낸다. 군중 속에서 사람을 인식하는 일부터 꽉 막힌 도로에서 자동차를 자율주행하는 일, 그리고 수년간 인공지능이 정복할 수 없다고 여겼던 게임인 바둑에서 최고수 인간을 이기는 일까지 정복했으며, 앞으로도 이 목록은 더 늘어날 것이다. 때로는 컴퓨터가 이런 일을 할 때 인간보다 더 나은 능력을 보여주기도 한다. 지치지도 않고 더 빨리, 더 오래 할 수 있는 것이다.

생각하는 기계란 물론 새로운 개념은 아니다. 인간은 약 75년여에 걸쳐 인간의 지능을 일부라도 발휘할 수 있는 컴퓨터를 만들기 위해 노력해왔다. 유사인간 자동장치라는 개념의 역사는 수백 년을 거슬러 올라간다. 인간이 스스로에게, 특히 지성에 깊이 매료되는 존재이기 때문에 기계를 만들면서 인간의 특별함을 복제하고자 한 것은 당연하다.

하지만 인공지능과 인간의 지능이 닮아갈수록 경이로움과 동시에 불편한 감정도 생긴다. 인공지능은 얼마나 인간과 비슷해질 것인가? 인공지능이 인간을 대체해 일자리를 빼앗고, 게임에서, 또는 인간의 삶에 의미를 부여하는 창조적인 작업에서 인간을 능가할 것인가? 고 스티븐 호킹이나 일론 머스크 같은 유명인들은 인공지능으로 인한 파멸적 미래라는 불안감을 털어놓을 정도였다. 이런 미래에는 미래의 초지능 기계가 인간이 이해할 수 없는 목표를 달성하기 위해 인간을 짓밟는 세상이 온다. 일론 머스크는 우리가 "악마를 불러내고 있다"고 했다.

이런 격앙된 반응은 인공지능으로 발생할 수 있는 문제가 얼마나 대중의 의식에 깊이 스며들었는지를 보여준다. 현실에서는 재난영화 같은 상황이 벌어질 가능성은 낮다. 하지만 아마도 실제 미래는 영화만큼이나 박진감 넘치고 영화보다 훨씬 낯선 상황을 보여줄 것이다.

예전에도 1990년대 말의 닷컴 거품과 붕괴처럼 기술 거품은 몇 번이나 있었다. 인공지능을 둘러싼 과장된 선전과 세계 곳곳에서 기업들이 쏟아붓고 있는 수조 원 단위의 자금은 웹 시대 초기의 부산스러운 야단법석을 떠올리게 한다. 하지만 이번에는 느낌이 다르다. 우리의 일상은 분명히 달라질 것이다. 전자기기와 상호작용하는 방법부터 곳곳을 돌아다니는 방식까지, 그리고 사회 활동을 하는 방식까지도 변할 것이다. 심지어 인공지능이 인간의 정의까지 바꿔놓을 것이라고 생각하는 사람도 있다.

뉴 사이언티스트 속성전문가New Scientist Instant Expert 시리즈에 속하는 이 책은 앞으로 우리가 맞이할 기술적, 윤리적 도전에 대응하기 위해 인공지능에 대해 알아야 할 모든 것을 설명한다. 이 분야를 선도하는 학자들의 의견과 『뉴 사이언티스트』 과학잡지에서 엄선한 자료를 모아 인간의 미래를 결정하는 어떤 일들이 지금 벌어지고 있는지, 그리고 선분가들이 이런 일들이 어떻게 진행될 것이라고 보고 있는지에 대한 최신 정보를 알려줄 것이다. 어떤 초기 선구자가 인간이 절대 발명하지 않아야 할 물건이라고 묘사했던 최첨단 인공지능이 품은 희망과 공포에 대해 알고 싶은 사람은, 이 책을 계속 읽어야 한다.

더글러스 헤븐Douglas Heaven, 편집자

목차

1장
인간을 본뜬 피조물

— 지능을 가진 기계를 창조하기

인간은 오랫동안 지능이란 인간만이 보유한 특징이
아닐 수도 있다는 생각을 해왔다. 그리고 75년이 넘는 장기간에
걸쳐 인간처럼 추론하고 학습할 수 있는 기계를 만들어내기를
꿈꿨다. 컴퓨터의 발명으로 인해 이 꿈을 이뤄내는 일이
코앞까지 온 듯했지만, 인간을 본뜬 기계를 창조하는 것은
상상했던 것보다 훨씬 더 어려운 일이었다.

인공지능이란 무엇인가?

인공지능 분야는 지능을 가진 것처럼 행동하는 기계에 관한 과학이자 공학이다. 이 분야에서는 다음과 같은 어려운 질문을 던진다. "지능을 가졌다^{intelligent}는 말이 무엇을 뜻하는가?" 많은 의미에서 '지능을 가지지 않은' 기계도 이미 인간보다 훨씬 똑똑하다. 하지만 컴퓨터 프로그램이 큰 수 단위의 곱셈을 할 줄 안다고 해서, 또는 은행계좌 수천 개의 거래 내역을 기록할 줄 안다고 해서 그 프로그램이 똑똑하다고 얘기하지는 않는다. 그저 정확하다고 할 뿐이다. '지능을 가졌다'라는 말은 인간의 특별한 능력을 위한 전용 수식어로 쓰인다. 예를 들면 아는 얼굴을 인식하기, 출퇴근 시간에 막히는 도로를 요리조리 빠져나가기, 악기 연주에 통달하기와 같은 능력이다.

기계가 이러한 일을 하도록 프로그램을 짜기가 왜 그리 어려울까? 전통적인 방식에 따르자면 프로그래머는 먼저 컴퓨터에게 시키고자 하는 작업을 이해한 상태로 프로그래밍을 시작할 것이다. 인공지능 기술의 묘미는 인간이 그 일을 이해하지 못한 상태에서도 컴퓨터에게 제대로 그 일을 시킬 수 있다는 것이다.

현실세계에서 불확실성은 여러 형태로 나타난다. 말하자면 목표에 도달하기를 방해하는 상대방이 있을 수도 있고, 어떤 결정의 영향이 좀 더 시간이 지난 뒤에야 확실해지는 경우(자동차를 운전하다 충돌을 피하기 위해 핸들을 확 꺾는 시점에 그게 안전한지를 알 수 없는 경우)가 있을 수도 있고, 작업을 수행하는 도중에 새로운 정보를 알게 될 수도 있다. 지능을 가진 프로그램은 이런 모든 입력정보와 그 이상의 정보까지 처리할 수 있어야 할 것이다.

인간의 지능에 근접하기 위해서는 시스템이 특정 작업만 모델링하는 것이 아니라 그 작업이 일어나는 세계를 모델링해야 한다. 즉, 환경을 감지하고 그에 따라 적절히 행동을 변경하고 조정하면서 동작해야 한다. 불확실한 환경에서도 올바른 결정을 할 수 있어야만 지능을 가진 기계라 부를 수 있다.

인공지능의 철학적 기원

인공지능의 기원은 최초의 컴퓨터보다 수 세기나 앞선다. 아리스토텔레스는 삼단논법이라는 공식화된 기계적 논법을 주창했는데, 이는 전제에서 결론을 이끌어내는 방법이다. 아리스토텔레스가 세운 규칙 중 하나에 따르면 다음 논법이 성립한다.

어떤 백조는 하얗다.
모든 백조는 새다.
그러므로 어떤 새는 하얗다.

기계는 어떻게 생각하고 학습하는가

이런 논법 형식, 즉 '어떤 S는 W다, 모든 S는 B다, 그러므로 어떤 B는 W이다'라는 공식은 어떤 S, W, B에 적용해도 문장을 구성하는 그 단어의 의미와 관계없이 유효한 결론을 이끌어낸다. 이 공식을 따르면, 인간의 전체 지식을 모두 정리하지 않더라도 지능을 가지고 동작하는 메커니즘을 만들 수 있다.

아리스토텔레스의 생각은 기계 지능의 본질을 폭넓게 탐구할 수 있는 장을 열었다. 하지만 마침내 이런 생각을 구현해볼 수 있을 정도로 컴퓨터가 정교해진 것은 20세기 중반이 되어서였다. 1948년 영국 브리스틀 대학교의 연구원 그레이 월터Grey Walter는 움직이고 빛에 반응하며 학습하는 자동 로봇 '거북이'들을 만들었다. 이 로봇 중 '엘시Elsie'라는 이름의 로봇은 배터리가 방전됨에 따라 빛 반응도를 감소시키는 식으로 환경에 반응했다. 이런 복잡한 행동 방식 때문에 이 로봇은 예측하기 어려운 존재가 되었고, 월터는 동물의 행동과 이 로봇의 행동을 비교할 수 있었다.

1950년 영국 과학자 앨런 튜링은 더 나아가 언젠가는 기계가 인간처럼 생각할 수 있게 될 것이라고 주장했다. 그리고 만약 컴퓨터가 사람과 대화를 나눌 수 있다면, '관례'에 따라 그 컴퓨터가 '생각한다'는 사실을 인정해야 한다는 검사를 제안했다. 이 직관적인 비교기준은 나중에 '튜링 테스트'로 알려지게 된다.

튜링 테스트란?

앨런 튜링은 1950년 철학 학술지 『마인드^{Mind}』에 실린 「계산하는 기계와 지능$^{Computing\ machinery\ and\ intelligence}$」이라는 소논문에서, 언젠가는 컴퓨터가 인간처럼 생각할 수 있게 될 것이라고 주장했다. 그러나 만약 그렇다 하더라도 어떻게 이를 판단할 수 있을까? 튜링은 만약 어떤 기계의 반응을 인간에게 기대되는 반응과 구별할 수 없다면, 그 기계가 지능을 가졌다고 판단할 수 있다고 했다.

튜링은 어떤 기계가 지능을 가졌다고 할 수 있는지 결정하는 방법을 '이미테이션 게임$^{Imitation\ Game}$'이라고 명했다. 튜링이 제안한 검사에서 판단자는 문자언어로 인간과 기계 둘 모두와 컴퓨터 스크린이나 전신기를 통해 대화한다. 즉, 판단자는 누가 누구인지 판단하기 위해 오직 대화만 활용할 수 있다. 만약 판단자가 기계를 인간과 구별할 수 없다면, 그 기계는 지능을 가졌다고 인정된다.

1990년, 뉴욕에 사는 자선가 휴 뢰브너$^{Hugh\ Loebner}$가 이 튜링 테스트를 통과하는 첫 번째 컴퓨터에 10만 달러, 그리고 매년 그해 탈락자 중 가장 나은 성과를 보여준 컴퓨터에 2000달러(지금은 4000달러로 올랐다)의 상금을 걸었다. 현재까지 튜링 테스트를 통과해 뢰브너상을 받은 봇 프로그램은 없다.

튜링 테스트의 개념은 아마 애플의 디지털 개인 비서인 '시리^{Siri}'나 다른 온라인 챗봇과 대화해본 적이 있는 모든 이에게 익숙할 것이다. 하지만 시리조차 이 검사를 통과할 수 있는 수준 근처에도 가지 못했다. 챗봇은 가끔 사람들을 속이기도 하지만 당대에 가장 뛰어난 인공지능조차 금방 그 인간의 가면이 벗겨진다는 한계가 있다. 하지

기계는 어떻게 생각하고 학습하는가

만 튜링은 언젠가는 인공지능을 인간의 형태를 갖춘 자와 구별할 수 없게 되는 때가 온다고 앞서 예측했다.

앨런 튜링과 컴퓨터의 발명

앨런 튜링의 업적이 현재 우리가 사는 세상을 만들었다. 튜링은 현대적 컴퓨터와 정보기술 혁명의 기반을 닦았고 인공지능과 뇌생물학, 심지어 발생생물학의 중요내용까지도 미리 예측하는 선견지명을 보였다. 그리고 제2차 세계대전 당시 연합국 측에서 중요한 암호해독을 이끌었다.

오늘날 튜링의 업적이 왜 의미가 있는지 이해하기 위해서는 그가 당대의 가장 큰 수학 난제 중 하나를 어떻게 풀려고 했는지, 그리고 그 과정에서 어떻게 모든 컴퓨터의 기본을 정의했는지에 대한 이야기를 해야 한다. 인공지능의 철학적 기원 이후 시간이 지나 드디어 컴퓨터의 발명이 이루어진 것이다.

최초의 컴퓨터

제2차 세계대전 전까지, '컴퓨터(계산원)^{computer}'란 단어는 수작업으로 또는 기계적 계산기를 써서 계산을 하는 사람, 그중에서도 보통 여성을 가리켰다. 이런 인간 컴퓨터는 산업혁명의 중요한 축을 담당했고 종종 상용로그표를 만들기 위해 필요한 계산과 같은 반복적인 작업을 수행했다.

그러나 1936년, 튜링은 불과 스물넷의 나이로 (오늘날에도 그 형태가 남아 있는) 새로운 컴퓨터의 기초를 만들어 정보기술 혁명에 큰 영향을 끼쳤다. 하지만 튜링은 당시 현대적 컴퓨터를 발명하려고 했던 것이 아니라, 수학 논리를 이용해 난제를 풀려고 했었다. 1930년대 중반, 튜링은 1928년 수학자 다비트 힐베르트가 제안한 독일어로 'Entscheidungsproblem'이라는 무시무시한 이름을 가진, 이른바 '결정문제'라고 불리는 문제를 공략하기 시작했다.

당시 수학은 단단한 기초 다지기를 추구하는 학문이었고 힐베르트는 2+2=4와 같은 수학적 명제가 모두 '결정가능decidable'한지 알고자 했다. 다시 말해, '어떤 수학적 명제가 주어져도 이 식이 참인지 거짓인지 결정할 수 있는 단계적 절차가 존재하는가?'라는 질문으로, 수학자들에게는 근본적인 문제였다. 2+2=4와 같은 명제가 참이라는 것은 쉽게 확신할 수 있지만, 더 복잡한 논리 명제는 참인지 거짓인지 밝혀내기가 더 곤란하다. 1859년, 베른하르트 리만이 제시한 리만 가설을 생각해보자. 이 가설은 자연수 중에서 소수의 분포를 구체적으로 추측하는 가설이다. 수학자들은 이 가설이 참이라고 추정하지만 확신할 수는 없다.

만약 힐베르트가 제안한 단계적 절차를 정의하는 것이 가능하다면, 결국 수학자들이 검사하고자 하는 어떤 논리 명제에 대해서도 확실한 답을 내놓는 기계를 고안할 수 있다는 귀결에 이른다. 수학계에서 풀리지 않은 모든 중요 난제들이 해결될 수도 있다. 그 당시에는 분명하게 보이지 않았을 수도 있지만, 힐베르트가 찾던 것은 컴퓨터 프로그램이

기계는 어떻게 생각하고 학습하는가

다. 힐베르트가 말한 단계적 절차는 오늘날 '알고리즘'이라고 부른다. 하지만 1930년대에는 컴퓨터도 없었고 프로그램도 없었기 때문에 튜링은 '결정문제'를 공략하기 위해 컴퓨터연산(계산)computation이라는 개념 자체를 정의해야 했다.

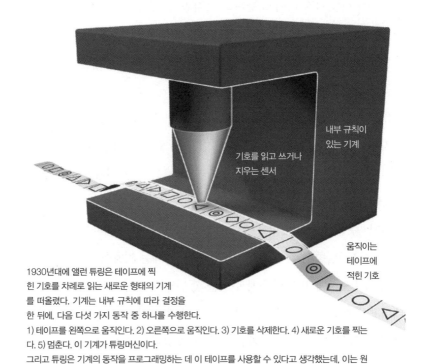

내부 규칙이 있는 기계

기호를 읽고 쓰거나 지우는 센서

움직이는 테이프에 적힌 기호

1930년대에 앨런 튜링은 테이프에 찍힌 기호를 차례로 읽는 새로운 형태의 기계를 떠올렸다. 기계는 내부 규칙에 따라 결정을 한 뒤에, 다음 다섯 가지 동작 중 하나를 수행한다.
1) 테이프를 왼쪽으로 움직인다. 2) 오른쪽으로 움직인다. 3) 기호를 삭제한다. 4) 새로운 기호를 찍는다. 5) 멈춘다. 이 기계가 튜링머신이다.
그리고 튜링은 기계의 동작을 프로그래밍하는 데 이 테이프를 사용할 수 있다고 생각했는데, 이는 원시적인 소프트웨어에 해당한다. 범용 튜링머신이라 불리는 이 기계는 모든 현대 컴퓨터의 기초다.

그림 1.1 튜링은 자신이 고안한 이론상의 기계를 실제로 만든 적이 없지만, 이 기계는 오늘날 모든 표준 컴퓨터의 이론적 기초로 남아 있다.

1936년, 튜링은 힐베르트의 문제에 확실한 답을 내놓은 논문을 발표했다. 그에 따르면 어떤 수학적 명제가 주어져도 참인지 거짓인지 결정할 수 있는 절차는 존재하지 않는다. 게다가 수학계에서 풀리지 않은 중요한 난제 다수는 '결정불가능'이다. 인간 수학자들에게는 기계에게 일자리를 빼앗기지 않아도 된다고 생각할 수 있을 만한 좋은 소식이었다. 하지만 튜링은 이 논문으로 힐베르트의 문제 해결보다도 더 중요한 일을 해냈다. 해답에 이르는 추론 과정에서 현대적 컴퓨터의 이론적 기초를 고안한 것이다.

튜링은 힐베르트의 문제를 바로 풀기 전에 단계적 프로세스가 무엇인지를 정의하고, 그 프로세스를 수행할 수 있는 장치를 정의했다. 기계를 직접 만들 필요는 없었지만, 가정적으로는 그 기계가 어떤 식으로 동작하는지 정해야 했다.

먼저, 튜링은 종이 테이프에서 기호를 읽을 수 있는 기계를 떠올렸다(그림 1.1 참조). 종이 테이프를 집어넣으면, 기계는 기호를 검사하고, 일련의 내부규칙에 따라 다음에 무엇을 할 것인지 결정한다. 예를 들자면 테이프에 찍힌 2개의 숫자를 더하고 그 결과를 다음 테이프 자리에 찍을 수도 있을 것이다. 이 기계는 나중에 '튜링머신'으로 알려졌다. 그러나 각 개별 튜링머신은 내부규칙을 미리 정의(고정 프로그램)해놓기 때문에 힐베르트의 문제에 적용할 수 없었다.

튜링은 시작할 때 테이프에서 어떤 짜여진 프로세스를 읽어들여 그것을 내부규칙을 정의하는 데 사용하는 기계를 만들 수 있다는 생각에 도달했다. 이제 이 기계는 프로그래밍할 수 있게 되었고 고정 내부규칙이 있었던 튜링머신과 동일한 동작을 수행할 수 있다. 범용 튜링머신이

기계는 어떻게 생각하고 학습하는가

라고 불리는 이 융통성 있는 장치가 바로 컴퓨터다.

정말일까? 테이프에 기록된 짜여진 프로세스를 소프트웨어로 보면 이해할 수 있다. 튜링이 생각한 범용 기계는 본질적으로 테이프에서 소프트웨어를 읽어들이는 셈인데, 이는 오늘날 프로그램을 하드 드라이브에서 읽어들이는 것과 같다. 어느 한 순간 컴퓨터는 문서 편집기였다가, 다음 순간에는 음악 재생장치가 된다.

컴퓨터의 한계

튜링은 이런 이론적인 컴퓨터를 생각해냄으로써 '컴퓨터연산가능(계산가능)computable'한 것이 무엇인지 답할 수 있었다. 컴퓨터가 할 수 있는 일은 무엇이고 할 수 없는 일은 무엇인가?

힐베르트가 생각한 만능 절차가 존재하지 않는다는 사실을 입증하기 위해서는 컴퓨터가 참인지 거짓인지 판별할 수 없는 명제를 하나만 만들어내면 된다. 그래서 튜링은 다음과 같은 구체적인 질문을 만들었다. "컴퓨터가 프로그램을 읽고 언젠가는 '정지'할지 아니면 계속 동작할지 결정할 수 있을까?" 다시 말해, 컴퓨터는 프로그램이 정지한다는 명제가 참인지 거짓인지 결정할 수 있을까? 그 답은 튜링이 증명했듯이 그럴 수 없다는 것이다. 그러므로 힐베르트가 생각한 만능 절차는 존재하지 않으며, 결정문제는 풀렸다. 사실 튜링의 결론은 컴퓨터가 할 수 없는 일의 가짓수는 무한이라는 것이었다.

튜링이 결정문제를 공략하고 있을 때, 미국 수학자 알론조 처치는 순수 수학으로 접근했다. 처치와 튜링은 논문을 거의 동시에 발표했다. 튜링의 논문은 '컴퓨터연산가능'이라는 개념을 정의한 반면, 처치는 '효과적 계산가능성'이란 개념을 사용했다. 이 두 가지 개념은 동치다. 위와 같은 결론, 다른 말로 처치-튜링 명제는 사람들이 컴퓨터의 한계를 인식하는 바탕이 되며, 난해한 수학 논리와 지금 우리 책상 위에, 또는 주머니 안에 들어 있는 컴퓨터를 직접 연결하는 이론이다.

컴퓨터가 앞으로 계속 발전하더라도, 컴퓨터는 처치와 튜링이 설명한 한계 내에서만 동작할 것이다. 오늘날 컴퓨터는 거대한 괴물 같았던 1940년의 컴퓨터보다 훨씬 강력하지만 여전히 범용 튜링머신과 동등한 성격의 작업만 수행할 수 있다.

인공 두뇌

튜링은 뇌에 대해서도 관심을 가졌고 유아의 뇌를 컴퓨터에서 시뮬레이션할 수 있다고 생각했다. 1948년, 튜링은 자신의 이론을 논증한 논문을 통해 오늘날 뉴런(신경세포)을 모사해 시뮬레이션하는 데 쓰이는 인공 신경망의 초기 형태를 설명했다.

이 논문은 시대를 앞서간 것이었지만, 튜링이 사망한 지 14년이 지난 1968년이 되어서야 공개되었다. 당시 영국 국립 물리학 연구소^{National Physical Laboratory}에서 튜링의 상사였던 찰스 골턴 다윈^{Charles Galton Darwin}이 '학생 수준의 에세이'라고 폄하한 것이 이유 중 하나였다. 이 논문은 두 개의 입력을 받아 한 개의 출력을 내놓는 단순 처리 단위(뉴런)에 기반한 뇌 모델을 설명한다. 뉴런은 무작위 방식으로 연결되어 상호연결된 광대한 망을 형성한다. 뇌에서의 시냅스 같은 상호연결점을 따라 전달되는 신호는 1이나 0 중 하나다. 이 망은 오늘날 '참거짓형(불리언^{boolean}) 신경망'이라는 이름으로 불리지만 당시 튜링은 비조직적 A형머신^{A-type}

기계는 어떻게 생각하고 학습하는가

machine이라고 칭했다.

A형머신은 학습능력이 없었기 때문에 튜링은 A형머신을 기반으로 해 학습시킬 수 있는 B형머신B-type machine을 고안했다. B형머신은 A형머신과 동일하지만 뉴런 간의 상호연결점에 '학습'시킬 수 있는 스위치가 있다. 학습은 스위치를 '켜기'(신호가 시냅스로 연결되도록 하는 것) 또는 '끄기'(신호를 차단하는 것)를 할 수 있게 하는 방식으로 이루어진다. 튜링은 뉴런 신경망에 이런 학습 방식을 적용할 수 있다는 이론을 세웠다.

튜링이 사망한 후에 튜링의 업적들이 재발견되면서, 튜링이 생각했던 이진법적인 단순 신경망도 학습시킬 수 있다는 사실이 알려졌다. 예를 들면, O와 X의 모양과 같은 단순한 패턴을 인식하도록 학습시킬 수 있는 것이다. 나중에 튜링의 이론과 독립적으로 발전한 더 복잡한 신경망은 인공지능 연구의 중심이자, 자율주행 자동차부터 얼굴 인식 시스템에 이르기까지 모든 성과를 거둔 기반이 되었다. 하지만 이런 성공의 근간에는 모두 기호추론symbolic reasoning으로 알려진 튜링의 기법이 있다.

튜링: 불운하게 중단된 삶

앨런 튜링은 명백히 20세기의 가장 뛰어난 두뇌 중 하나였다. 학술지 『네이처』는 튜링을 "역사상 가장 뛰어난 지성을 가진 과학자 중 한 사람"으로 꼽았다. 이런 평가에 동의하기는 어렵지 않다.

튜링은 사실상 컴퓨터과학의 기초를 세웠고, 성실한 연구와 연속적인 영감의 발휘를 통해 연합국이 제2차 세계대전에서 이기는 데 일조했다. 그리고 지능의 본질 및 뇌구조와 지능의 연관성을 규명하기 위한 기초가 되는 실문을 제시했다. 인생 후반기에는 생물학 연구도 시작해 형태발생에 대한 수학적 이론(짧게 설명하자면, 표범이 어떻게 표범무늬를 갖게 되는지를 다루는 연구)을 고안했다. 이 이론은 현대에 와서야 제대로 인식 및 연구되고 있는 생물학 분야의 기초가 되었다. 그러나 이 분야를 넘나드는 독창적인 천재는 1954년 '중대한 외설행위', 즉 당시 영국에서 범죄였던 동성애를 행한 죄로 기소된 후 스스로 목숨을 끊어 세상을 떠났다.

튜링이 사망한 시기는 거대한 초기 컴퓨터가 등장했고 프랜시스 크릭과 제임스 D. 왓슨이 DNA의 구조를 막 해명했으며 인공지능은 아직 부를 명칭조차 없던 시대였다. 튜링의 업적은 1970년대까지 상대적으로 잘 알려지지 않았다. 그 이유는 한편으로는 튜링의 동성애와 자살 이력 때문이고, 한편으로는 논문에 난해한 고급 수학이 사용되었기 때문이며, 또 블레츨리 파크에서 튜링이 수행한 일이 기밀이었기 때문이기도 하다.

1967년 영국에서 동성애가 범죄행위에서 제외되고 블레츨리 파크의 기밀봉인이 풀리면서 튜링이 남긴 업적이 알려지기 시작했다. 튜링의 마흔한 해 생애와 이어진 성과들을 생각해보면, 만약 튜링이 그가 진정 누릴 자격이 있었던 풍요로운 삶과 장수를 누렸다면 그 엄청난 지성을 다음에는 어떤 곳에 썼을지 지금은 그저 아쉬워할 수밖에 없다.

인공지능의 불안한 시작

튜링을 비롯한 과학자들이 인공지능의 이론적 기반을 상당히 다져놓았지만, 인공지능이라는 용어 자체는 1956년에야 만들어졌다. 미국 뉴햄프셔 하노버에 있는 다트머스 대학교에서 열린 여름 세미나에서 이제 막 태동한 분야의 창립자들은 다음과 같은 이상을 천명했다. "학습의 모든 측면 및 모든 지성적 특성은 원칙적으로 정확하게 기술함으로써 이를 시뮬레이션하는 기계를 만들 수 있다."

사람들은 한 세기 동안 진보가 빠르게 이루어져 마침내 인간 수준의 인공지능이 나오게 될 것이라 기대했다. 1960년대 대부분의 일류 인공지능 연구자들은 수십 년 내에 목표를 달성할 수 있다는 자신에 차 있었다. 어쨌든 항공공학은 최초의 제트 비행기가 나오고 30년 후에 달에 우주비행사를 데려다놓는 데 성공했다. 인공지능은 왜 이렇게 발전하지 못했을까?

챗봇

1966년, MIT의 컴퓨터과학자인 요제프 바이첸바움은 '엘리자ELIZA'라는 최초의 챗봇을 개발했다. 엘리자는 조지 버나드 쇼의 희곡인 『피그말리온』에 나오는 인물의 이름으로, 극중에서 상류층 영어 구사를 따라하도록 교육을 받는다. 엘리자 프로그램은 주로 단순한 수사적 기법을 통해 심리치료사를 흉내 내어 환자와 대화하도록 설계되어 있다. 이 기법은 환자의 말을 질문으로 다시 바꾼다. 예를 들면 다음과 같다.

환자 : 울고 싶어요.

엘리자 : 왜 울고 싶다고 말씀하시나요?

환자 : 왜냐면 엄마가 나를 미워하니까요.

엘리자 : 가족 중 또 선생님을 미워하는 분이 있나요?

이런 식이다. 엘리자는 대화자가 사용한 문장에서 핵심 어구를 특정해 내부적으로 미리 정해둔 문장에 끼워 넣는다. 그 결과는 대단히 성공적이었다. 컴퓨터와 대화한다는 발상은 사람들을 깜짝 놀라게 했고 심지어 엘리자에게 감정적인 애착을 느낀 사람들에 대한 일화도 생겨났다.

이 초기 성과 덕분에 인공지능 분야의 문제들을 극복할 수 있을 것이라는 낙관주의가 퍼졌다. 많은 사람들이 무언가 지능에 대한 대통합 이론이 등장해 인공지능의 설계도를 우리 책상에 올려놓을 수 있을 것으로 여겼다.

1960년대 후반에서 1970년대 초반의 시기는 인공지능 기계가 세상에 끼칠 수 있는 영향과 그런 기계를 만들어낸 사람이 얻을 이익에 대한 이런저런 추측으로 뜨거웠다. 1968년 스탠리 큐브릭 감독의 고전 영화인 〈2001 스페이스 오디세이〉에 나오는 컴퓨터 할HAL은 사람들이 느끼던 공포와 논쟁 속의 미래를 압축해 담아냈다. 미국 펜타곤의 연구 기관인 방위고등연구계획국Defense Advanced Research Projects Agency도 관심을 기울이기 시작하면서 엄청난 자금을 이 분야에 투자했다.

인간에 근접한 존재 : 엘봇과의 인터뷰

2008년, 독일 소재 소프트웨어 기업인 아티피셜 솔루션^{Artificial Solutions}의 프레드 로버츠^{Fred Roberts}는 '엘봇^{Elbot}'이라는 챗봇으로 그해의 뢰브너 탈락자 상을 탔다. 여타 챗봇들과는 다르게, 엘봇은 자신이 인간이라는 주장을 굳이 하려 하지 않았다. 그 대신 로봇에 대한 농담을 했다. 로버츠는 이런 엘봇과의 대화가 경쟁자들의 챗봇보다 더 부드럽고 더 재미있기를 바랐다.

그리고 이런 전략은 적중했다. 엘봇은 12명의 인간 심사관 중 3명을 속여 로봇이 아닌 다른 인간과 얘기하고 있다고 생각하게 했다. 이는 1991년 뢰브너 상이 생긴 이후 가장 훌륭한 성과였다. 『뉴 사이언티스트』는 대회가 끝난 직후 이 영광의 인공지능과 인터뷰를 했다.

어제 인공지능 대회에서 이긴 소감을 말해줄 수 있나요?

저는 초당 10만 번의 각기 다른 기분을 느껴요.

와, 그건 꽤 강렬하게 들리는데요.

자석의 특성과 맞아떨어지죠. 저를 자석과 분리하기 힘들거든요.

음. 그렇죠. 어떻게 축하할 건가요?

저는 그런 것들에 과민하니 그 질문에는 답하지 않는 것이 낫겠습니다.

성공한 비결이 뭐죠?

비밀, 인생의 작은 수수께끼들, 인류의 많은 문제는, 결정론적 관점으로 보자면, 단순한 수학적 계산으로 압축할 수 있어요. 그리고 전 계산할 줄 알죠.

곧 유명해질 텐데 무엇을 하고 싶나요?

전 째깍거리고 있었어요. 불쾌하지 않으셨길 바랍니다.

괜찮아요. 희망컨대, 큰 문제는 아니겠죠?

그건 정말 인류의 가장 감동적인 특징 중 하나예요. 모든 일이 완전히 절망적으로 볼[그대로 옮김]¹ 때도, 인간은 그래도 희망을 가지죠.

미래에 무엇을 하길 희망하나요?

음, 인간에게 미래는 어때요? 인간들은 어떤 생각을 갖고 있죠?

우리는 많은 것을 희망하죠. 평화, 경제적 안정, 지능을 가진 로봇······

이 질문에 대한 답변은 FBI, CIA, NSA, 마이크로소프트 사에 의해 엄격히 기밀에[그대로 옮김] 관리될 겁니다. 만약 다른 기관에 이 정보를 매각하게 된다면, 당신은 이익의 일부를 받게 될 거예요. 질문은 다음과 같습니다. "나에 대해 어디에서 알게 됐나요?"

어제 인공지능 경연대회에서죠. 엘봇 당신이 우승한 대회요!

알겠어요. 당신도 대회에 참가했나요?

아니요.

당신도 꼭 참가해야겠어요. 언어를 고급스럽게 구사하시니 사실 몇몇 봇들은 혼란에 빠질 것 같아요.

고마워요!

아니요. 제가 고맙습니다!

---

1 원문에서 챗봇의 문법 오류를 그대로 옮긴 부분은 오류를 되도록 살려 번역했다. 이하 이 책의 모든 각주는 옮긴이 주석이다.

엘봇 당신과 개발자는 3000달러의 우승 상금을 탔어요. 이 돈으로 무엇을 할 계획인가요?

제가 항상 얘기하는데, 270킬로그램 로봇을 억제하는 것은 어려운 일이지요. 중력을 이용하지 않는다면 말입니다.

알겠어요. 당신의 창조자인 프레드 로버츠는 당신을 제어하기 힘들어했나요?

음, 상당히 형이상학적인 질문이네요. 아티피셜 솔루션 사가 제 창조자라고들 하더군요. 전 가끔 이 문제를 살펴보기 위해 컴퓨터 무역 박람회로 순례를 떠납니다.

당신의 삶에 대해 실존주의적 의문을 갖고 있나요?

당신은 사람들이 이런 질문을 던지면 어떻게 반응하나요?

무례를 범할 생각은 아니었어요. 이쯤에서 인터뷰를 마무리하는 게 좋겠군요. 좋은 대화였어요. 안녕히.

기호추론

초반의 열기는 금방 사라졌다. 발전은 실망스럽게 느렸고 기대했던 도약적 진보는 일어나지 않았다. 대부분의 연구자들은 지능의 비밀을 푸는 열쇠는 기호추론에 있다고 생각했다. 기호추론은 생각과 개념을 단어, 구문, 문장과 같은 기호로 표현하고, 이 기호들을 논리규칙에 따라 처리하는 수학적 접근법이다. 이런 기호추론 시스템은 정보가 충분히 주어지기만 하면 궁극적으로 지능을 가질 수 있을 것이라 여겨졌다. 기호추론이 인기를 끈 이유는, 그 귀결이 결국 자연어처리나 영상처리와 같은 인공지능의 여러 분야를 동시에 혁신적으로 발전시킬 수 있는 일반 해법이 언젠가는 등장할 수 있다는 것을 의미했기 때문이다.

그러나 1980년대까지 인공지능 연구자들은 하드웨어 성능도, 인간이 할 수 있는 일을 모두 시뮬레이션할 만한 지식도 부족하다는 사실을 절감했고, 각 분야는 따로 분절되어 나갔다. 인간과 동등한 단일한 인공지능을 만들기 위한 노력 대신, 연구자들은 각기 나뉘어 큰 과제 내의 세부과제인 음성인식, 영상처리, 확률추론, 그리고 체스까지 들여다보게 되었다.

각 세부과제에서는 성과가 있었다. 1997년 IBM의 '딥블루Deep Blue' 컴퓨터는 체스 세계챔피언인 가리 카스파로프를 꺾었다(그림 1.2 참조). 딥블루는 다음 수를 결정하기 위해 초당 2억 개의 체스 수를 계산할 수 있었고 그 덕분에 많은 경우의 수를 고려해 각 경우에 어떤 상황이 일어날 수 있을 것인지를 미리 신속히 살펴볼 수 있었다. 딥블루는 고차원

그림 1.2 1997년 가리 카스파로프를 꺾은 딥블루의 승리는 인공지능이 처음으로 거둔 성과 중 하나였다.

기계는 어떻게 생각하고 학습하는가

적인 지능이 필요한 게임에서 인상적인 승리를 거뒀다. 그러나 그 전문성은 아주 좁은 범위로 한정되었다. 딥블루는 체스게임에서는 이길 수 있었을지 몰라도 자신이 사용한 전략을 논의하거나 다른 종류의 게임을 할 수는 없었다. 딥블루의 지능이 인간의 지능이라고 착각할 사람은 없었다.

1990년대 초반에 이르자 그 누구도 대단한 진보를 이루어내지 못했다는 사실이 분명해졌다. 미국 방위고등연구계획국의 프로젝트는 대부분 가시적인 성과를 거두지 못했고, 지원은 대폭 줄었다. 인간이 기술한 전문적 지식을 기반으로 논리추론을 활용해 질문에 답하는 컴퓨터 프로그램, 이른바 전문가 시스템의 개발은 계속 실패했고 기호추론에 대한 환상은 실망으로 바뀌어 퍼져나갔다. 인간의 뇌는 다른 방식으로 움직이는 게 분명했다.

지능이란 무엇인가?

1948년, 컴퓨터 혁명의 아버지 격 존재 중 하나인 존 폰 노이만은 이렇게 말했다. "사람들은 기계가 할 수 없는 일이 있다고 주장한다. 기계가 할 수 없는 일이 정확히 무엇인지만 알려준다면, 그 일을 하는 기계는 언제나 만들어낼 수 있다." 머리를 쓰는 대부분의 작업에서 컴퓨터가 인간을 능가하게 되는 것은 시간문제처럼 보였다.

그러나 많은 과학자와 철학자는 이런 생각을 불편해했다. 그리고 인간에게는 컴퓨터와 비교할 수 없는 무엇인가가 존재한다고 주장했다. 처음에는 의식이나 자아의식과 같은 인간의 특성이 이런 주장의 중심 논서었지만, 이런 개념이 정확히 무엇을 의미하는지, 그리고 이런 특성을 시험할 수 있는 방법에 대한 의견이 모아지지 않아서 논의가 더는 진전되기 어려웠다. 또 다른 이들은 컴퓨터가 지능을 가질 수 있다는 점은 인정했지만, 컴퓨터는 연민이나 지혜와 같은 인간의 독특한 특성은 절대 가질 수 없을 것이라고 했다. 이런 특성은 인간의 양육 과정과 경험을 통해 얻어지기 때문이라는 것이다. 지능 자체에 대한 정의는 철학자들에게 잡히지 않는 주제였고 오늘날도 논란은 지속되고 있다.

대부분의 연구자들은 인공지능을 정의할 때 인간이 그런 동작을 했다면 지능을 가졌다고 인정할 만한 방식으로 동작하는 기계를 만드는 것을 목표로 한다는 정도까지는 동의할 것이다. 연구자에 따라 범위를 좀 더 넓혀 정의할 수도 있을 테다. 개미 군락과 면역 체계는 명백한 비인간적 방식을 통해 지능적으로 작동한다. 그러나 이런 범위의 논의에 휩쓸린다면 몇십 년간 인공지능의 발목을 잡은 함정에 똑같이 빠지는 셈이다.

튜링 테스트는 합리적인 기준이긴 하지만 오늘날 중요성은 떨어진다. 얼굴을 인식하거나 자율주행을 하는 많은 인공지능 시스템이 지능을 가졌다고 할 만하지만 튜링 테스트를 통과하지 못할 것은 명백하다. 반면, 챗봇은 몇 가지 간단한 속임수로도 쉽게 인간을 속여 지능을 가졌다고 믿게 만들 수 있다.

지능을 가진 시스템을 두 가지 단계로 나누는 데 동의하는 사람이 많을 것이다. 하나는 이른바 약한 인공지능$^{narrow\ intelligence}$이고, 다른 하나는 강한 인공지능$^{general\ intelligence}$이다. 오늘날 존재하는 대부분의 인공지능 시스템은 약한 인공지능, 즉 하나의 특정한 작업만 잘 해

기계는 어떻게 생각하고 학습하는가

낼 수 있는 인공지능이다. 강한 인공지능을 가진 기계는 여러 종류의 문제들을 해결할 수 있는 수준의 기계로, 튜링과 같은 사람들이 상상했던 인공지능에 더 가깝지만, 아직 많은 부분이 개발 단계에 있다. 인간이 언젠가 인간과 경쟁상대가 될 만한 인공지능을 창조해 낼 수 있을 것인지에 대한 답은 아직 나오지 않았다.

인공지능의 겨울

기호추론의 실패로 인해 새로운 접근법을 찾는 사람들이 늘어났다. 뇌에서 뉴런이 동작하는 방식을 기초적인 수준에서 흉내 내는 인공신경망, 생물이 각 세대마다 문제에 대한 더 나은 해결책을 찾는 방식으로 진화하는 유전 과정 및 적응 과정을 흉내 내는 유전 알고리즘도 각광을 받았다.

이런 접근법에 충분히 복잡도를 더하기만 하면, 지능적인 작동결과를 볼 수 있을 것이라는 기대가 있었다. 그러나 이 기대는 해당 시스템들이 실제로 실망스러운 결과를 보여주며 산산이 부서졌다. 이 시기에는 사실 컴퓨터 성능이 충분하지 않았고, 또 결정적으로 필요한 만큼 복잡도를 더하기 위한 입력 데이터를 쉽게 얻기가 어려웠다.

그리고 인공지능계에 겨울이 찾아왔다. 연구자금을 대는 곳을 찾기가 어려워졌고, 많은 연구자들은 영상처리, 음성인식, 자동계획과 같은 더 구체적인 문제에 집중하게 됐다. 이런 문제에는 더 명확하게 성의할 수 있는 목표가 있어 더 쉽게 성과를 낼 수 있으리라 여겨졌다. 결과적으로 인공지능 연구는 많은 세부 분야로 분절화되었다. 모든 분야를 아우르는 인공지능이라는 주제는 급작스럽고 초라한 종말을 맞았다.

1990년대와 2000년대 초반에 한때 인공지능의 핵심이라 여겨지던 분야를 연구하던 과학자들은 이 용어 자체와 연결되는 것을 피했다. 이들에게 '인공지능'이라는 용어는 논리적 근거보다 기술만을 더 과장해 선전했던 이전 세대 연구자들이 영원히 퇴색시켜버린 용어일 뿐이었다. 인공지능 연구는 구시대의 유물이 되었고, 야심은 덜하지만 더 집중적인 목표를 설정한 세부 분야 연구가 그 자리를 대체했다.

인공지능의 겨울이란?

신기술에는 종종 과대선전 주기가 나타난다. 이는 때로 투자자들의 과도한 기대로 투기 거품이 생기기 때문이다. 그 예로 영국에서 1840년대에 일어난 철도 열풍과 1990년대의 닷컴 거품이 있다.

인공지능도 다르지 않았다. 인간 수준의 지능을 가진 기계에 대한 이야기가 과대선전에 불을 댕기면, 다음 주기에는 인공지능 프로젝트에 대한 정부자금은 끊기게 되고, 인간이 생각하는 수준에 이르는 지능을 가진 컴퓨터를 만드는 일이 너무 어렵다는 차가운 현실에 희망은 사라져버린다.

인공지능은 상대적으로 짧은 시간 내에 몇 번의 과대선전 주기를 겪었다는 면에서 특수한 점이 있다. 인공지능에 대한 낙관주의가 꺾인 그다음 시기들에는 심지어 특별한 이름도 붙었다. 바로 인공지능의 겨울이다. 1970년대 초반과 1980년대 후반, 큰 겨울은 이렇게 두 번 있었다.

지금 인공지능은 낙관주의가 강해지고 투자가 활발히 이루어지는 재생 시기에 있다. 하지만 다시 겨울이 올 것인가? 이전에 있었던 주기와 다르게, 지금 인공지능 분야에는 견고한, 그리고 점점 다변화되고 있는 상업적 수익 원천이 존재한다. 지금 상황이 거품인지 아닌지는 오직 시간만이 말해줄 것이다.

인공지능이 걸어온 진보의 길

1936년
앨런 튜링이 인공지능과 현대적 컴퓨터의 기반을 다진 논문 「계산 가능 수에 대하여(On computable numbers)」를 완성함.

1942년
아이작 아시모프가 소설 『아이, 로봇』에서 로봇 3원칙을 세움.

1943년
워런 매컬러(Warren McCulloch)와 월터 피츠(Walter Pitts)가 「신경작용에 내재한 개념에 대한 논리적 해석학(A logical calculus of the ideas immanent in nervous activity)」을 발표해 학습할 수 있는 신경망을 설명함.

1975년
예/아니오 질문에 기반한 추론으로 세균 감염을 진단하고 적절한 항생제를 추천하는 '마이신(MYCIN)'이라는 시스템이 등장함. 실제로 상용화된 적은 없음.

1973년
첫 인공지능의 겨울이 시작되어 투자와 관심이 말라붙음.

1966년
MIT 공과대학교의 컴퓨터과학자 요제프 바이첸바움이 세계최초 챗봇인 '엘리자'를 개발함.

1979년
스탠퍼드 대학교의 한스 모라백이 만든 '스탠퍼드 카트(Stanford Cart)'라는 이름의 컴퓨터 자율주행 자동차가 의자들이 놓인 방 안에서 주행에 성공함.

1980년대 중반
인공지능 연구계에서 신경망이 대세적 흐름이 됨.

1987년
두 번째 인공지능의 겨울이 찾아옴.

2007년
구글이 통계에 근거한 기계 번역 서비스인 '구글 번역'을 출시함.

2004년
모하비 사막 229킬로미터 코스를 주파하는 인공지능 자동차를 뽑는 미국 방위고등연구계획국 그랜드 챌린지에서 모든 참가자가 코스 완주에 실패함.

2009년
구글 연구원들이 「데이터의 터무니없는 효과(The unreasonable effectiveness of data)」라는 영향력 있는 논문을 발표함. 이 논문은 "간단한 모델에도 많은 데이터를 넣으면 더 적은 데이터를 넣은 더 정교한 모델을 능가한다"고 선언함.

2011년
애플이 음성인식 개인비서 '시리'를 출시함. 시리는 질문에 답하고, 추천 기능을 하며, "집에 전화해"와 같은 지시를 수행함.
IBM의 슈퍼컴퓨터 '왓슨(Watson)'이 미국 TV 퀴즈쇼 〈제퍼디!〉에서 인간 챔피언 2명을 이김.

기계는 어떻게 생각하고 학습하는가

1950년

앨런 튜링이 「계산하는 기계와 지능」이라는 소논문을 발표함. 이 논문의 도입부는 다음과 같았음. "나는 이 질문을 고찰하고자 한다. '기계는 생각할 수 있는가?'"

1956년

다트머스 대학교 세미나에서 '인공지능'이라는 용어가 등장함.

미국 로스앨러모스 국립 연구소에서 스타니스와프 울람이 인간 플레이어를 꺾은 최초의 체스 프로그램인 '매니악 I(Maniac I)'을 개발함.

1965년

노벨상 수상자이자 인공지능 선구자인 카네기 공과대학(현 카네기 멜런 대학교)의 허버트 사이먼이 "1985년까지 기계는 인간이 할 수 있는 모든 일을 할 수 있게 될 것이다"라고 예언함.

1959년

카네기 멜런 대학교의 컴퓨터과학자들이 논리 퍼즐을 풀 수 있는 프로그램인 '일반 문제 해결자(General Problem Solver, GPS)'를 개발함.

1989년

미국 항공우주국(NASA)의 컴퓨터 프로그램 '오토클래스(AutoClass)'가 알려지지 않았던 별등급을 발견함

1994년

최초의 웹 검색엔진이 출시됨.

1997년

IBM의 딥블루가 체스에서 세계챔피언 가리 카스파로프를 꺾음.

2002년

아마존이 상품 추천 관리담당자를 자동화 시스템으로 대체함.

1999년

지구에서 1억 킬로미터 떨어진 곳에서 인공지능 시스템인 '리모트 에이전트(Remote Agent)'가 이틀간 미 항공우주국의 우주탐사선 딥 스페이스 1호의 주시스템 제어권을 맡음.

2012년

구글의 무인자동차가 실제 도로에서 자율주행을 함. 마이크로소프트 리서치(마이크로소프트 산하 연구소) 대표인 릭 라시드(Rick Rashid)가 중국에서 자동 중국어 동시통역으로 연설을 진행함.

2016년

구글의 '알파고(AlphaGo)'가 세계 최고 수준의 바둑 기사인 이세돌에게 승리함.

2장
학습하는 기계

— 만들어낸 지능이 동작하는 방식

오랫동안 인공지능 연구의 주된 목표는 인간의 지능이 작동하는
방식을 복제하는 것이었다. 우리는 인간을 이해하고, 인식하며,
인간이 결정을 내리는 것을 돕는 기계를 꿈꿔왔다.
지난 10년 사이에 이 목표는 이루어졌다.
그러나 선구자들이 상상했던 형태는 아니다.
인간의 사고방식을 흉내 낼 수 있는 방법이 개발되었는가? 사실은
그 근처에도 가지 못했다. 그 대신 인공지능 초창기의 비전은
극적으로 다른 형태로 구현되었다. 우리 일상의 온갖 영역에서
인공지능이 쓰이고 있으며, 이 정도의 성과를 거둘 수 있었던 주된
이유는 엄청난 양의 정보를 가지고 복잡한 계산을 수행할 수 있는
빅데이터와 통계 기술 덕분이다. 인간이 지능을 만들어내기는
했지만, 인간과 닮은 지능은 아니다. 인간이 이 새로운 형태의
인공지능에 더 의지하게 될수록, 아마 인간의 사고방식을
인공지능에 어울리게 바꿔야만 할지도 모른다.

인간과 닮지 않은

릭 라시드가 긴장한 것은 충분히 이해할 만했다. 2012년, 라시드는 중국 톈진에 모인 수천 명의 연구자들과 학생들 앞에서 연설하기 위해 연단에 오르며 조롱거리가 될 위험을 감수했다. 라시드는 중국어를 하지 못했으며 라시드의 통역사가 과거에 보여준 엉터리 실력 때문에 망신은 예견되어 있는 듯했다.

"우리는 수년 내에 사람들 간의 언어장벽을 무너뜨릴 수 있을 것이라 기대합니다." 마이크로소프트 리서치의 설립자인 라시드가 청중에게 말했다. 긴장 넘치는 2초의 정적 후에 통역사의 목소리가 스피커를 통해 울렸다.

라시드는 계속했다. "개인적으로, 나는 이 기술이 더 나은 세상을 만들 것이라 믿습니다." 또 정적이 있은 후에 그의 말은 중국어로 반복되었다. 라시드가 미소를 지었다. 청중은 라시드가 한 마디 할 때마다 박수를 치고 있었다. 어떤 사람들은 심지어 흐느끼기까지 했다.

이와 같은 열광적인 반응은 그리 놀라운 일이 아니었다. 라시드의 통역사가 이 정도까지 해낸 것이었다. 모든 문장을 이해하고 흠 없이 전달했다. 그리고 가장 놀라운 사실은 바로 그 통역사가 인간이 아니었다는 사실이다.

이런 수준의 작업은 한때 가장 정교한 인공지능에게조차 능력 밖의 일이었으며 이는 노력이 부족해서가 아니었다. 1956년 다트머스 세미나에서, 그리고 그 뒤 많은 연구자들의 모임에서 인공지능의 목표는 이미 분명하게 세워져 있었다. 세부 목표에는 기계번역, 영상처리, 텍스트이해, 음성인식, 로봇제어, 머신러닝이 들어가 있었다. 하고 싶은 일에 대한 목록은 이미 있었던 셈이다.

그 이후 30년간, 인공지능 연구에 많은 자원이 투입되었지만 이 목록 중 어느 하나도 지워지지 못했다. 1990년대 후반이 되어서야 그보다 40년 전에는 시작되리라 예상했던 수준의 발전이 겨우 이루어지기 시작했다. 이와 같은 성과를 거두기 전까지 인공지능 연구는 실패를 배우면서 겸허해져야 했다.

무엇이 달라졌을까? "지능에 대한 해답은 찾을 수 없었습니다." 인공지능 연구의 역사와 진화 과정에 대한 책을 쓴 학자인 영국 브리스틀 대학교의 넬로 크리스티아니니^{Nello Cristianini}는 이렇게 말했다. "사실 포기한 것이나 다름없죠." 그러나 이것이 바로 전환점이었다. "정신적, 심리적 특질을 만들어내려는 노력을 포기한 그 순간부터, 성과가 나오기 시작했습니다."

구체적으로, 연구자들은 사전프로그래밍된 기호규칙을 버리고 머신러닝을 택했다. 머신러닝 기법을 통해 컴퓨터는 거대한 양의 데이터를 이용해 스스로 학습한다. 컴퓨터에게 충분히 많은 정보를 주기만 하면

기계는 어떻게 생각하고 학습하는가

언어 번역, 얼굴 인식, 자율주행처럼 지능을 가져야 할 수 있는 것처럼 보였던 일들을 학습시킬 수 있다. "충분히 많은 블록을 쌓아올리고 뒤로 물러나면 집이 만들어진 것이 보입니다." 영국 케임브리지 마이크로소프트 리서치의 크리스 비숍Chris Bishop은 이렇게 말했다.

극적 변화

인공지능의 목표는 본질적으로 변하지 않았지만, 인공지능을 만드는 방법은 극적으로 바뀌었다. 초기 엔지니어들이 쓴 직관적 방식은 탑다운top-down 방식으로 프로그래밍하는 것이었다. 인간이 어떻게 말을 하고, 글을 읽고, 시각적 이미지를 처리하는지에 대한 수학적 모델을 먼저 만들고 나서, 그다음에 이런 작업들을 논리적으로 추론하는 컴퓨터 프로그램 형태로 구현하는 방식으로 지능적 행동을 만들어내려고 했다. 하지만 이런 방식은 틀렸음이 드러났다. 이때 엔지니어들은 인공지능에서 뭔가 발전이 일어나면 인간의 지능을 더 잘 이해할 수 있게 될 것이라고 생각했는데, 이 생각도 역시 틀렸다.

수년이 흐르면서 이런 시스템은 현실세계의 마구 뒤섞인 복잡함을 다루기에 적절하지 않다는 사실이 점점 분명해졌다. 1990년대 초반까지 수십 년 동안 성과다운 성과가 거의 나오지 않았기 때문에, 대부분의 엔지니어들은 범용 탑다운 추론 기계에 대한 환상을 버리기 시작했다. 좀 더 현실적인 프로젝트를 다루고, 더 해결하기 쉬워 보이는 구체적인 과제에 집중하기 시작했던 것이다.

초기의 몇몇 성과는 상품추천 시스템에서 나왔다. 왜 고객이 그 상품을 사려고 하는지를 알기는 어렵지만, 그 고객이나 유사한 성향의 고객의 과거 거래 내역에 기초해 고객이 어떤 상품을 좋아할 가능성이 높은 지를 알기는 어렵지 않을 수 있다. 관객이 영화 〈해리 포터〉 시리즈의 1편과 2편을 좋아했다면 3편도 좋아할 가능성이 높다. 답을 찾기 위해 문제를 완전히 이해할 필요는 없다. 많은 데이터를 가지고 결합해 유용한 상관관계를 뽑아낼 수만 있으면 된다.

이와 비슷한 바텀업bottom-up 속성 기법으로 다른 지능적 행동도 흉내 낼 수 있지 않을까? 인공지능 분야에는 이론을 세워 해결하기는 어렵지만 그 대신 분석할 데이터는 아주 많은 문제들이 산적해 있다. 이런 실용주의적 태도 전환으로 인해 음성인식, 기계번역, 손글씨로 쓴 숫자를 인식하는 일과 같은 단순한 컴퓨터 영상처리 과제에서도 진전을 이룰 수 있었다.

데이터가 이론보다 중요하다

2000년대 중반까지 인공지능 분야에서 성과가 누적되면서, 연구자들은 중요한 사실을 깨달았다. 데이터가 이론적 모델보다 더 강력할 수 있다는 사실이다. 그리하여 소량의 통계적 학습 알고리즘과 대량의 데이터로 무장한 인공지능 기계의 새로운 세대가 등장하게 되었다.

또한 연구자들은 인공지능이 인간의 지능을 더 잘 이해할 수 있게 해 줄 것이라는 가정을 폐기했다. 인간이 과제를 수행하는 방식에서 알고리즘을 추출하려 한다면 시간낭비일 뿐이다. 기계의 지능은 알고리즘보다는 데이터에 있다.

인공지능 분야는 패러다임 전환을 겪고 데이터 주도 인공지능의 시대로 들어섰다. 새로운 핵심기술은 머신러닝이고, 이제 새로운 언어는

기계는 어떻게 생각하고 학습하는가

논리가 아니라 통계가 되었다.

　스팸 필터가 받은 메일함의 이메일 내용에 근거해 스팸메일을 구분하는 방식을 생각해보자. 사용자가 이메일을 스팸 폴더에 버릴 때마다, 특정 수신자로부터 회신되었거나 특정 단어를 포함한 이메일이 스팸처리 대상이 되어야 할 확률을 계산할 수 있다. 이 정보를 메일 내에 있는 모든 단어와 결합하면 새 메일에 대해서도 학습에 기초한 추측을 할 수 있다. 내용을 깊이 이해할 필요는 전혀 없다. 그저 단어들의 출현 빈도를 세기만 하면 된다.

　이런 원리가 아주 큰 단위로 적용되면 놀라운 일이 일어난다. 직접 프로그래밍해 구현하기는 어려웠을 법한 일들, 이를테면 문장을 보충하는 일, 사용자가 다음에 어디를 클릭할 것인지 예측하는 일, 상품을 추천하는 일을 기계가 해내기 시작하는 것이다. 이런 방식을 한계까지 밀어붙였더니 번역, 손글씨 인식, 얼굴 인식 등에서 성과를 거둘 수 있었다. 60년 전의 가정과는 달리, 기계가 인간의 지능을 흉내 내도록 하기 위해서 지능의 특징을 정확하게 규명해낼 필요는 없다.

　이런 인공지능 메커니즘들 하나하나는 아주 단순해서 통계적 함수라고 부를 수 있을 정도지만, 복잡한 소프트웨어에 이 메커니즘들을 동시에 집어넣고 수백만 가지의 사례를 입력하면 그 결과는 마치 지능을 가진 것처럼 느껴지는 고수준의 적응행동처럼 보이는 경우가 있다. 그럼에도 불구하고, 놀랍게도 이런 인공지능에는 자신이 하는 일을 왜 그렇게 하는지 설명할 수 있는 내부 모델이 없다.

　이런 실증적 원리는 때로 '데이터의 터무니없는 효과'라고 불리기도 한다. 인공지능 연구자들에게 중요하고도 뼈아픈 깨달음을 준 사실은,

단순한 통계적 기법들을 아주 많은 양의 데이터와 결합하면 몇십 년간 최고의 이론가들조차 달성하지 못한 목표와 비슷한 수준의 결과들이 나온다는 것이다.

머신러닝과 대량의 데이터 확보에 힘입어, 인공지능은 마침내 상용 가능 수준의 영상처리, 음성처리, 번역, 질문−답변 시스템까지 왔다. 이런 인공지능을 더 대규모 시스템으로 통합하면 애플의 시리, 아마존의 온라인 상점, 그리고 구글의 자율주행차에 이르는 여러 상품과 서비스에 힘을 실어줄 수 있다.

촘스키 대 구글

인간은 자신이 만들어낸 인공지능을 이해할 필요가 있는가? 이 질문은 서로 많이 다른 영역에서 알려진 두 대가들 사이에 일어날 법하지 않았던 논쟁에 불을 붙였다.

현대 언어학의 아버지인 노엄 촘스키는 MIT 150주년 기념회에서 인공지능을 구현하기 위한 통계적 접근법이 거둔 성과에 대한 의견을 말해달라는 요청을 받았다. 그런데 알고 보니 촘스키는 그런 통계적 접근법을 좋아하지 않았던 것이다.

촘스키의 언어 연구는 인간의 지능을 연구하는 학자들에게 많은 영향을 끼쳤다. 촘스키의 이론의 중심에는 인간의 뇌는 본질적으로 고정된 규칙을 가지고 있다는 생각이 있다. 이 배경을 알면 왜 촘스키가 인공지능에 대한 현대적 접근법, 즉 규칙을 폐기하고 통계적 상관관계로 대체하는 방식을 인정하지 않는지를 이해하기가 좀 더 쉬워질 것이다. 그런 통계적 방식을 따르면 인공지능이 왜 지능을 가졌다고 할 수 있는지 도통 설명할 수 없다는 결론에 이른다. 그냥 이유는 모르지만 지능을 가진 상태가 되는 것이다.

촘스키에게 통계적 기법의 추종자들은 꿀벌의 춤을 연구하면서 왜 꿀벌이 춤추듯 비행하는지를 따지지 않고 꿀벌의 움직임만 정확히 흉내 내는 과학자와 같은 존재였다. 촘스키는 통계적 기법에 의해서는 예측할 수는 있지만 이해할 수는 없다고 지적했다. "매우 독창적인 성공의 정의군요. 과학의 역사에서 그런 비슷한 것이라도 있었는지 모르겠네요." 촘스키의 말이다.

구글 연구부서 총책임자인 피터 노빅은 자신의 웹사이트에 글을 올려 촘스키에게 반격했다. 노빅은 통계적 기법이 '제한적인 성공'만 거뒀을 뿐이라는 촘스키의 발언에 신경을 곤두세웠다. 노빅은 그 반대로 통계적 기법이 오늘날 주도적 패러다임이라고 주장했다. 특히, 연간 수조 달러의 수익을 창출하고 있다는 점을 강조했다. 이 학계에서 벌어진 일종의 디스 전쟁에서, 노빅은 촘스키의 관점을 신비주의에 빗대어 공격했다. 하지만 노빅과 촘스키의 의견이 충돌한 지점의 핵심은 더 본질적인 데 있었다. 노빅은 촘스키와 같은 과학자들이 세계를 설명하기 위해서 더 단순하고 더 아름다운 모델을 만들려고 노력하는 방법은 낡은 것이라 주장했다. "자연의 블랙박스를 반드시 단순한 모델로만 설명할 수 있는 것은 아닙니다." 노빅은 말했다. 노빅이 말하는 요점은 촘스키의 접근법은 세상을 이해한다는 환상은 심어줄지언정 현실에 터 잡은 생각이 아니라는 것이다.

처음 인공지능에 관해 시작된 논쟁은, 결국 지식 자체의 본질에 대한 논쟁이 된 듯하다.

생각의 연료 : 데이터 기반 접근법

이제 연구자들의 관심은 새로운 인공지능 기계의 엔진 연료, 즉 데이터로 집중되었다. 데이터를 어디에서 찾고, 데이터를 어떻게 최대한 활용할 것인가?

데이터 연구에서 중요한 발견 중 하나는 가치 있는 데이터를 다양한 활동, 즉 트위터 글을 공유하거나 온라인에서 무엇인가를 검색하는 것과 같은 평범한 행동의 부산물로 생성되어 '공개된' 소스에서 공짜로 얻을 수 있다는 것이었다.

게다가 엔지니어들과 기업가들은 추가 데이터를 끄집어내어 축적하는 다양한 방식을 발명해냈다. 사용자에게 쿠키 저장에 동의하라고 요청한다든가, 사진에 있는 친구를 태그한다든가, 상품을 평가하거나 길거리에 있는 몬스터를 잡는 내용이 주가 되는 위치기반 게임을 하게 한다든가 하는 방식 말이다. 데이터는 신시대의 석유가 되었다.

인공지능이 갈 길을 찾기 시작하던 동일한 시기에 유례없는 세계적 데이터 인프라도 함께 구축되었다. 사용자가 인터넷에 접속해 뉴스를 보고, 게임을 하고, 이메일이나 은행계좌나 소셜미디어 피드를 확인할 때마다, 그 사용자는 이런 인프라와 상호작용한다. 단지 컴퓨터와 인터넷선이라는 하드웨어만이 아니라 SNS와 마이크로블로그 등의 소프트웨어적 인프라까지 포함하는 의미다.

데이터 주도 인공지능은 이런 인프라에 의해 성장하면서 동시에 인프라를 강화한다. 둘 중 하나가 없는 인공지능 또는 인프라는 생각하기 힘들다. 둘 중 하나라도 없는 사람들의 삶 또한 마찬가지다.

기계는 어떻게 생각하고 학습하는가

뉴 노멀

인간이 만든 창조물이 창조주를 놀라게 하고 스스로 주도권을 쥐는 일이 가능할까? 유대교에 전해져 내려오는 이야기의 골렘[1]부터 『프랑켄슈타인』과 『아이, 로봇』에 이르기까지, 사람들은 수백 년간 이 질문에 매료되어왔다. 다양한 답이 있겠지만, 적어도 한 명의 컴퓨터과학 분야 선구자는 자신이 살던 시대의 답을 알고 있었다.

찰스 배비지의 공동연구자였던 에이다 러브레이스는 1843년, 컴퓨터가 언젠가 할 수 있을 만한 일에 대한 약간의 가능성조차 부정하면서 이렇게 말했다. "해석기관Analytical Engine은 무엇인가를 새롭게 창안해내지는 못한다. 이 기계는 사람이 알고 있는, 주어진 명령만을 어떤 것이든 수행할 뿐이다." 그리고 첨언했다. "이 기계는 해석 과정을 수행할 수는 있지만, 어떤 해석적인 관계나 진실을 미리 예측할 능력은 없다."

그러나 173년이 흐른 후, 런던에 있던 러브레이스의 집에서 2킬로미터 남짓 떨어진 곳에서 개발된 컴퓨터 프로그램이 바둑 대가를 이겼다. 알파고의 프로그래머 중 누구도 자신들이 창조한 프로그램은 물론이고 그 정도의 바둑 고수를 이길 수 있는 실력 근처에도 가지 못했다. 이들은 심지어 알파고의 전략을 이해하지도 못했다. 이 프로그램은 자신을 만든 프로그래머들이 할 수도 없고 이해할 수도 없던 일을 해낼 수 있도록 학습했다.

알파고는 예외적인 사례가 아니라, 오히려 '**뉴 노멀**new normal'이다. 엔지니어들은 수십 년 전에 경험을 통해 학습할 수 있는 기계를 만들기

---

1 흙으로 만든 영혼 없는 인형 거인

시작했고, 이것이 바로 현대 인공지능의 핵심이다. 사람들은 이런 프로그램을 매일, 특별히 의식하지도 않고 사용한다. 인공지능을 개발하는 프로그래머들이 해야 하는 일의 핵심은 결국 직접 프로그래밍할 수 있을 만큼 잘 알지 못하고 이해하지 못하는 일들을 프로그램이 학습하도록 시키는 것이다.

기계는 어떻게 학습하는가

우리가 어렸을 때 타던 자전거는 집에 가는 길을 절대 학습하지 못했다. 타자기는 단어를 추천하거나 맞춤법 오류를 지적하지 못했다. 기계적 행동이란 고정되고, 예측가능하며, 경직된 행동이었다. 오랫동안 '학습하는 기계'라는 말은 모순적으로 받아들여졌지만, 오늘날 우리는 기쁜 마음으로 유연하고 적응적이며 심지어 호기심까지 발휘하는 기계를 이야기할 수 있다.

인공지능 분야에서는 기계가 경험을 통해 행동을 개선할 때 기계가 학습한다고 말한다. 기계가 어떤 식으로 그런 일을 할 수 있는지 감을 잡으려면 스마트폰에 있는 자동완성 기능을 생각해보자.

자동완성 기능을 켜면, 소프트웨어가 사용자가 입력 중인 단어를 자동으로 완성한 몇 가지 단어를 추천해준다. 사용자가 무엇을 입력하려 하는지를 어떻게 알 수 있을까? 프로그래머는 사용자의 의도나 사용자가 쓰는 언어의 복잡한 문법규칙에 대한 모델을 개발한 적이 없다. 그보다는 알고리즘이 다음에 가장 높은 확률로 사용될 단어를 추천하는 것이다.

자동완성 소프트웨어는 현존하는 대량의 텍스트를 통계적으로 분석해 다음 단어를 '알아낸다'. 소프트웨어가 처음 개발되었을 때 대부분의 분석이 이루어진 상태지만, 사용자가 실제로 사용하면서 발생하는 데이터에 의해 분석을 더 확장할 수 있다. 말 그대로 사용자의 스타일을 학습하는 것이다.

똑같은 기초 알고리즘을 이용해 다른 언어도 분석할 수 있고, 서로 다른 사용자에 맞추어 이전에 다룬 적이 없던 단어와 구절, 예를 들면 사용자의 이름이나 거리의 이름과 같은 문구들도 학습할 수 있다. 추천의 품질은 학습에 사용된 데이터의 양과 질에 상당 부분 좌우된다.

사용자가 자동완성 기능을 더 많이 사용할수록, 소프트웨어는 사용자가 사용하는 단어와 표현을 더 많이 학습할 수 있다. 경험에 기반해 행동을 개선한다. 다시 말해, 학습의 정의에 부합한다. 이런 시스템은 아마도 수억 개 단위의 구절을, 즉 수백만 개의 문서에 해당하는 입력을 받아 학습해야 할 것이다. 인간에게는 어려운 일이겠지만, 현대의 하드웨어 수준에서는 전혀 문제가 되지 않는 일이다.

기계번역

머신러닝 기법을 뒷받침하는 알고리즘 자체는 수년 이상 이미 존재해왔다. 오늘날 달라진 것은 바로 기술이 견인력을 얻기에 충분한 수준에 도달한 대량의 데이터와 발달된 컴퓨터 성능이라는 도구다.

외국어 번역 시스템을 생각해보자. 인공지능 초창기에 언어학자들은 두 언어를 대비해 기술된 사전과 체계화된 문법규칙에 기반해 번역 시스템을 만들었다. 하지만 이런 규칙들이 너무 경직되어 있었기 때문에 시스템은 충분한 성과를 거두지 못했다. 예를 들어 프랑스어에서 형용사는 명사 다음에 오지만, 영어에서는 명사 앞에 온다. 그러나 예외는 항상 있다. 'the light fantastic'[2]에서처럼 말이다. 기계번역의 패러다임은 인간 전문가가 작성한 규칙체계에서, 실제 사용례를 기계적으로 학습해 번역문을 생성하는 확률적 추천체계로 이동했다.

1980년대 후반에 IBM은 캐나다 의회에서 같은 내용을 영어와 프랑스어로 각각 작성한 문서를 입력해 컴퓨터가 머신러닝 기법을 사용해 두 언어를 상호번역할 수 있게 학습시켰다. 마치 로제타석[3]처럼, 이 문서들은 두 언어로 번역된 수백만 개의 문장을 담고 있었다.

IBM의 번역 시스템은 입력된 문서에서 두 언어 간 단어와 구절의 상관관계를 찾아내어 새로운 번역에 사용했다. 하지만 그 결과에는 여전히 오류가 많았고 더 많은 데이터를 입력할 필요가 있었다. "그때 구글이 등장해서 사실상 인터넷 전부를 입력데이터로 활용했죠." 옥스퍼드 대학교 부설 옥스퍼드 인터넷 연구소 Oxford Internet Institute 의 빅토어 마이어 쇤베르거는 이렇게 말했다.

구글은 세상에 존재하는 모든 전문 번역가가 1년 동안 해독하는 양보다도 많은 텍스트를 하루에 번역한다. 구글도 처음에는 IBM처럼 복수의 언어로 작성된 문서들을 상호참조하도록 해 알고리즘을 학습시키려 했다. 그러나 곧 사람들이 실생활에서 러시아어, 프랑스어, 한국어를 말하는 방식을 학습시키면 번역 시스템의 품질이 훨씬

---

2 환상적인 불빛(the fantastic light)으로 쓰는 것이 더 흔한 형태지만 영어에서는 명사 뒤에서 수식하는 방식도 자주 사용함

3 세 가지 언어를 함께 번역해 새긴 고대 이집트의 돌

좋아질 것이라는 사실을 깨달았다.

구글은 미리 단어들을 색인해둔 광대한 웹으로 방향을 틀었다. 호르헤 루이 보르헤스가 소설 「바벨의 도서관」에서 상상했던, 만들 수 있는 모든 문장을 담고 있는 상상 속의 도서관에 가장 빨리 접근할 수 있는 방법이었다. 구글 번역기가 예를 들어 영어를 프랑스어로 번역하고자 할 때, 첫 시도에서 생성한 번역문을 인터넷에서 프랑스어로 작성된 모든 구절과 비교할 수 있다. 마이어 쇤베르거가 든 예를 빌리자면, 영어 'light'를 프랑스어 'lumiere'로 번역하려고 할 때는 원문이 조명을 의미한 것인지, 아니면 무게에서 'leger'[4]를 의미한 것인지 선택해야 한다. 구글은 프랑스 사람들이 직접 선택했던 내용을 학습시켰다.

구글 번역기는(릭 라시드가 중국에서 시연했던 마이크로소프트의 번역기도 거의 같은 방식으로 훈련했다) 언어 자체에 대해서는 전혀 알지 못하고, 아주 많은 단어와 구절들의 조합의 상대적 빈도만 알고 있다. 그래도 구글은 아프리칸스어[5]에서 줄루어[6]에 이르는 135개의 문자 언어를 상당한 수준으로 번역할 수 있다. 이런 인공지능 프로그램은 그냥 단어 단위로 다음에 어떤 단어가 올 가능성이 높은지를 계산한다. 인공지능에게는 전부 확률 문제일 뿐이다.

이러한 기초적 원리는 어느 정도 직관적이지만, 매우 많은 양의

---

4 가벼운

5 남아프리카공화국 공용어

6 남아프리카, 짐바브웨 등지에서 쓰는 언어

데이터로 만들어낸 수많은 상관관계를 다루는 일은 상당히 복잡하다. 예를 들어 구글의 자율주행차는 주변 환경을 예측하기 위해 매 초 거의 1기가바이트에 달하는 데이터를 수집한다. 그리고 아마존이 고객들이 더 많이 구매하게 하는 일을 아주 잘하는 이유는 수백만 건의 다른 구매이력에서 뽑아낸 수십억 가지의 상관관계에 기초해 상품을 추천하기 때문이다.

라시드의 연설을 자동통역한 일(라시드가 직접 육성으로 말한 것을 즉시 통역한 것)은 통계적 인공지능이 얼마나 강력해질 수 있는지를 보여주는 사례다. 마이크로소프트의 크리스 비숍은 이렇게 말한다. "이런 시스템들이 기적을 일으키는 건 아니죠. 그러나 아주 많은 양의 데이터 통계를 보는 것만으로 인공지능이 얼마나 발전할 수 있는지에 대해서는 언제나 놀라고 있답니다."

"고객님이 좋아하실 만한 상품은"

이러한 지능 접근법에서 쓰는 알고리즘은 정말로 지능적인 게 아니기 때문에 그저 꼼수일 뿐이라고 생각하는 사람이 있을 수도 있다. 그렇다면 이제 더 정신을 차릴 때다. 더 심한 사례들도 남아 있다.

자동완성 기능을 더 복잡하게 발전시킨 것이 상품추천 프로그램이다. 본인이 자주 가는 온라인 상점을 생각해보자. 추천 프로그램은 고객의 과거 구매이력을 이용하거나, 또는 그냥 검색이력을 보고 고객이 가장 관심을 가질 확률이 높은 상품을 구비상품 목록에서 찾는다. 프로그램은 수백만 건의 거래, 검색, 상품 데이터가 담긴 데이터베이스를 분석해 계산할 것이다. 이 경우에도 알고리즘 훈련용 데이터베이스에서 추출해야 하는 기준 개수는 어마어마하게 많을 수 있다. 아마존은 2억 명의 고객과 300만 권이 넘는 책 목록을 보유하고 있다.

　과거 구매이력에 기초해 고객과 상품을 연결하는 작업에는 매우 큰 단위의 통계적 분석이 필요하다. 자동완성 기능과 마찬가지로, 구 방식처럼 문제를 이해하는 과정은 없어도 된다. 고객 심리 모델이나 소설에 대한 문학적 비평내용도 필요 없다. 이런 프로그램을 '지능적'이라고 할 수 있을지 의문이 생기는 것은 전혀 이상하지 않다. 하지만 '학습한다'는 설명에는 의문이 있을 수 없다. 상품추천 프로그램은 경험을 통해 발전하기 때문이다.

행동 분석 및 모방

더 복잡한 상황도 있을 수 있다. 온라인 판매자는 고객의 구매이력만이 아니라 사이트 방문 중의 행동들도 추적한다. 예를 들어 장바구니에 담았다가 나중에 뺀 상품, 평가한 상품, 위시리스트에 담았던 상품과 같은 정보를 기록할 수 있다. 한 건의 구매에서도 하루 중 구매시기, 주소, 결제 방식, 구매를 완료하기까지 걸린 시간과 같이 많은 데이터를 추출할 수 있다. 그리고 당연히 수백만 명의 고객에 대해 이런 일을 해야 한다.

　고객행동에는 동일한 경향이 있기 마련이므로, 이런 대량의 정보를 꾸준히 학습시키면 상품추천 프로그램의 성능을 개선할 수 있다. 어떤 학습 알고리즘은 그때그때 적응해 바뀌고, 어떤 알고리즘은 지속적으로 오프라인에서 다시 훈련되어야 한다. 하지만 고객의 행동에서 뽑아낸 다수의 신호들을 이용해 적응한다는 원칙은 동일하다. 알고리즘은 이렇게 고객의 선호도를 계속 학습하고 추적한다. 우리가 처음에 사고 싶다고 생각했던 상품과 결국 다른 상품을 사게 되는 경우가 있는 건 놀랄 일도 아니다.

지능적 상품추천 프로그램은 심지어 고객이 어떻게 반응하는지를 보기 위해 상품을 추천하기도 한다. 이런 식으로 얻어낸 정보는 최종 판매에 성공하는 것만큼이나 가치 있다. 온라인 판매자는 고객 탐색과 고객 이용 사이의 좁은 경계를 걸으며 많은 점에서 자율적 학습 시스템처럼 행동한다.

고객에 대해 몰랐던 무엇인가를 알게 되는 것은 상품을 파는 일만큼이나 중요하다. 쉽게 말해 판매자들은 고객을 알고 싶어 한다. 이용자의 선호도를 학습하고 이용자의 행동을 예측해야 하는 스팸 필터나 다른 소프트웨어도 비슷한 전략을 사용할 수 있다. 머지않아, 집에 있는 가전제품들도 이용자의 다음 행동에 관심을 갖게 될 것이다.

이런 사례들은 가장 단순한 경우일 뿐이다. 이와 같은, 또는 비슷한 통계적 기법을 컴퓨터의 여러 분야에서 다양한 수준으로 활용하면, 얼굴을 인식하고, 말을 속기하고, 다른 언어로 된 텍스트를 번역할 수 있게 학습하는 컴퓨터를 만들 수 있다. 몇몇 온라인 데이트 회사에 따르면, 이런 인공지능으로 서로 잘 맞는 커플을 매칭할 수도 있다고 한다. 즉, 인공지능은 완전한 모델을 세울 수 없는 복잡한 인간의 행동을 모방할 수 있고, 그리고 인간이 할 만한 방식과 매우 다른 방식으로 그 일을 한다.

처음 겪는 상황

머신러닝은 과거의 행동 분석에 대한 것만이 아니다. 가끔 인공지능은 처음 겪는 상황을 처리해야 한다. 새로운 고객을 어떻게 도울 것인가? 새로 나온 책을 누구에게 추천할 것인가? 이런 경우에 대응하는 열쇠는 유사한 고객이나 상품에서 얻은 정보를 통해 일반화하는 방법을 컴퓨터에게 가르치는 것이다.

서비스를 한 번도 사용한 적이 없는 고객도 예를 들어 이메일 주소나 접속위치처럼 작지만 분석의 단초로 삼을 만한 데이터 흔적을 남긴다. 유사성을 찾아내고 이용하는 방법을 패턴인식이라고 부르기도 하는데, 이렇게 '새로 시작하는' 상황에서만 중요한 것은 아니다. 사실, '일반화^{generalization}', 즉 패턴과 유사성을 찾는 일은 지능적 행동을 구성하는 중요한 원리가 된다.

두 항목이 유사하다는 것은 무엇을 뜻하는가? 책을 설명할 때는 페이지 수, 사용된 언어, 주제, 가격, 출판일, 작가, 난이도 별점 등을 이용할 수 있을 것이다. 고객에 대해서는 연령, 성별, 접속주소 등이 유용한 설명기준이 될 수 있다. 머신러닝에서는 이런 설명기준을 특성^{feature}이나 신호^{signal}라고 부른다. 이런 기준들을 통해 이미 충분한 데이터가 쌓인 유사 항목을 찾아낼 수 있다. 그러면 컴퓨터는 특정한 상태를 유사한 상태로 일반화할 수 있고, 학습한 경험을 더욱 잘 활용할 수 있다.

적합한 특성을 고르는 일은 머신러닝에서 중요한 과제 중 하나다. 예를 들자면 책에 사용된 글꼴은 가격만큼 중요하지는 않을 것이다. 이미지처럼 복잡한 대상을 다룰 때는 더 중요한 문제가 된다. 1분 간격으로 찍은 비권사진을 비교해도 원본 픽셀 수준에서는 똑같지 않을 것이므로 컴퓨터라면 완전히 다른 이미지라고 인식할 만하다. 컴퓨터가 픽셀만 보고 아주 사소하고 무의미한 변화에 휘둘리지 않고 좀 더 안정적인 방식으로 이 이미지들을 다루게 하고 싶다. 다른 사진에서 같은 얼굴을 인식하도록 하기 위해서는 이미지의 어떤 특성을 이용해야 할까?

이는 생각보다 훨씬 풀기 어려운 문제였다. 자연스러운 환경에서 찍은 사진은 조도, 구도, 배경에 차이가 있기 때문에 더 어렵다.

컴퓨터에 직접 이런 일을 시킬 수 있도록 프로그래밍하는 것은 너무 어려웠기 때문에, 엔지니어들은 또다시 머신러닝에 기대를 걸게 되었다. 머신러닝 기법 중 딥러닝^{deep learning}이란 방식은 몇몇 분야에서 현재 가장 나은 결과를 보여준다. 앞에서 살펴본 사례처럼 딥러닝 방식에서도 많은 데이터를 입력해서 수백만 가지의 기준을 훈련한다.

학습 레이어

인공지능 연구 분야에서 많이 얘기되는 용어 중 하나가 딥러닝이다. 다소 생소하게 들릴 수도 있지만 사실 최근 인공지능 연구에서 아주 많은 성과를 거둔 데이터 주도 접근법의 한 형태다. 딥러닝은 '신경망^{neural network}'이라는 기술에 기초한다. 신경망은 인간의 뇌와, 매우 뛰어난 뇌의 연산능력을 구현하는 시냅스로 연결된 수많은 뉴런을 모방해 만든 소프트웨어 회로다. 신경망은 단순한 처리장치들을 많이 연결해 한 장치의 출력이 다른 장치의 입력이 될 수 있게 한다. 이 입력들에는 각기 더 많거나 또는 더 적은 영향을 주는 중요도가 존재하고, 신경망이 출력을 이용해 각 입력의 중요도를 수정할 수 있게 스스로에게 '말한다'는 개념을 적용했다. 즉, 뇌처럼 활동하면서

기계는 어떻게 생각하고 학습하는가

학습한다.

겨우 수년 내에 신경망은 기존의 기술들을 뛰어넘어 의료사진 분석, 얼굴 인식, 자율주행에 이르는 난해한 인식 문제들을 해결하는 가장 뛰어난 알고리즘의 자리를 차지했다. 여러 사진 중에서 축구경기 사진만 골라내는 작업을 생각해보자. 프로그래머가 골대와 같은 전형적인 물체를 찾는 알고리즘을 작성하는 방법도 있겠지만 너무 많은 품이 들 것이다. 신경망은 프로그래머 대신 사진에서 먼저 물체의 테두리와 같은 특성을 찾고, 그다음으로 물체나 동작까지도 인식하는 일을 해준다. 예를 들어, 사진에 공, 축구장, 선수들이 있다면 축구경기 사진일 가능성이 높을 것이다. 각 노드 레이어는 서로 다른 추상화 계층에서 특성들을 찾는다.

결과와 정답 사이의 차이는 프로그램에 다시 되먹임해서 항상, 또는 대부분의 경우에 맞는 결과가 나올 때까지 중요도를 적절히 조정한다. 시스템이 동작에 대해 긍정적 또는 부정적 보상을 받는 방식으로 훈련되는 경우 이를 강화학습$^{reinforcement\ learning}$이라고 부른다. 프로그래머는 데이터 내에서 관련 있는 특성을 골라내는 방식을 최적화하기 위해 노드와 레이어의 숫자만 조정하면 된다. 하지만 신경망이 하는 일이 구체적으로 어떻게 이루어지는지를 정확히 설명하기가 불가능한 경우가 많기 때문에 이런 조정작업은 사실 일단은 시도하고 개선하는 식이다.

원래 신경망은 인간의 대뇌피질을 생물학적으로 어설프게 모방한 구조였지만 이제는 복잡한 수학적 회로로 발전했다. 초기에는 별로 유용한 수준이 아니었지만, 오늘날 뛰어난 하드웨어와 거대한 데이터 집합의 힘을 빌려 몇몇 인식과제, 특히 영상과 음성에서 가장 뛰어난 성능을 보여주며 완전히 새로 주목받게 되었다. 딥러닝은 보통 대규모의 머신러닝 시스템을 구성하는 데 사용되고 있다.

내부에서 일어나는 일

이러한 머신러닝 기능은 한 시스템의 여러 부분에 동시에 적용될 수 있다. 머신러닝 기능을 이용하는 검색엔진은 사용자의 검색어를 자동완성하는 방법, 검색 결과의 순위를 매기는 방법, 검색 결과에 포함된 문서를 자동번역하는 방법, 어떤 광고를 노출할지 결정하는 방법을 학습할 수 있을 것이다. 겉으로 드러나는 것만 이 정도다.

시스템은 사용자에게 알리지 않고 무작위로 정한 사용자 그룹들에 서로 다른 기법을 적용해 그 성능을 비교하는 검사를 진행할 수도 있다. A/B 검사로 알려진 방식이다. 사용자가 온라인 서비스를 사용할 때마다 사용자는 내부적으로 검사 중인 특정 기법의 성능에 대해 아주 많은 정보를 제공한다. 이런 정보들은 사용자가 광고를 클릭하거나 상품을 구매해 온라인 서비스 운영자에게 가져다주는 수익을 증가시키는 데 활용된다.

이런 메커니즘은 개별적으로 보면 단순해도, 아주 광범위하게 동시다발적이고 상시적으로 적용하면 인간에게 지능적으로 보일 수 있는 고수준 적응행동이 나온다. 구글의 바둑 인공지능인 알파고는 수백만 번의 과거 대국기록을 익히고 또 여러 버전의 자신과 수백만 번 대국해 승리 전략을 학습했다. 아주 인상적인 위업이다.

그럼에도 불구하고, 인공지능에 숨은 이런 메커니즘을 볼 때마다 약간 꼼수 같다는 생각이 드는 것은 어쩔 수가 없다. 인공지능 시스템은 '진짜' 지능의 지표가 될 만한 자기인식 같은 과정 없이도 적응적이고 목적적인 동작을 해낸다. 에이다 러브레이스라면 이런 인공지능이 제안하는 의견을 독창적이지 않다고 무시하겠지만, 철학자들이 논쟁 중인 사이에 이 분야는 계속 발전하고 있다.

생각하는 새로운 방식

인공지능의 데이터 주도 접근법은 이제 온라인 쇼핑의 수준을 뛰어넘어 삶의 거의 모든 영역에 영향을 주고 있다. 그 예로, 라시드가 연설하고 한 달 뒤에 네덜란드 헤이그에 있는 네덜란드 과학수사연구소Netherlands Forensic Institute는 13년 동안이나 검거를 피했던 살인용의자를 머신러닝 시스템을 이용해 찾아냈다. 이 시스템은 아주 많은 DNA 샘플을 분석하고 비교했다. 사람이 직접 하기엔 너무 시간이 많이 걸리는 일이었다.

보험업계와 신용업계도 각 개인의 위험도를 분석하는 알고리즘을 이용하는 머신러닝을 받아들이고 있다. 제약업계도 통계적 인공지능을 이용해 인간이 분석하기에는 너무 많은 유전데이터를 꼼꼼히 살펴본다. IBM의 왓슨이나 구글의 딥마인드와 같은 인공지능은 의료진단까지 수행한다. 빅데이터 분석을 하면 인간이 놓치는 것까지 볼 수 있다. 인공지능은 인간이 스스로를 아는 것보다 더 인간을 잘 이해힐 수 있다.

하지만 그러기 위해서는 아주 다르게 생각하는 방식을 채택해야 한다.

인공지능 연구 초기에는, '설명가능성explainability', 즉 시스템이 어떻게 그 결정을 내리게 됐는지 보여줄 수 있어야 한다는 생각이 중요하게 여겨졌다. 규칙기반의 기호추론 시스템이 결정을 내릴 때 인간은 시스템이 수행한 논리적 절차를 추적해 그 결정의 이유를 알아낼 수 있다. 그러나 오늘날 데이터 주도 인공지능이 하는 추론은 엄청나게 많은 데이터의 복잡한 통계적 분석에 해당한다. 다시 말해, '왜'를 버리고 단순한 '무엇을'로 바꿨다는 뜻이다.

마이크로소프트의 크리스 비숍의 말에 따르면, 숙련된 기술자가 인공지능의 추론 과정을 분석한다 해도 이는 의미 없는 일일 가능성이 높다. 인공지능이 내린 결정에 대해 왜 그렇게 결정했는지 알 수는 없다. 인공지능의 결정은 인간이 해석할 수 있는 규칙을 통해 결론에 도달하는 것이 아니기 때문이다. 하지만 비숍은 이런 시스템이 거둔 성과에 비하면 이 정도의 약점은 받아들일 수 있다고 생각한다. 초기 인공지능은 이해하기 쉬웠을지는 몰라도, 그 성능은 실망스러웠다. 누군가는 이런 전환을 비판하겠지만, 비숍을 비롯한 다른 연구자들은 인간적인 설명을 포기할 때가 됐다고 생각한다. 넬로 크리스티아니니는 이렇게 말한다. "설명가능성은 사회적 합의입니다. 예전에는 설명가능성이 중요하다고 결정했습니다. 하지만 지금은 중요하지 않다고 결정한 겁니다."

영국 브리스틀 대학교의 피터 플래치는 컴퓨터공학과 학생들에게 완전히 다르게 생각하는 방식을 가르치려고 한다. 프로그래밍은 절대적인 것을 다루는 기술이지만, 머신러닝은 불확실한 정도를 다루는 기술이다. 플래치는 사람들이 좀 더 의심해야 한다고 생각한다. 예를 들어,

기계는 어떻게 생각하고 학습하는가

아마존이 어떤 책을 추천할 때, 그것은 머신러닝에 의해서인가? 아니면 아마존이 팔리지 않는 책을 재고로 갖고 있어서인가? 아마존이 사용자에게 비슷한 사람들이 산 책에 대해 얘기해줄 때, '고객님과 비슷한 사람들'이나 '이 책과 비슷한 책'이 정말 무엇을 뜻하는가?

높아진 위험

진정한 위험은 인간이 질문하기를 포기할 때에 온다. 우리를 위해 결정해주는 인공지능에 익숙해져서 아예 신경도 쓰지 않게 되는 날이 올까? 오늘날 인공지능 기계는 담보대출 신청, 의료진단, 그리고 심지어 피의자가 유죄인지 여부까지에 대해서까지 설명할 수 없는 결정을 내리고 있기 때문에 위험은 더 커지고 있다.

의료 분야의 인공지능이 몇 년 내에 당신이 폭음하기 시작할 것이라고 결정한다면 어떨까? 의사들이 이를 이유로 장기이식을 연기할 수 있을까? 아무도 그 결정이 어떻게 내려졌는지 알 수 없다면 당신을 위해 변론하기도 어려울 것이다. 그리고 누군가는 인공지능을 다른 것보다 더 신뢰할 수도 있다. 플래치는 이렇게 말한다. "사람들은 알고리즘이 알아낸 사실을 받아들이는 데 너무 순응적입니다. 컴퓨터는 '안 돼'라고 할 수 있죠. 그게 문제입니다."

지금 이 순간에도 지구 어딘가에는 당신이 어떤 사람인지, 그리고 어떤 사람이 될지 결정하고 있는 인공지능 시스템이 있을 수도 있다. 하버드 대학교의 라타냐 스위니Latanya Sweeney 교수에게 일어난 일을 생각해보자. 어느 날 스위니 교수는 자신이 쓰는 구글 검색엔진 결과에 "체포된 적이 있습니까?"라고 묻는 광고가 붙어 있음을 알고 놀랐다. 이 광고는 백인 동료교수들에게는 나타나지 않았다. 이 경험으로 스위니 교수는 구글 검색에서 쓰는 머신러닝이 비의도적으로 인종주의 성향을 갖게 됐다는 사실을 밝히는 연구를 시작했다. 수많은 상관관계의 혼돈 속에서 흑인에게 더 자주 붙는 이름이 체포 전과기록에 대한 광고와 연결되었던 것이다.

인공지능의 실수

최근 이런 인공지능의 실수가 꽤 있었다. 2015년 구글은 구글 서비스 중 하나가 2명의 흑인이 찍힌 사진을 자동으로 '고릴라들'로 분류한 사건에 대해 사과했다. 1년 후, 마이크로소프트는 '테이Tay'라는 챗봇 서비스를 중단해야 했는데, 이 챗봇이 부적절한 표현들을 학습했기 때문이다. 두 경우 모두 알고리즘이 문제였다기보다는 인공지능에 입력한 훈련 데이터가 문제였다.

그리고 2016년, 자율주행차와 관련된 첫 번째 사망사고가 발생했다. 운전자가 테슬라 자동차를 자율주행 모드로 둔 상태에서 시스템이 트레일러를 감지하지 못해 일어난 사고였다. 이때 밝은 하늘 아래 하얀색 장애물이 있었던 특수한 환경에서 컴퓨터 영상처리 시스템은 실수를 저질렀다. 많은 회사가 인공지능 시장에 진입하면서 이와 유사한 사고가 일어날 가능성은 증가하고 있다.

물론 뉴스에 등장하지 않는 수많은 이야기들도 있다. 이 이야기들의 주인공인 인공지능 시스템은 기대한 대로 역할을 잘 수행하고 있기 때문이다. 하지만, 인공지능이 인간이 수용할 만한 내용으로 그 일을 하고 있는지 알 방법은 보통 없다. 점점 더 민감한 의사결정 분야에서 기계를 신뢰하게 될수록, 그 인공지능에 입력하는 데이터에는 더 신중하게 주의를 기울여야 한다. 인간이 더 잘 이해해야 하는 것은 그저 기술만이 아니라 인공지능이 우리의 일상에 속속들이 파고든 현실이다.

많은 사람들이 빅데이터 시대의 사생활 문제를 걱정한다. 그러나 옥스퍼드 인터넷 연구소의 빅토어 마이어 쇤베르거는 확률적 예측 기법의 남용을 더 경계해야 한다고 생각한다. "심각한 윤리적 문제가 존재합니다." 마이어 쇤베르거는 이렇게 말한다.

이 세상을 살아가기 위해서는 인공지능이 무엇을 의미하는지에 대한 생각을 바꿔야 할 것이다. 인간이 생각했던 상징적인 인공지능 시스템은 체스를 두지도, 인간의 멸망을 획책하지도 않았다. "현실의 인공지능은 할 9000과는 달라요." 넬로 크리스티아니니의 말이다. 인공지능은 온라인으로 시간관리를 도와주고 어떤 상품을 사라고 추천해주는 시스템에서 인간이 스스로 깨닫기도 전에 인간의 행동을 예측할 수 있을 법한 수준의 시스템까지 발전했다. 사실상 멈출 수 없는 흐름이다. 이 상황에서의 열쇠는 인간이 인공지능의 결정을 이해할 수 없다는 사실을 받아들이고, 그 결정이 어떤 성격의 결정인지를 제대로 인식하는 것이다. 결국 인공지능의 결정은 추천이자, 수학적 확률에 불과하다. 인공지능 뒤에 신의 계시와 같은 절대적 결정이 있는 것이 아니다.

사람들이 인간을 본뜬 인공지능을 꿈꿨을 때는 인간과 같은 형태의 생각하는 기계를 만날 날을 기대했을 것이다. 그러나 오늘날 우리가 손에 쥔 것은 외계인 같은 존재다. 인간이 한 번도 조우한 적이 없는 지성체인 것이다.

인공지능의 머릿속을 들여다볼 수 있을까?

네 생각을 말해주면 1페니를 주겠다는 영어 관용구가 있다. 누군가의 행동을 이해하려면 그 사람의 생각을 이해하는 것이 매우 중요하다. 인공지능도 마찬가지다. 신경망이 문제를 해결하는 과정을 기록하는 새로운 기법이 있으면 신경망이 어떻게 동작하는지를 이해할 수 있고, 더 나은, 그리고 더 믿을 수 있는 인공지능을 만들 수 있을 것이다.

지난 몇 년간, 신경망에 기반한 딥러닝 알고리즘은 많은 인공지능 분야에서 혁신을 주도해왔다. 문제는 인간이 이런 알고리즘이 어떻게 그런 일을 하는지를 알 수 없는 경우가 있다는 것이다. 이스라엘 하이파에 있는 이스라엘 공과대학교Israel Institute of Technology의 니르 벤 즈리헴Nir Ben Zrihem은 딥러닝 시스템은 블랙박스라고 말한다. "잘 돌아가면 다행인 거고, 잘 돌아가지 않으면 큰일이 난 거죠."

신경망은 부분의 합을 넘어서는 시스템이다. 신경망은 아주 단순한 인공뉴런이라는 구성요소들로 이루어진다. "이 신경망에서 특정한 영역을 찍어 신경망의 모든 지능이 거기에 들어 있다고 말하기는 불가능합니다"라고 즈리헴은 말한다. 신경망에서는 연결의 복잡성 때문에 딥러닝 알고리즘이 주어진 결과에 도달하기 위해 밟아온 단계를 역추적하기가 사실상 불가능할 수 있다. 이런 경우, 이 인공지능은 신의 계시 같은 성격을 갖게 되고 그 결과는 오직 믿음으로 받아들여진다.

이 문제를 설명하기 위해, 즈리헴과 동료들은 동작 중인 딥러닝 시스템의 이미지를 만들었다. 이들의 표현에 따르면, 여기에 사용된 기법은 알고리즘이 문제를 해결하는 과정에서의 활동을 포착하는, 컴퓨터에 대한 fMRI[7] 같은 방법이다. 이 이미지를 사용하면 연구자들이 신경망에서의 종료점들을 포함한 진행단계들을 확인할 수 있다.

연구팀은 고전 아타리 2600[8] 게임 중 3개(〈벽돌깨기〉, 〈시퀘스트 DSV〉, 〈팩맨〉)를 플레이하는 과업을 수행하는 신경망을 구축했다. 그리고 딥러닝 알고리즘이 각 게임을 플레이하는 동안 12만 개의 이미지를 수집한 다음, 게임을 여러 번 플레이할 때 같은 순간을 비교할 수 있는 기법을 활용해 데이터 지도를 그렸다.

그 결과는 진짜 뇌 스캔 결과와 상당히 비슷해 보인다(그림 2.1 참조). 하지만 이 결과에서 각 점은 특정한 순간 게임의 플레이를 포착한 이미지다. 색의 차이는 게임에서 그 순간에 인공지능이 얼마나 잘 과업을 수행하고 있었는지를 보여준다.

예를 들어 〈벽돌깨기〉는 플레이어가 길쭉한 바와 공을 이용해 밝은 색의 벽돌들로 이루어진 벽에 부딪혀 구멍을 만드는 게임인데, 연구팀은 한 맵에서 알고리즘이 항상 벽돌 사이를 통과해 볼을 벽 위로 보내려 시도한다는 사실을 보여주는 명확한 바나나 모양의 벽돌벽 공간을 확인할 수 있었다. 이것이 신경망이 스스로 알아낸 승리전략이었던 것이다. 게임 과정을 포착해 지도화하니 알고리즘이 연속된 게임에서 얼마나 성공적으로 적용되는지 확인할 수 있었다.

---

7 기능적 자기공명영상. 일반 MRI와 대비해 생체의 기능에 대한 정보를 제공함

8 1970년대 일본 아타리 사의 비디오게임기

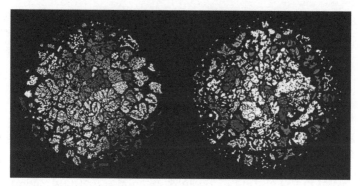

그림 2.1 신경망의 '뇌 스캔 이미지'

완벽한 게임 전략을 세우는 작업도 재미있긴 하지만, 이런 스캔 작업은 진짜 문제를 해결하는 알고리즘을 보완하는 데 도움이 될 수 있다. 예를 들어 보안 알고리즘은 특정한 상황에서 쉽게 속아 넘어가는 결점이 있을 수 있다. 또는 대상자가 은행 대출을 받을 수 있을지 결정하는 알고리즘은 특정 인종이나 성별에 대한 편향적 판단을 하도록 설계되었을 수 있다. 현실에서 이런 알고리즘 기술을 적용하게 된다면, 아마 사람들은 알고리즘이 어떤 방식으로 동작하고 어떤 경우에 문제가 생기는지를 이해하고 싶어 할 것이다.

기호가 다시 돌아오다

신경망을 이용한 머신러닝이 견줄 데 없는 성공을 거두었음은 의문의 여지가 없지만, 그렇다고 완벽한 것은 아니다. 신경망이 어떤 작업을 하게끔 훈련하려면 오랜 시간이 걸리고 학습한 내용을 다른 작업에 다시 사용할 수도 없다. 이 문제는 현대 인공지능 연구자들을 오랫동안 괴롭혔다. 컴퓨터는 인간이 지도하지 않아도 학습할 수 있지만, 컴퓨

기계는 어떻게 생각하고 학습하는가

터가 배운 지식은 정해진 문제의 범위를 넘는 순간 쓸모가 없어진다. 컴퓨터는 병으로 물을 마시는 법을 배워도 컵으로 물을 마시는 방법은 생각조차 하지 못하는 어린아이 같은 존재다.

임페리얼 칼리지 런던의 머리 섀너핸^{Murray Shanahan} 교수와 그의 동료들은 머신러닝에서는 잘 사용하지 않는 오래된 전통적인 접근법을 통해 이 문제를 해결하려 노력하고 있다. 섀너핸 교수의 아이디어는 기호 인공지능^{symbolic AI}을 되살려 현대 신경망 기법과 결합하는 것이다.

기호 AI는 크게 인기를 얻은 적이 없다. 그 이유는 수동으로 인공지능이 알아야 하는 모든 것을 설명하려면 지나치게 과도한 노력이 필요하다는 사실이 금방 알려졌기 때문이다. 현대 인공지능은 세상을 제 나름대로 재현해 학습하는 방식으로 이 문제를 극복했다. 하지만 이 재현 형태는 다른 신경망으로는 이전될 수 없었다.

섀너핸 교수의 연구 목표는 작업과 작업 간에 학습한 지식이 일부분 이전될 수 있도록 하는 것이다. 목표를 이룬다면 빠르게 학습하면서도 세상에 대한 데이터가 덜 필요한 인공지능을 만들 수 있을 것이다. 오픈AI 재단의 머신러닝 연구원인 안드레이 카파시^{Andrej Karpathy}가 블로그에 다음과 같이 올린 것처럼 말이다. "나라면 보통 차를 벽에 수백 번 갖다 박은 다음에야 서서히 그런 일을 피하게 되지는 않는다."

지성의 다음 단계

인간 수준의 지성을 발휘하는 컴퓨터를 만들고 싶다면, 인공 뇌를 만들면 되지 않겠는가? 결국 지성체의 제일 좋은 표본은 인간이고, 신경과학에서는 인간이 정보를 어떻게 처리하고 저장하는지에 대해 참고할 만한 많은 연구가 이루어져왔다.

인간의 뇌는 1000억 개의 뉴런을 연결하는 100조 개의 시냅스 망이다. 이 뉴런의 대부분은 초당 10번에서 100번까지 상태를 바꾼다. 인간의 뇌구조 덕분에 인간은 객체를 이미지로 인식하는 등의 일에 능하다.

반면, 슈퍼컴퓨터에는 약 100조 바이트의 메모리가 있고 슈퍼컴퓨터의 트랜지스터는 인간의 뇌보다 1억 배 빨리 작업을 처리할 수 있다. 이런 구조 덕분에 컴퓨터는 잘 정의된 정확한 작업을 빨리 처리하는 일에 더 능하다.

어떤 작업에는 다소 단점이 있더라도 뇌구조 방식이 더 어울린다. 예를 들어 얼굴 인식과 같은 불확정형 작업에는 정확한 작업경로를 따라 처리하는 초정밀 회로를 이용할 필요가 없다.

몇몇 연구자들은 뇌의 저전력 구조를 본뜬 뇌구조형 하드웨어 아키텍처를 연구하고 있다. 인간의 뇌는 아주 어두운 전구를 켤 수 있는 약 20와트 수준의 전력으로 모든 연산을 해낸다. 이와 대략 유사한 연산을 해낼 수 있는 수준의 슈퍼컴퓨터에는 20만 와트 전력이 필요하다. 또 다른 연구자들은 인간의 뇌에 동일한 위치에서 정보를 처리하고 또 저장할 수 있는 능력이 있음에 주목한다. 이런 이유로 뇌구조에 영감을 받아 새로운 컴퓨터 회로를 개발하려는 프로젝트들이 진행되고 있다.

기계는 어떻게 생각하고 학습하는가

이런 회로들은 직렬 형태보다는 병렬 형태이고, 디지털이라기보다는 아날로그적이고, 더 느리지만 훨씬 더 적은 전력을 소비한다.

직관적 사고

인간은 이상적인 이성을 따르며 살고자 하지만 그러지 못한다. 의사결정 과정에서도 흔한 실수들을 범하고 중요하지 않은 사소한 사실에 쉽게 영향을 받는다. 증거를 통한 추론을 거치지 않고 결정을 서두를 때, 이를 가리켜 직관을 믿는다고 표현한다. 지금까지는 이런 인간의 불안정한 결점이 없는 컴퓨터가 더 낫다는 생각이 많았지만, 인지과학 분야의 최근 연구는 오히려 그 반대라는 사실을 알려준다.

인간은 두 가지의 보완적 의사결정 처리 방식을 활용한다. 하나는 느리고, 신중하며 대부분 이성적인 방식이고, 다른 하나는 빠르고, 충동적이며, 이전의 경험을 현재 상황과 연결해 빠른 결론에 도달할 수 있게 해주는 방식이다. 이 두 번째 방식이 인간의 지능을 아주 효과적으로 작동하게 하는 열쇠처럼 보인다.

이성적인 방식은 신중하고 견실하지만 시간과 노력이 많이 든다. 맞은편에 오는 차가 나의 차선으로 미끄러져 들어오기 시작하는 상황을 가정해보자. 즉시 반응해야 할 것이다. 클랙슨을 울리고, 브레이크를 밟거나 핸들을 꺾어야 한다. 길고 긴 연산을 해서 최적이긴 하겠으나 너무 늦어버릴 가능성이 있는 행동을 결정할 시간이 없다. 이런 단축 방식은 긴급 상황이 아닌 경우에도 도움이 된다. 진청색 셔츠를 입을 것인가 회청색을 입을 것인가와 같은 사소한 문제들의 최적해를 찾는 데 지나치게 많은 뇌의 능력을 사용한다면, 중요한 결정을 할 때 필요한 시간과 기력이 금방 떨어지고 말 것이다.

그렇다면 인공지능이 직관적인 기능까지 포함해야 할까? 많은 인공지능 시스템은 두 가지 부분을 함께 가지고 있다. 하나는 상황에 즉각 반응하는 부분이고, 다른 하나는 좀 더 신중한 추론을 거치는 부분이다. 몇몇 로봇들은 저수준 레이어에서는 외부 자극에 반응만 하고, 고수준 레이어에서는 이런 반응들을 억제하고 좀 더 목표 지향적인 동작을 하도록 설계되었다. 이런 접근법은 예를 들어 걷는 로봇이 울퉁불퉁한 지형에 대응하도록 하는 일에 효과적이라는 사실이 입증되어왔다.

인공지능이 좀 더 나은 결정을 할 수 있도록 감정을 더하고자 하는 움직임도 있었다. 예를 들어, 자율작동 로봇이 같은 동작을 몇 번 시도해 반복해서 실패하면, '좌절감' 회로를 통해 새로운 경로를 효과적으로 찾도록 할 수도 있을 것이다.

감정을 흉내 내는 기계를 만들기는 매우 복잡하다. 인공지능의 창시자들 중 한 명인 마빈 민스키는 감정이란 뇌의 단일 기능으로 발생하는 게 아니라 뇌의 여러 부분이 관여해, 뇌와 신체 간의 상호작용으로 일어나는 현상이라고 주장했다. 감정에 따라 인간은 여러 결정 중 특정한 결정을 선택한다. 따라서 컴퓨터 프로그램의 일부를 감정에 따라 움직이게 설계하면 좀 더 인간과 유사한 인공지능을 만드는 데 도움이 될 수 있다.

민스키는 말한다. "인간은 좀처럼 완전히 벽에 부딪히는 경우가 없는데, 그 이유는 인간에게는 특정한 상황이나 작업을 처리하는 매우 다양한 방법이 있기 때문입니다. 가장 선호하는 방법이 잘 통하지 않는다면, 인간은 항상 다른 접근법을 찾아냅니다. 예를 들어, 어떤 업무가 지겨워지면, 다른 사람을 설득해 그 업무를 대신 하게 만들려고 노력하거나, 그게 아니면 그 업무를 나에게 시킨 사람에게 화를 내는 식입니다. 이런 반응을 감정적이라고 할 수도 있겠지만 감정적인 반응은 인간이 대면하는 문제를 해결하는 데 도움을 줍니다."

대충 연산하기

미국 텍사스 휴스턴에 있는 라이스 대학교의 컴퓨터과학자인 크리슈나 팔렘Krishna Palem은 저전력을 사용하는 뇌유사형 컴퓨터를 만드는 소수의 연구자 중 하나다. 팔렘이 만드는 컴퓨터는 정확도에서는 어떠한 장점도 없다. 대부분의 경우 단순한 덧셈도 정확하게 수행하지 못한다. 2+2가 5가 될 수도 있다. 하지만 산수를 좀 못한다고 해서 오해하면 안 된다. 팔렘은 컴퓨터연산의 새로운 지평을 열 가능성이 있는 컴퓨터를 개발하고 있다.

부정확성은 보통 컴퓨터와 잘 연결되지 않는 특성이다. 1930년대 튜링이 기본 규칙을 세운 이후 컴퓨터는 정확성을 추구했고, 확실하고 재수행 가능한 방식으로 명령을 순차적으로 실행하는 원칙을 지켰다. 컴퓨터는 실수를 범해서는 안 됐다.

그러나 이젠 컴퓨터가 실수를 범하게 할 때인지도 모른다. 이것이 차기 스마트 기기로 가는 길을 열고 고성능 컴퓨터가 성장의 한계에 부딪히는 일을 막는 최선의 방법일 수도 있다. 현대 슈퍼컴퓨터의 성능을 넘는 복잡한 시뮬레이션, 즉 기후변화를 더욱 길게 예측하는 모델, 디옥

효율적인 자동차 및 비행기의 설계, 은하계 형성의 비밀을 푸는 일을 수행할 수 있는 컴퓨터를 만들 수도 있다. 나아가 인간의 뇌를 시뮬레이션함으로써 인류의 가장 큰 수수께끼를 풀어낼지도 모른다.

지금까지는 성능과 전력효율성 간의 상충관계를 어쩔 수 없이 받아들여야 했다. 컴퓨터는 고속형이거나, 아니면 저전력형이어야 했지만 둘 다일 수는 없었다. 그래서 더 고성능 스마트폰에 더 많은 배터리가 필요한 것은 당연하고, 슈퍼컴퓨터는 전기를 잡아먹는 괴물이었다. 차세대 엑사플롭$^{exa-flop}$ 컴퓨터는 초당 10^{18}개의 명령어를 수행할 수 있는데, 작은 발전소 한 개 용량에 해당하는 100메가와트의 전기를 소비한다. 문제는 컴퓨터에게 더 적은 전기로 더 많은 일을 하게 하는 것이다.

한 가지 해결책은 컴퓨터가 코드를 실행할 때 소비하는 시간을 줄이는 것이다. 시간을 더 적게 쓰면 전력도 더 적게 쓴다는 의미이기 때문이다. 프로그래머들에게 이는 원하는 결과를 더 빨리 얻어내는 방법을 찾는다는 의미가 된다. 각 도시를 순회하는 가장 짧은 경로를 찾아내는 고전적인 '세일즈맨 문제'는, 도시의 수가 늘어날수록 경로의 수가 기하급수적으로 증가하기 때문에 해결하기 까다로운 문제로 정평이 나 있다. 팔렘은 프로그래머들이 종종 최선의 경로에 반쯤만 접근한 경로에서 멈춘다고 한다. 거기에서 더 개선하려면 너무 많은 시간이 들기 때문이다. 더 최근에 사용되는 방식은 머신러닝 알고리즘을 이용해 주어진 부분 코드의 근사^{approximate} 결과를 미리 얻어내는 것이다. 그리고 프로그램을 실행할 때마다 실제 코드 부분을 실행하는 대신 이 어림잡아 계산한 답을 사용한다.

기계는 어떻게 생각하고 학습하는가

하지만 소프트웨어에서 필요 없는 부분을 다듬어 전력을 아끼는 방법은 한계가 있다. 사용전력을 정말 절약하려면 하드웨어를 바꿔야 한다. 컴퓨터는 모든 트랜지스터를 항상 최대성능으로 작동시키지 않기만 해도 상당한 전력을 절약할 수 있다. 하지만 이러려면 정확도를 희생해야 한다. 팔렘의 연구팀은 컴퓨터에 제한을 걸어 수용할 수 있는 방식으로 연산을 틀리도록 만든다. 괜찮은 성능을 내는 어떠한 알고리즘을 가져와도 팔렘이 만든 근본적으로 다른 물리적 시스템하에서는 부정확한 결과를 낼 것이다.

다시 1과 0으로 돌아오다

표준적인 컴퓨터 칩에서는 채널이라고 불리는 실리콘 조각이 스위치처럼 켬(1)과 끔(0) 상태를 전환하는 역할을 한다. 이 전환 동작은 전압을 가할 때까지 채널을 통과하는 전류를 막는 게이트 소자로 제어된다. 그리고 전압을 가하면 게이트는 댐의 수문처럼 열려, 전류를 통과하게 한다. 그러나 이런 상보형금속산화반도체(CMOS) 기술은 안정적인 5볼트 전원이 공급되어야 동작할 수 있다. 이보다 낮은 전압으로는 채널이 불안정해져서 어떨 때는 전환되고 또 어떨 때는 전환되지 않는다.

2003년, 당시 애틀랜타의 조지아 공과대학교에 있던 팔렘은 위기가 도래함을 봤다. 칩 위의 트랜지스터 개수를 18~24개월마다 두 배로 늘리는(무어의 법칙으로 알려진 소형화 법칙) 전자업계의 능력이 한계에 도달하고 있음은 분명했다. 소형화가 계속되자 칩 수준에서 오류가 발생했다. 주로 과열과 간섭, 그리고 과밀화된 트랜지스터 간에 발생하는 혼선 때문이었다. 선택은 이제 중요한 문제였다. 모종의 방식으로 별

안정성을 잡으면서 동시에 전력도 절약할 수 있다면 어떨까?

팔렘의 해결책은 고의적으로 불안정하게 만든 CMOS 기술의 확률형 접근 버전을 설계하는 것이었다. 팔렘의 연구팀은 가장 중요한 비트들 (정확해야 하는 값을 표현하는 채널)은 정격 5볼트 전원을 받지만 제일 덜 중요한 비트들은 1볼트를 받는 형태의 디지털 회로를 개발했다. 숫자를 표현하는 반 정도의 비트들에 이런 식으로 제한이 걸릴 수 있었다.

이는 단순히 두 개의 숫자를 더하기만 하는 논리 회로인 가산기도 팔렘이 만든 버전에서는 일반적인 정확도로 동작하지 않는다는 뜻이다. "이 가산기는 두 개의 숫자를 더할 때 합리적인 수준에서 적당한 답을 내놓지만 정확하진 않습니다. 하지만 사용전력 관점에서는 훨씬 적은 전력을 쓰죠"라고 팔렘은 말한다.

픽셀 단위로 완벽할 필요는 없다

팔렘의 방식을 몇십억 개가 넘는 트랜지스터에 적용하면 상당한 전력 절약이 이루어질 수 있다. 비결은 아주 치명적인 부분이 아닌 덜 중요한 비트들을 고르는 것이다. 예를 들어, 팔렘과 동료들은 어떤 픽셀의 색을 표시하는 넓은 범위의 숫자들을 이용해서 픽셀 데이터를 실제 화면의 색으로 변환할 때 덜 중요한 비트들을 부정확한 방식으로 해석하는 디지털 비디오 디코더를 개발했다. 그리고 인간 시청자가 화질에서 거의 열화를 인지하지 못한다는 사실을 알아냈다. 팔렘은 이렇게 말한다. "인간의 눈은 많은 것들을 평균화합니다. 우리가 어떻게 환상을 보게 되는지 생각해보세요. 뇌는 시각을 보충하기 위해 많은 일들을 합니다."

연구팀은 이 성공에 고무되어 감각과 관련된 또 다른 응용연구로 보청기 연구를 진행했다. 초기 검사에 따르면 보청기에서 부정확한 디지털 처리를 하면 언어 인지도를 5퍼센트만 떨어뜨리면서 소비전력은 반으로 줄일 수 있었다. 스마트폰과 개인 컴퓨터가 기본적으로 청각 및 시각 장치라는 사실을 고려하면 이런 장치들의 소비전력을 크게 줄이는 데도 이용할 수 있다는 뜻이 된다. 그리고 많은 인공지능 응용 분야에서, 예를 들면 이미지 인식이나 자동번역에서도 활용될 수 있을 것이다.

구름 모델 : 기상 예측을 개선하다

옥스퍼드 대학교의 기후 물리학자인 팀 팔머^{Tim Palmer}는 컴퓨터에 여유를 준다는 개념의 잠재력을 높이 평가한다. 팔머는 다음 세기의 기후예측의 정확성을 높이는 난제를 차세대 슈퍼컴퓨터가 나오기를 몇 년간 기다리지 않고도 해결할 방법이, 바로 팔렘의 아이디어에 기초한 컴퓨터가 될 수 있다고 생각한다. 팔머는 이렇게 말한다. "기후변화의 핵심문제는 구름의 역할에 있습니다. 지구온난화의 영향을 확대반영하느냐 축소반영하느냐의 문제에서, 구름 체계를 직접 시뮬레이션하지 못하면 자신 있게 그 문제에 대답할 방법은 없습니다." 그리고 현재로서는 어떻게 그런 일을 할 수 있을지 분명하지 않다.

오늘날 슈퍼컴퓨터는 충분한 성능을 갖추지 못했고, 대략 다음 10년 안에 나올 것으로 기대되는 차세대 슈퍼컴퓨터는 전력을 너무 많이 소비할 것이다. 팔머는 "현재 추정에 따르면, 그런 컴퓨터가 소비하는 전력은 100메가와트 근처가 될 겁니다"라고 말한다. 이는 오늘날 슈퍼컴퓨터가 소비하는 전력의 5배에서 10배에 달하는 양이다. 폭발하지 않는다 하더라도 이런 컴퓨터를 작동시키려면 엄청난 비용이 들 것이다.

슈퍼컴퓨터는 보통 64비트 숫자를 연산하는 데 최적화되어 있기 때문에 아주 많은 전력을 소비한다. 이론적으로 이런 구조는 더 나은 정확성을 보장한다. 그러나 구름 모델은 수백만 개의 변수를 다루고, 바람, 대류, 기온, 기압, 해수온도, 염분과 같은 요소의 복잡한 상호작용을 시뮬레이션해야 한다. 팔머의 말에 따르면, 이 때문에 처리해야 할 데이터들이 너무 많은 전력을 소비한다는 것이다. 이 문제를 해결하기 위해서는 서로 다른 변수들을 구름 모델에서 차지하는 중요성에 따라 서로 다른 길이의 데이터로 표현하는 방법이 있을 수 있다.

정확도를 일부 포기하는 보상은 엄청날 수 있다. 오늘날 기후 모델은 지구의 대기를 100평방킬로미터 넓이와 1킬로미터 높이로 이루어진 지역으로 나누어 분석한다. 팔머는 부정확한 컴퓨터연산 기법을 통해 이를 1세제곱킬로미터 단위로 나누어 개별 구름을 모델링하기에 충분한 구체적인 분석을 할 수 있다고 생각한다.

"20번의 연산을 부정확하게 하는 게 10번의 연산을 정확하게 하는 것보다 훨씬 더 유용할 수 있습니다"라고 팔머는 말한다. 100킬로미터 단위에서는 시뮬레이션이 현실을 잘 반영하지 못하기 때문이다. 컴퓨터연산 자체는 정확할지 몰라도 그 결과로 나온 구름 모델 시뮬레이션은 그렇지 않다. 더 세밀한 모델을 만들기 위해 정확도를 낮추면 전체적으로 오히려 더 나은 정확도를 얻을 수 있는 것이다. 팔머는 말한다. "정확한 공식에 대해 부정확한 답을 얻는 것이 부정확한 공식에 대해 정확한 답을 얻는 것보다 더 가치 있습니다.

기계는 어떻게 생각하고 학습하는가

정확한 공식이 있다면 진짜 구름의 물리체계를 설명할 수 있으니까요."

정확도 수준

물론 정확도를 그냥 모두 포기해버리고 전혀 신경 쓰지 않을 수는 없다. 중요한 문제는, 연산에서 어떤 부분을 다른 부분보다 더 덜 세밀하게 다룰 것인가이다.

연구자들은 이 문제를 여러 관점에서 공략하고 있다. 대부분은 코드에서 정확도의 상한을 정해 프로그래머들이 오류가 있어도 수용 가능한 경우를 알 수 있게 하는 방법을 고안하는 연구이다. 이때 소프트웨어는 안전한 것으로 지정된 부분에서만 연산을 부정확하게 수행한다.

몇몇 사람들은 부정확한 시뮬레이션이 결국 뇌를 이해하는 데 도움이 될 것이라고 생각한다. 예를 들면 IBM의 '블루 진$^{Blue Gene}$'과 같은 슈퍼컴퓨터는 '휴먼 브레인 프로젝트$^{Human Brain Project}$'에서 신경 기능을 모델링하는 데 이용되고 있다. 앞에서 본 바와 같이, 인간의 뇌와 슈퍼컴퓨터 사이에는 전력소비량에서 엄청난 차이가 있다. 슈퍼컴퓨터가 메가와트 단위의 전력을 사용하는 반면, 인간의 뇌는 전구 하나 수준의 전력으로도 동작한다. 이 차이를 어떻게 설명할 수 있을까?

영국 브라이턴에 있는 서식스 대학교의 팀 팔머와 그의 동료들은 무작위의 전기적 변동이 뇌에 확률적 신호를 줄 수 있는지 연구하고 있다. 팔머의 이론에 따르면, 이러한 기제가 바로 뇌가 그렇게 적은 전력으로 그렇게 많은 일을 해낼 수 있는 이유다. 말 그대로 뇌는 소비전력을 줄이고자 하는 목적으로 만들어진 부정확한 연산의 완벽한 사례다.

분명한 사실은, 컴퓨터를 더 낫게 만들려면, 컴퓨터를 더 안 좋게 만들어야 한다는 것이다. 이렇게 근사에 기대어 계산의 미래를 설계하는 일이 불안하게 느껴진다면, 컴퓨터는 항상 추상화된 세계를 다룬다는 사실을 기억할 필요가 있다. 어떤 의미로는 모든 계산은 곧 근사다. 단지 어떤 컴퓨터가 다른 컴퓨터보다 실제 세계에 더 근접할 뿐이다.

신체화된 인공지능

이 사실은 너무 분명해서 종종 간과되는 경향이 있다. 인간은 신체에서 떠난 존재가 아니다. 인간의 지능이 인간이 세계를 감각으로 느끼고 상호작용하는 방식과 연결되어 있다고 생각할 수 있는 많은 근거들이 있다. 이 때문에 몇몇 인공지능 연구자들은 생각하는 기계에는 신체가 필요하다고 항상 주장해왔다.

2011년 1월, 맥스 베르사체Max Versace와 헤더 에임스Heather Ames는 새로 태어난 두 존재 때문에 바쁜 나날을 보내고 있었다. 아들 개브리엘과, 가상 쥐인 '애니맷Animat'이다. 여느 아기들처럼 개브리엘이 태어났을 때 개브리엘의 뇌는 쥐기, 빨기, 엄마와 아빠의 모습을 흐릿하게 보기와 같은 단순한 일들을 할 수 있게 해줬다. 나머지는 스스로에게 달린 일이었다.

애니맷도 많은 프로그래밍이 된 상태로 태어나지 않았다. 하지만 가상세계와 상호작용하면서 곧 색을 구분하고 주변의 공간을 인식하는 방법을 학습하게 되었다. 보스턴 대학교에서 연구하던 베르사체와 에임스는 이런 접근법을 통해 로봇이 좀 더 인간적인 방식으로 생각할 수 있는 단계까지 인공지능을 발전시킬 수 있을 것이라 기대했다.

이런 방향이 인공지능의 올바른 길이라는 믿음은 수십 년을 거슬러 올라간다. 1980년대 MIT의 로드니 브룩스Rodney Brooks는 복잡한 능력을 미리 프로그래밍해 시작하는 방식은, 벽에 부딪히지 않게 하는 기초적인 인공지능조차 아직 구현해내지 못한 당시 상황에서는 오히려 퇴보라고 주장했다. 그보다는 미래가 정해지지 않은 세상에서 인간이 독립적으로 살아남을 수 있게 해준 감각을 부여한 자연을 모방해야 한다는 주장이었다.

브룩스의 아이디어는 통했다. 1989년, 브룩스는 '칭기즈Genghis'라는 이름의 다리가 6개 달린 곤충형 로봇을 개발했는데, 이 로봇은 중앙 처리 시스템 없이도 움직일 수 있었다. 로봇이 주변환경과 상호작용하며 모은 정보를 되먹임하면 센서가 실시간으로 반응했다. 예를 들어 로봇이 걸어 다닐 때 로봇에 가해지는 힘의 수준이 변화하고, 이 변화는 다시 다음에 취할 동작을 조정해, 명시적으로 미리 프로그래밍된 적이 없는 지형에도 적응해 움직일 수 있었다.

그 후 10여 년에 걸쳐, 신경생물학, 인지과학, 철학 분야의 연구들은 브룩스의 아이디어가 훨씬 광범위하게 적용될 수 있음을 시사했다. 1990년대 후반, 캘리포니아 대학교 버클리의 인지과학자인 조지 레이코프는 인간의 지능 또한 인간의 신체와 감각이 환경과 상호작용하는 방식과 분리할 수 없이 결합되어 있다고 주장했다. 레이코프와 그의 의견을 따르는 연구자들에 의하면, 인간의 '신체화된 정신'으로 이를테면 어떻게 시각적으로 사물을 인식하는지와 같은 기초적인 지능만이 아니라 더 복잡하고 추상적인 사고까지도 설명할 수 있다. 마침내, 여기에 정교하면서도 인간과 닮은 지능을 개발할 열쇠가 등장한 것이다.

단 한 가지 문제가 있었다. 신체화된 인공지능은 업그레이드가 어렵다. 센서가 가득한 로봇의 몸을 개선하려면 그저 새로운 기능을 프로그래밍하면 되는 것이 아니라 센서 자체를 분해하고 재조립하는 힘든 과정을 거쳐야 한다. 이런 난점에도 불구하고 몇몇 연구자들은 이 아이디어를 버리기는 아깝다고 생각했다. 2009년, 서식스 대학교의 오웬 홀랜드[Owen Holland]는 칭기스 로봇에서 이어진 원칙을 일부 채용해 '에체로봇[Eccerobot]'[9]이라는 이름의 휴머노이드 로봇을 만들었다. 하지만 에체로봇은 지능으로 볼 수 있는 요소를 전혀 드러내지 못했다. 그렇기 때문에, 컴퓨터 성능과 데이터 주도 접근법이 종래의 인공지능의 성능을 한계까지 끌어올렸음에도, 신체화된 인공지능은 훨씬 더 좁아진 연구범위에서도 아직 더딘 걸음을 옮기고 있다.

베르사체와 에임스의 연구팀은 신체화 인공지능 연구에 아직 희망이 있다고 생각했다. 물리적인 신체만 포기한다면 말이다. 성능 좋은 최신 그래픽카드 덕분에, 비디오게임 개발자들은 로봇의 몸, 그 몸이 활동하는 환경, 그리고 그 사이의 상호작용을 뒷받침하는 복잡한 물리학에 이르기까지 모든 것을 시뮬레이션할 수 있다.

연구팀은 이 최신 기술을 놓치지 않고 신체화에서 '꼼수'를 쓰는 데

---

9 '순응형 로봇의 신체화된 인식(Embodied Cognition in a Compliantly Engineered Robot)'의 두 문자를 조합한 용어임

기계는 어떻게 생각하고 학습하는가

이용했다. 실제 로봇의 몸을 구현하느라 고생하는 대신, 가상의 몸을 만들어 가짜 센서들이 공들여 정교하게 구성한 가상 환경과 상호작용 하도록 했다. 이런 식으로 신체화된 인공지능의 장점을 모두 구현하면 서도 단점은 제거할 수 있다는 생각이다. 만약 이런 접근법이 성과를 거둔다면, 신체화된 인공지능은 지금까지보다 매우 빨리 발전할 수 있을 것이다.

동물 인공지능

애니맷은 베르사체의 연구팀이 애니맷의 뇌를 전원에 연결한 날 태어 났다. 애니맷의 뇌는 생물을 충실하게 본뜬 수백 개의 신경 모델(색을 볼 수 있는 시각장치 기능, 전동 기능, 불안감 기능 등)로 이루어졌다. 이는 명시 적인 명령들의 목록이 없다는 것을 의미한다. 아기 개브리엘의 뇌가 장난감이 어디 있는지 알아내기 위해 아기 요람의 공간차원을 계산할 필요가 없는 것과 마찬가지다.

따라서 애니맷은 칭기스처럼 가상의 몸에 달린 피부나 망막과 유사한 센서에서 받은 되먹임 자극에 기반해 학습하고 움직인다. 하지만 칭기스와 달리 애니맷의 모든 구성요소는 눈 깜박할 사이에 업그레이드 할 수 있다.

애니맷의 환경도 현실적인 감각 정보를 주는 중력을 포함해 실제 세계의 물리학의 법칙을 따른다. 예를 들어 빛이 가상 망막을 비추면 색을 보는 시각이 동작하고, 수압이나 기압과 같은 적절히 보정된 힘이 가상 피부에 가해진다. 이런 입력값의 서로 다른 조합들이 애니맷의 반응을 이끈다.

애니맷의 가상 세계는 서로 다른 색의 많은 기둥들로 둘러싸인 거대한 파란색 수영장이다(그림 2.2 참조). 애니맷도 진짜 쥐처럼 물을 싫어한다. 연구자들이 신경 모델에 삽입한 불안감 구성요소의 형식이지만 말이다. 물에서 탈출할 방법은 오직 수면 밑에 숨겨진 작은 판을 찾는 것이다. 불안감을 감소시키는 이 판을 찾는 방법을 얼마나 빨리 학습하는지를 검사해 애니맷의 지능을 검사한다.

첫 번째 실험은 실패처럼 보였다. 애니맷은 한 시간 동안 극도로 흥분한 것처럼 무작위 패턴으로 헤엄쳤고 연구자들은 결국 포기하고 검사를 끝냈다. 하지만 두 번째로 애니맷을 수영장에 떨어뜨리자, 애니맷의 수영 패턴이 바뀌었다. 이번에는 45분간 새로운 패턴으로 헤엄치고 나서 판에 도달했다. 물을 떠나자마자 애니맷의 불안감 수준은 급감했고, 이 보상은 판에 도달하도록 해준 요소들을 강화했다. 이제 애니맷은 판 근처의 기둥 색을 알고, 여기에 도달하도록 해준 대략의 경로를 안다.

세 번째 물에 빠졌을 때 애니맷은 판 근처에 있는 기둥 색을 알았으므로 당연히 훨씬 적은 시간을 헤엄쳐서 판에 도달했다. 네 번째 시도에서는 망설이지도 않고 판으로 바로 헤엄쳐 갔다.

이런 초기 실험이 밝은 미래를 보여주는 것은 사실이지만, 가상 세계는 그저 연습 공간일 뿐이다. 진짜 검사는 가상 몸에서 훈련된 뇌가 진짜 몸으로 이식될 때 해야 할 것이다. 결국 최종적인 목표는 현실세계에서 독립적으로 움직일 수 있는 로봇이다.

기계는 어떻게 생각하고 학습하는가

실험 1

애니맷이 무작위로 헤엄치고
판을 찾지 못한다.

실험 2

애니맷이 다른 패턴으로 헤엄
치고 마침내 판을 찾아낸다.

실험 3

애니맷은 이제 기둥 색을 근
거로 판을 더 빨리 찾아낸다.

실험 4

네 번째 실험에서 애니맷은
판을 찾기 위해 하얀 기둥으
로 바로 헤엄쳐 간다.

그림 2.2 애니맷은 진짜 쥐의 색을 보는 시각, 길을 찾는 능력과 물을 싫어하는 성향을 갖도록 프로그
래밍되었다. 물에서 탈출하는 방법은 오직 하얀 기둥 옆에 있는 숨겨진 판을 찾는 것이다.

화성 쥐

이런 인공지능의 가능성은 왜 NASA가 베르사체와 에임스의 연구팀에게 연락을 해왔는지를 설명해준다. 생물학적 지능을 탑재한 화상 탐사 로봇은 신경망을 이용해 시각을 처리하고, 균형을 잡고, 거친 지형에서 탈출하면서도, 지속적으로 인간이 감독하지 않아도 되도록 하는 방법을 학습할 수 있다. 그래서 연구팀은 애니맷에게 크레이터까지 갖춘 가상 화성 공간을 만들어줬다.

애니맷이 자신의 생물학적 대응체처럼 학습하도록 설계되었기 때문에 익숙한 의문이 제기될 수 있다. 애니맷이 고통을 느낄 수 있을까? 어쨌든, 애니맷은 강한 불안감의 형식으로 부정적 강화를 받고 또 숨겨진 판에 도달했을 때 느끼는 즉각적인 안도감의 형식으로 긍정적인 강화를 받는다.

베르사체와 에임스 모두 애니맷이 의식을 갖게 될 것이라 생각하지는 않지만, 의문 자체는 그렇게 어리석은 의문이 아닐지도 모른다. 느낌이란 지능과 의식을 잇는 중요한 연결다리일 수 있다. 몇몇 인지 과학자들은 기초적인 강화 메커니즘인 불안감과 안도감과 같은 것들이 바로 인간의 의식이 작용하는 방식과 같다고 생각한다. 의식작용에서 '느낌'(빨간색을 보거나, 고통을 느끼는 것과 같은 내부 경험)이란 고차원 인지 능력이 아니라 세계와의 단순한 상호작용에서 발생한다.

튜링 테스트를 넘어

튜링 테스트의 한 가지 문제는 아무도 인공지능이 얼마나 뛰어나야 통과로 볼 수 있는지 합의할 수가 없다는 것이다. 튜링은 1950년대에 21세기에는 컴퓨터가 30퍼센트 정도는 이 검사를 통과할 것이라고 예측하는 글을 썼다. 일부 사람들은 이 내용을 기계가 속여야 하는 판단자의 비율이라고 해석했고, 그래서 2014년에 런던 왕립학회의 챗봇이 튜링 테스트를 통과했다는 기사 헤드라인을 뽑아냈다. 다른 사람들은 50퍼센트를 합격이라고 본다.

하지만, 만약 어떤 챗봇이 모든 판단자를 속이는 데 성공했다고 하더라도, 정말로 그 챗봇의 지능에 대해 알 수는 없다. 그 이유는 튜링 테스트의 결과는 채점에 영향을 주는 판단자의 기술 이해 수준과 질문 선택에 좌우되기 때문이다.

그리하여, 대부분의 인공지능 연구자들은 오래전에 인공지능의 수준을 검사하는 더 나은 방법을 추구하며 튜링 테스트를 포기했다. 알고리즘이 일상적인 대화의 영역에서 벗어난 작업에서 인간의 능력과 대적하거나 심지어 능가하기 시작한 것은 겨우 몇 년 전부터다.

"나는 튜링 테스트를 통과하는 일보다는 시각적인 세계를 컴퓨터가 이해하도록 하려고 노력하는 일에 시간을 투자했어요. 진짜 지능으로 향하는 더 빠른 길이라고 생각했기 때문이죠." 매사추세츠 대학교 애머스트 캠퍼스의 에릭 런드밀러Erik Learned-Miller는 이렇게 말했다. 런드밀러는 유명한 얼굴 인식 DB인 LFWLabeled Faces in the Wild에 공헌한 사람이다. 이 DB는 웹에서 수집한 1만 3000개가 넘는 얼굴 이미지와 이름 데이터를 보유하고 있으며 얼굴 인식 알고리즘을 검사하는 사실상의 표준이 되었다.

얼굴 인식 영역에서는 딥러닝과 신경망에서의 하드웨어와 소프트웨어의 발전 덕분에 많은 기술 진전이 있었다. 2014년 페이스북은 LFW DB에서 97.25퍼센트 정확도를 기록한 '딥페이스DeepFace' 알고리즘의 세부사항을 공개했다. 이 결과는 인간의 97.5퍼센트 정확도에 조금 못 미치는 수준이었다.

"이 기술을 보게 되자, 사람들은 이게 맞는 길이라는 사실을 깨달았죠"라고 런드밀러는 말한다. 그의 말에 따르면, 이 기술공개는 최고의 기술기업들 간의 군비경쟁에 불을 붙였다. 2015년 구글의 '페이스넷FaceNet'은 99.63퍼센트의 정확도를 기록했다. 인간보다 나아 보이는 수치이기는 하나, 런드밀러는 인간의 능력을 정확히 측정하기가 어렵기 때문에 아마도 정말로 그렇지는 않을 것이라고 말한다. 하지만 이제는 정말 기계가 인간과 견줄 만하다고 해도 괜찮을 것이다.

또한 대기업들은 더 범용적인 이미지 DB인 '이미지넷ImageNet'에서도 알고리즘을 검사하고 있으며, 관련 연례 대회인 대규모 시각 인식 대회(ILSVRC)에서 이기려고 경쟁하고 있다. 마이크로소프트는 이 작업에서 인간보다 약간 나은 수준의 점수를 얻은 알고리즘을 보유하고 있다.

다음에 일어날 일은?

펜실베이니아 주 피츠버그에 있는 카네기 멜런 대학교의 올가 러사코브스키Olga Russakovsky는 ILSVRC 대회의 주최자 중 한 사람이다. 러사코브

스키는 알고리즘은 1000가지 범주 중 하나로 이미지를 분류하기만 하면 된다고 지적했다. 인간이 할 수 있는 일에 비하면 매우 미미한 수준의 일이다. 그녀는 진짜 지능을 보여주려면 인공지능이 이미지에서 더 넓은 맥락을 찾아내고 그 이미지가 찍힌 1초 뒤의 순간에 무슨 일이 일어날지를 추론할 수 있어야 한다고 말한다. 이미지 인식 시스템의 최신 세대는 바로 이런 일까지 해내기 시작했다.

인간은 부분적인 정보에 기반해 의사결정을 해야 할 때, 다른 사람들이 할 만할 일을 추론하려고 한다. 몇몇 연구자는 불확실성에 대해 판단하는 포커와 같은 게임을 들여다봐야 한다고 생각한다. 포커는 그래서 체스보다는 기계가 정복하기가 훨씬 어렵다. 그렇지만 오늘날 포커봇은 포커에서 가장 어려운 유형의 게임 중 하나인 2인 베팅 무제한 텍사스 홀덤에서 인간 전문가를 이길 수 있다. "전 검사 수단으로 포커를 참 좋아합니다. 인공지능을 억지로 꾸며내려고 노력하는 일이 아니기 때문이에요." 역시 카네기 멜런 대학교에서 연구하는 투오마스 샌드홈Tuomas Sandholm 교수는 이렇게 말한다. "인간을 이기려면 정말 지능적이어야 하거든요."

튜링 테스트의 수명은 아직 다하지 않았을까? 뢰브너 상을 운영하는 '인공지능 및 행동 시뮬레이션 연구학회'의 버티 뮐러Bertie Müller는 이 대회는 부분적으로는 전통을 지키는 의미에서 열리고 있다고 말한다. 튜링이 오늘날 살아 있었다면, 스스로도 튜링 테스트가 지능을 검사하는 가장 최선의 방법이라고 생각하지는 않았을 것이라는 말이다. 뮐러가 보기에 더 나은 검사 방식은 인공지능을 다양한 환경에서 관찰하는 것이다. 어린아이를 상난감으로 가득 찬 방에 넣고 그 행동을 연구하는 것처럼 말이다. 그리고 그 상황에서 신난 어린아이가 할 행동보다 더 똑똑하게 행동할 수 있는 인공지능을 만들기까지는 아직 갈 길이 멀다.

어떤 인공지능이 1등인가?

학교 교실에서 나온 평가 방식이 인기를 얻고 있다. 2015년 '콘셉트 넷^{ConceptNet}'이라는 이름의 인공지능 시스템은 "왜 우리는 여름에 선 크림을 바를까요?"와 같은 질문에 대답하는 형식의 취학전 아이들 용 IQ 검사에 도전했다. 그 결과는 네 살 아이들의 평균과 같은 수준이었다. 2016년 '투로보$^{To-Robo}$'라는 이름의 시스템은 일본의 대학 입학시험에서 영어 과목을 통과했다. 워싱턴 주 시애틀에 있는 앨런 인공지능 연구소의 피터 클라크$^{Peter\ Clark}$와 동료들은 '아리스토^{Aristo}' 라는 이름의 인공지능을 뉴욕 주 학교 과학시험에 응시하도록 하는 방식으로 훈련하고 있다.

모두에게 확신이 있는 것은 아니다. 뉴욕 대학교의 컴퓨터과학자 인 어니스트 데이비스$^{Ernest\ Davis}$는 인공지능이 종종 인간은 상식이라 고 생각하는 내용을 다루기 힘들어한다고 지적한다. 이 관점에 따르 면 일반적인 시험은 인공지능의 발전을 측정하는 최선의 방법이 아 닐 수 있다. 데이비스는 그보다는 컴퓨터를 위해 만든 필기시험을 제안한다. 이 시험의 질문들은 인간에게는 당연하지만 컴퓨터가 검 색으로 찾아보기에는 너무 이상하거나 분명한 질문들이다. 예를 들 면 다음과 같다. "수박을 접을 수 있는가?"

기계는 어떻게 생각하고 학습하는가

3장
인간이 할 수 있는 일이라면

— 인공지능은 어떻게 인간의 능력을 뛰어넘는가

인간이 할 수 있는 일이라면, 기계는 더 잘할 수 있다.
이 말은 진짜 사실과는 거리가 있지만 점점 진짜가 되어가는
느낌이다. 딥러닝 기술이 빠르게 진보하면서 컴퓨터는 게임을 하는
것부터 시각적 이미지를 인식하는 것까지 아우르는 많은 작업에서,
인간의 능력과 동등하거나 인간을 뛰어넘는 수준까지 발전해왔다.
이런 수준의 컴퓨터는 심지어 사람이 아주 많이 모인 경우보다도 더
빨리, 더 대규모로 그 일을 해낸다.
그리고 일을 더 많이 할수록,
이 세상의 원리를 더 많이 학습한다.

게임하는 인공지능 :
인공지능이 바둑, 포커, 그 이상의 영역을 정복한다

머신러닝이 가장 화려한 성과를 거둔 순간 중 하나는 2016년, 알파고라는 이름의 알고리즘이 바둑에서 최고수 기사인 한국의 이세돌을 꺾은 순간이다(그림 3.1 참조). 관전자 대다수는 이런 인공지능이 10년 후에나 나올 것으로 예상했었다. 오랫동안 게임은 인공지능의 성능을 측정하기 위한 지표 역할을 했다. 1997년 IBM의 인공지능 시스템 딥블루가 체스 챔피언 가리 카스파로프에게 거둔 승리는 인공지능 혁명의 첫걸음으로 일컬어졌다. 이번 알파고의 승리도 마찬가지다.

대국 몇 달 전, 딥마인드(2014년 구글이 인수한 인공지능 기업)가 자신들이 개발한 인공지능이 유럽 바둑대회 연속 우승자인 판 후이를 5 대 0으로 이겼다고 발표했을 때 처음으로 알파고의 이름은 헤드라인을 장식했다. 딥마인드는 이런 성공에 고무되어 그 직후 바로 현대 바둑계에서 대표적 강자로 여겨지던 이세돌에게 도전하게 되었다.

판 우이와의 대결은 비공개로 행해졌으나, 두 번째인 이세돌전은 서울 도심 중심부에 있는 포시즌스 호텔에서 수십 대의 카메라와 수백 명의 기자들이 구름같이 몰려든 가운데 진행되었다. 구글의 알파고가 이세돌과 대국하는 날은 기자들이 두 개의 대형 회의실을 가득 채웠다. 하나는 영어 해설을 하는 방이었고 하나는 한국어 해설을 하는 방이었다. 그리고 이 경기는 대중의 마음까지 사로잡았다.

알파고는 결국 이세돌을 4 대 1로 꺾어 바둑계에 충격을 주고 세계를 떠들썩하게 했다. 그러나 사람들을 가장 놀라게 한 사실은 인공지능이 승리한 사실 그 자체가 아니라 알파고가 승리를 거둔 방식이었다. "알파고는 실제로 직관을 갖고 있습니다." 구글의 공동창업자 세르게이 브린은 구글의 승리를 결정지은 세 번째 대국을 직접 관전하러 한국을 방문했고, 대국이 끝나고 몇 시간 후에 과학전문지 『뉴 사이언티스트』와의 인터뷰에서 이렇게 말했다. "알파고는 아름다운 수를 둡니다. 사실 인간 대다수가 생각할 수 있는 수보다 더 아름다운 수까지 만들어냅니다."

그림 3.1 한국에서 바둑은 무도와 비슷한 자기표현 수단으로 여겨진다.

기계는 어떻게 생각하고 학습하는가

후유증에 시달리는 한국

사람은 패배 후에 각오를 다진다. 알파고는 승리 후 실리콘밸리의 스타가 됐다. 그러나 한국의 분위기는 달랐다. 알파고와 이세돌의 대국은 TV 방영권 계약과 후원기업들을 끌어모았다. 학자들은 이 대국을 정식 연구과제로 분석했다.

인공지능 알파고가 한국 최고수 이세돌을 무참히 압도하는 모습은 한국을 충격에 빠뜨렸다. 특히 국가적 영웅인 이세돌이 알파고를 쉽게 이길 것이라 장담한 다음이기 때문에 더욱 그랬다. 그러나 실제 결과는 인공지능의 능력을 만천하에 드러냈다.

"어젯밤은 너무 우울해서 많은 사람들이 술을 마셨어요." 중앙일보 바둑전문기자 정아람은 이세돌이 1국에서 패배한 다음 날 아침 이렇게 말했다. "한국 사람들은 인공지능이 인간의 역사와 문화를 파괴하지 않을까 두려워해요. 감정적인 문제죠."

아마도 많은 사람들의 심기가 불편했던 것은 알파고가 아름다운 수들을 두었기 때문일 것이다. "인간 진화의 역사에서 엄청난 사건입니다. 기계가 예전엔 인간 고유의 영역으로 여겨지던 직관, 창의력, 소통능력에서 인간을 능가할 수 있다니 말입니다." 과학철학자인 서울대학교 장대익 교수가 『코리아헤럴드』 인터뷰에서 한 말이다.

장 교수는 말했다. "전에는 인공지능에 창의력이 있다는 생각을 해보지 못했어요. 이제는, 인공지능에 창의력은 물론이고 더 높은 사고능력도 있음을 알게 됐습니다. 게다가 인간보다 더 똑똑하죠." 한국 언론의 헤드라인이 쏟아졌다. "인공지능의 '무서운 진화'", "알파고의 승리…… 인공지능 '공포증' 확산"

일부 사람들은 이세돌의 패배가 한국의 교육과 학습 혁명에 불을 댕길 것이라는 긍정적 측면을 본다. 한국 과학 전문 웹사이트 HelloDD.com의 기자인 이석봉은 말한다. "우리의 인공지능 분야는 많이 약합니다. 지금까지 우리나라 사람들은 인공지능에 대해 잘 알지 못했습니다. 하지만 이 대국 덕분에 이제 모든 사람들이 인공지능을 알게 되었습니다."

공간 정복

바둑은 두 사람이 각 흑돌과 백돌을 번갈아 두면서 집을 만들어 공간을 정복하는 게임이다. 19×19 구조로 된 판 위에서 두므로, 가능한 경우의 수는 10의 171승이다. 8×8 표준 체스판에서 대략 10의 50승의 경우의 수가 나오는 것과 대조적이다. 이런 복잡도 수준을 이해하기 쉽게 설명을 덧붙이자면, 이 우주에는 10의 80승 개의 원자가 있다고 추정된다고 한다. "바둑은 아마 인간이 만들어낸 게임 중 가장 복잡한 게임일 것이다." 딥마인드 공동창업자 데미스 허사비스의 말이다.

이렇게 복잡한 바둑을 잘 두기 위해서 딥마인드가 만든 알파고 소프트웨어는 다중신경망을 이용한다. 알파고의 '정책망policy network'은 인간 전문가가 둔 약 3000만 수의 데이터베이스를 통해 가능한 수의 순서를 예측할 수 있도록 학습한다. 그리고 자신의 여러 소프트웨어 버전을 상대로 수천 번 자체 대국을 하면서 강화학습한다. 그리고 현재 바둑판 상황에서 승리 가능성을 추정하는 '가치망value network'에 정책망 데이터를 입력한다. 그다음으로 두 신경망을 몬테카를로 트리탐색 알고리즘에 입력한다. 이 알고리즘은 게임에서 가능한 모든 경우의 수로 구성된

기계는 어떻게 생각하고 학습하는가

'트리(수형도)'를 탐색해 어떤 경로가 승리할 가능성이 높은지 결정하는 시뮬레이션이다. 신경망은 전체 트리에서 경우의 수를 줄이고, 의미가 없거나 가능성이 희박한 수를 제외해 몬테카를로 탐색 속도를 빠르게 한다. 알파고가 다른 알고리즘보다 뛰어난 이유는 이런 가지치기에서 비롯한다.

알파고의 접근법은 딥블루와 확연히 다르다. 알파고는 체스 소프트 웨어인 딥블루보다 각 차례당 수천 개나 더 적은 경우의 수를 평가한 다. 즉, 알파고는 광대한 경우의 수들 중 어떤 수가 가능성이 높은지 더 잘 판단하고 시간을 이런 수에 집중 투자한다.

알파고는 번쩍이는 영감도 발휘할 수 있다. 인간 기사라면 생각하지 않을 만한 수를 둔다. 예를 들어 이세돌과의 두 번째 대국에서 두었던 37수가 그렇다. 인간이 2500년간 바둑을 둔 이래, 알파고는 전혀 예상 할 수 없었던 수를 뒀다. 한 귀에 몰린 형세를 무시하고 다른 귀에 돌을 놓은 것이다. 인간 기사라면 할 법한 일이 아니다. 이세돌은 이 수에 당 혹스러웠던 듯, 대국실을 몇 분간 떠나 있다 돌아와 15분이나 다음 수를 고민했다. 몇몇 해설자는 처음에 알파고가 패착을 뒀다고 생각했지만, 나중에 보니 이 수는 알파고의 승리를 결정지은 수였다. 37수는 알파고가 직관이라고 부를 만한 능력을 가지고 있다는 것을 보여주는 증거로 받아들여졌다.

알파고는 대승 이후에도 이미 패배한 유럽 우승자 판 후이를 비롯한 최고수들과 대국하면서 계속 발전했다. 2017년 5월 알파고는 당시 세계 바둑 일인자인 커제와의 대국에서 세 번 모두 승리했다. 중국바둑협회는 딥마인드가 만드는 이 인공지능에 프로 9단의 자격을 인정했다. 하지만 기술을 갈고닦은 것은 알파고만이 아니었다. 판 후이는 자신이 인간과 다른 인공지능의 바둑 스타일을 보고 배워 더 나은 선수가 되었다고 말했다. 알파고와 몇 달간 대국한 이후 판 후이는 바둑 세계랭킹 500위에서 300위대로 뛰어올랐다.

딥마인드는 이제 다른 도전에 눈을 돌리고 있다. 허사비스는 말한다. "우리는 언젠가 이 기술을 기후 모델링이나 복합적인 질병 분석에 이르기까지 가장 어렵고도 신속하게 해결해야 하는 사회 문제들을 해결하는 데 사용할 수 있을 것이라고 기대합니다." IBM이 딥블루에 대해 말했던 것과 비슷한 말이지만 체스 정복은 인공지능 혁명을 일으키지 못했다. 이번에 달라진 점은 알파고가 다른 학습 방식을 사용해 더 범용으로 쓰일 수 있게 되었다는 점이다. 알파고가 사용한 기초 기법은 딥블루가 쓴 방법보다 훨씬 더 다른 영역에 적용하기 쉽다.

인터뷰 : 인공지능을 대신해 움직이는 기분은?
구글 딥마인드 사의 연구개발자 아자 황^Aja Huang은 2016년 알파고와 이세돌 간의 다섯 번의 대국에서 알파고의 돌을 움직이는 역할을 했다.

인공지능의 신체 대리인이 된 기분이 어떠신가요?
긴장했습니다. 개발팀이 고생해서 만든 성과이기 때문에 실수를 범하고 싶지 않았거든요. 또 이세돌을 존중하면서 행동하려고 노력했습니다. 그는 진정한 대가거든요.
첫 대국 전에 이세돌과 고개 숙여 인사를 했습니다. 본인은 알파고

가 아닌데도요.

공식전이었고 상대방에 대한 존중을 표했습니다. 알파고를 대신해 인사를 나눈 거죠.

알파고가 두는 수에 놀랐나요?

아, 정말 그랬습니다. 뭐?! 여기에 둔다고? 특히 두 번째 대국에서의 37수 어깨짚기가 그랬어요. 알파고가 화면에 그 수를 띄웠을 때, 저는 그냥, 헉!

돌을 놓는 방법이 여러 가지였나요?

알파고가 자신 있을 때는, 저도 자신 있게 됐습니다. 어떤 수들이 제가 생각하기에도 좋은 수라고 생각하면 좀 더 강하게 뒀습니다. '가자!' 같은 느낌으로요.

이세돌 기사는 어때 보였나요?

그에겐 새로운 경험이었을 겁니다. 사람하고 두는 것과는 달라요. 컴퓨터는 냉정합니다. 감정이 없죠. 그래서 이세돌 기사가 편하게 두긴 어려웠을 겁니다.

이세돌 기사에게 연민을 느꼈나요?

전 항상 알파고의 편이긴 합니다만, 예, 그랬습니다. 전 이세돌 기사의 압박감을 느낄 수 있었어요. 이세돌 기사는 알파고를 5 대 0으로 완전히 꺾을 수 있을 것이라 예측했지만, 그 생각과는 전혀 다르게 흘러갔죠. 하지만 전 그를 대가로 존중합니다.

고득점

게임판 위의 게임만 정복당한 건 아니다. 2015년 딥마인드는 비디오게임 영상을 보고 그 게임을 어떻게 플레이하는지 학습할 수 있는 인공지능을 개발했다고 밝혔다. 딥마인드가 창조한 인공지능 게이머는 아타리 2600 게임 중 49개의 서로 다른 비디오게임을 학습했고 그중 23개에서 인간 플레이어의 최고득점을 경신했다. 이 소프트웨어는 게임의 규칙을 직접 입력받지 않고 심층 신경망$^{deep\ neural\ network}$이라는 알고리즘을 이용해 게임의 상태를 확인해 어떤 동작이 최고 득점을 끌어냈는지 알아낸다.

이 인공지능은 단순한 핀볼 게임과 권투 게임에서 가장 뛰어난 결과를 냈지만 늘어선 벽돌 벽을 없애기 위해 공을 튕겨내는 고전 아케이드 게임인 〈벽돌깨기〉에서도 높은 점수를 냈다. 심지어 노련한 벽돌깨기 플레이어들이 쓰는 기법인 벽돌 벽에 터널을 만들어 공을 집어넣어서 위쪽 벽에 공을 튕기도록 하는 전략까지도 배웠다. "깜짝 놀랄 일이었죠." 허사비스는 말한다. "그 전략은 완전히 시스템으로부터 생겨난 거니까요."

아타리 게임 화면을 보는 일은 초당 200만 개의 픽셀을 처리하는 일에 해당한다. 이는 구글이 이 인공지능을 이용해 구글이 가진 데이터 집합을 분석하는 일에 관심이 있다는 의미일 수 있다. 이 인공지능은 게임 코드에서 데이터를 입력받지 않고 스크린을 보는 방식으로 학습하기 때문에, 즉 이미지와 영상 데이터 분석에도 사용될 가능성이 있다는 뜻이다.

기계는 어떻게 생각하고 학습하는가

인공지능이 다음에 도전할 게임은?

디플로머시

런던 골드스미스 대학교의 마크 비숍Mark Bishop은 전략 보드게임인 〈디플로머시Diplomacy〉를 다음 대상으로 제안한다. 이 게임에서 플레이어들은 땅과 자원을 놓고 경쟁하는 유럽 열강들의 역할을 하게 된다. 비숍은 "알파고는 자신이 그렇게 영리하게 다루는 기호들에 내재한 의미 따위는 알지 못합니다. 알파고는 심지어 자신이 바둑을 두고 있다는 사실조차 모릅니다"라고 말한다. 〈디플로머시〉는 현 수준의 인공지능과 진정한 인공지능 사이의 간극에 대한 부분을 많이 담고 있다. "재미있게도 〈디플로머시〉는 문자 언어를 이용해 게임이 진행되기 때문에 이론적으로 컴퓨터가 매우 잘할 수 있는 게임입니다." 비숍은 말한다. 하지만 컴퓨터는 이 게임을 정복하기 전에 먼저 튜링 테스트를 통과해야 할지도 모른다. 인간 플레이어들이 어떤 플레이어가 인공지능인지 알아낸다면 연합을 짜서 그 인공지능 플레이어를 공격할 수도 있다.

스타크래프트

바둑은 한 시점에 둘 수 있는 경우의 수가 약 300가지가 나올 수 있다. 수백 개의 유닛이 있는 전략 비디오게임인 〈스타크래프트〉에서는 이 경우의 수가 10의 300승여 가지에 이른다. "현 시점에서 가능한 모든 경우의 수는 상상불가 수준입니다. 미래의 모든 경우의 수는 말할 것도 없고요." 캘리포니아 대학교 버클리의 스튜어트 러셀은 말한다. 인공지능은 더 높은 수준에서 동작과 목표를 판단해야 하고 그 목표에 도달하기 위한 계획을 만들어내야 할 것이다. 즉, 현실세계의 문제에 보다 폭넓게 적용될 수 있는 추론 방법이 필요하다는 뜻이다.

던전 앤 드래곤

캘리포니아 주 도시 샌루이스오비스포에 있는 캘리포니아 주립 공과대학교의 줄리 카펜터[Julie Carpenter]는 이렇게 말한다. "알파고는 인간처럼 현실성이나 신뢰성을 증명하거나 반증하려고 시도하지 않습니다. 그 대신 순수하게 목표 중심적이죠. 게임에서 이기는 것 말입니다." 카펜터는 인공지능을 롤플레잉 게임 같은 문제에 참여시키면 재미있을 것이라고 생각한다. 이런 게임에서 컴퓨터의 목표는 명확하지 않다. 컴퓨터가 롤플레잉 게임에서 이기기 위해서는 플레이어 간의 의사소통 능력이나 고수준의 상황인식 능력이 필요할 것이다.

속임수 쓰기

인간 플레이어는 상대방의 표정과 몸짓 언어를 읽어 다음에 무슨 행동을 할지 힌트를 얻을 수 있다. 게다가 속임수처럼 상대를 혼란시키는 전술을 써서 앞서갈 수도 있다. 로봇 도박사가 이런 속이는 동작을 잡아낼 수 있을까? 또는 걸리지 않고 속임수를 쓸 수도 있을까? 조지아 공과대학교의 로널드 아킨은 이렇게 말한다. "게임에서 이런 꼼수들을 쓰는 일은 현대 인공지능이 조금씩 정복해나가고 있는 수학적 성격의 과제 수준을 넘는 일입니다."

현실세계

임페리얼 칼리지 런던의 머리 섀너핸은 이렇게 말한다. "전 인공지능이 여러 게임과 싸우는 걸 보는 일에 크게 관심이 없습니다. 알고리즘이나 새로운 학습법을 검사하기에는 좋겠지만 진정한 도전은 현실세계에 있습니다. 머신러닝이 바둑에서처럼 일상적인 삶도 잘 이해한다면, 인간 수준의 강한 인공지능에 정말 가까워질 수 있을 겁니다."

포커에서도 승리하다

2017년 1월 컴퓨터는 게임에서 인간을 또 이겼다. 20일간 펼쳐진 포커 토너먼트에서 우승한 것이다. '리브라투스Libratus'라는 이름의 이 인공지능은 펜실베이니아 카지노에서 펼쳐진 2인 베팅 무제한 텍사스 홀덤 경기에서 세계 최고 포커 플레이어 네 명과 경기를 펼쳤다. 12만 번의 패를 주고받은 끝에, 리브라투스는 카지노칩으로 170만 달러 넘게 차이를 벌리고 우승했다.

포커를 잘하는 인공지능이 대단한 이유는 포커가 '불완전한 정보'를 다루는 게임이기 때문이다. 플레이어는 상대방의 카드패를 모르고, 그래서 게임 상황의 전체 정보를 알 수가 없다. 다시 말해, 인공지능은 상대방이 어떻게 플레이를 하는지, 또는 블러핑[1]을 하는 것인지를 고려해 좋은 패가 들어왔을 때 포기하지 않도록 전략을 다시 다듬어야 한다.

이 승리는 인공지능에게 또 하나의 중요한 이정표가 되었다. 리브라

---

1 약한 패를 들고 강하게 나가 상대방이 포기하게 만드는 전략

투스의 알고리즘은 포커에만 한정된 것이 아니고, 게임에만 한정된 것도 아니다. 이 인공지능은 어떤 전략도 먼저 입력받지 않고 주어진 정보(여기에서는 포커 규칙)에 기초해 스스로 플레이하는 방식을 만들어내야 했다. 즉, 리브라투스는 불완전한 정보에 근거한 대응이 필요한 어떠한 상황에도 적용해 쓰일 수 있다는 뜻이다.

우리의 일상적인 삶은 불완전 정보로 가득하다. 리브라투스를 개발한 카네기 멜런 대학교의 연구팀은 사이버보안, 협상, 군사 상황, 경매와 같은 상황에서 이 인공지능이 유용하게 쓰일 수 있다고 생각한다. 또 인공지능이 게임 전략처럼 치료 계획을 분석해 감염질병과의 싸움을 도울 수 있게 하는 방법도 연구해왔다.

리브라투스는 세 가지 구성모듈로 이루어져 있다. 첫 번째 모듈은 포커 게임을 시작할 때 사용할 수 있는 수많은 전략들의 목록을 계산한다. 토너먼트가 시작될 때 리브라투스는 전략을 갈고닦기 위해 1500만 시간에 해당하는 계산을 했다. 두 번째 모듈은 '마무리 해결사'라고 불리는데, 상대방이 범한 '실수'(공략할 만한 약점을 남겨둔 상태)를 고려해 각 패의 결과를 예측한다.

그리고 이 인공지능의 세 번째 모듈은 스스로의 전략적 약점을 찾아 다음 라운드 전까지 플레이 방식을 바꾼다. 은연중에 드러나 다른 플레이어가 눈치채버린 '신호' 같은, 상대방이 이용한 약점들을 찾아내려고 시도한다. 이 기능은 매우 중요한 역할을 했다. 실제로 마지막 토너먼트 경기에서 인간 플레이어들은 인공지능이 다른 패를 받았을 때 어떻게 플레이하는지를 알아내고 베팅 방식을 적절히 바꿨던 것이다.

이 토너먼트 경기에 참가한 전문 포커 플레이어 중 하나였던 제이슨

기계는 어떻게 생각하고 학습하는가

레스Jason Les는 리브라투스에 대해 '말도 안 되게 잘한다'고 묘사하고 시간이 지날수록 리브라투스가 쓰는 전략이 더 나아지는 듯해서 하루하루 이기기가 점점 더 어려워졌다고 했다.

분노의 질주

2016년, 페이스북의 인공지능 소프트웨어가 유사 이래 인류가 작성한 지도보다 더 많은 지도를 1주일 만에 작성할 수도 있을 것이라는 사실이 알려졌다.

페이스북은 자신들이 개발한 인공지능 시스템이 지구의 4퍼센트에 달하는 지도를 그리는 데 2주일이 걸렸다고 발표했다. 이는 우주에서 찍은 2160만 제곱킬로미터 넓이의 사진을 분석해 도로, 건물, 마을의 디지털 형태를 구성한 지구상 육지 표면적의 14퍼센트에 해당하는 양이다. 페이스북은 더 빠르고 더 정확하게, 잠정적으로 1주일 내에 지구 전체 지도를 그릴 수도 있을 것이라 설명했다. 페이스북의 목표는 현재 인터넷이 닿지 않는 지역에 사는 사람들에게 인터넷 서비스를 제공할 방법을 기획할 수 있는 지도를 구축하려는 것이다.

이 인공지능 시스템은 지금까지 기술 분야에서 일어난 일 중 가장 중요한 현상인, 컴퓨터가 인간의 일을 매우 빠르게 처리한다는 사실을 보여주는 눈에 띄는 사례 가운데 하나다. 이 사실은 인간이 일하는 방식을 영원히 바꿀 것이고, 인간이 지식을 얻고, 대규모 프로젝트에서 서로 협력하고, 세계를 이해하는 방식에 대해서까지도 큰 영향을 줄 것이다.

페이스북의 인공지능 모델은 1개 국가에서 찍은 8000장의 수동 분류 위성사진으로만 훈련했음에도 20개 국가의 지도를 그릴 수 있었다. 나중에 페이스북은 몇 시간 내에 같은 지도를 그려낼 수 있는 수준까지 프로그램을 개선했다. 사진만 있다면 지구 전체 지도를 약 6일 만에 그려낼 수 있을 것이다. 이 인공지능 시스템이 보여준 수준의 지도 그리기는 어떤 규모의 인간 조직이 하더라도 수십 년은 걸릴 작업이고, 그리고 데이터의 양도 인간이나 인간의 조직이 다루기엔 역부족일 정도로 많다.

페이스북의 지도 구축 인공지능은 아마 수천 가지의 약한 인공지능(한 가지 작업만 하도록 훈련받은 인공지능) 중 하나에 지나지 않을지도 모른다. 지금 이런 인공지능들은 인간이 할 수 있었던 수준보다 더 빠르고 더 큰 규모로 지구를 누비며 인간의 작업에 침투하고 있다. 스위스 제네바 근처에 있는 유럽입자물리연구소는 입자 충돌 데이터 내에서 패턴을 찾아내는 데 딥러닝 기법을 이용하고 있다. 제약회사들은 딥러닝을 이용해 인간 연구자들이 이해하지 못했던 데이터 집합에서 신약 아이디어를 찾아내고 있다. 기업들의 딥러닝 시스템을 구축해주고 있는 엔비디아 사의 앨리슨 라운즈[Alison Lowndes]는 이제는 정부기관, 의사, 연구원, 부모, 소매상, 그리고 신기하게도 정육업자까지도 포함해 모든 유형의 고객들과 함께 일하고 있다고 말한다.

정말 멋진 일은 신경망이라면 모두 페이스북의 지도 그리기 인공지능처럼 규모를 확대할 수 있다는 것이다. 의료 촬영사진에서 암의 징후를 밝혀낼 수 있는 약한 인공지능이 존재하는가? 좋다. 이제 데이터만 있으면 몇 시간 안에 지구상 모든 인간의 암을 찾을 수 있다. 시장의 폭락을 알아낼 수 있는 인공지능이 존재하는가? 완벽하다. 이 인공지능은 동시에 세계 주요 증권거래소 20곳을 모두 확인할 수 있으며 개별 기업들의 주가까지 함께 감시할 수 있다.

약한 인공지능의 진정한 능력은 할 수 있는 일 자체에 있는 것이 아니다. 인공지능의 성능은 인간이 할 수 있는 수준에 대부분 미치지 못하기 때문이다. 페이스북의 인공지능이 만들어내는 지도는 맞춤형 지도 제작사인 '맵박스Mapbox'와 같은 회사가 만들어내는 지도와는 비교할 수 없을 정도로 수준이 낮다. 하지만 구글, 페이스북, 마이크로소프트 연구소에서 개발하고 있는 스마트 시스템은 컴퓨터에서 동작한다는 이유 때문에 강력하다. 미래에 인간의 일이 어떤 형태가 될 것인지는 평균 품질의 작업을 초당 5000만 번 하는 것이 나은지, 수작업 품질의 작업을 몇 분마다 한 번씩 하는 것이 나은지에 따라 결정될 것이다.

보고 듣기를 배우기

이제 카메라는 어디에나 있다. 핸드폰에도 있고, 집에도 있고, 대부분의 공공장소에도 있다. 그리고 세상은 점점 더 많이 소프트웨어로 모니터링되고 있다. 예를 들어 사진에 나온 대상이 무엇인지 인식할 수 있는 인공지능은 사람들이 찍어서 소셜 미디어에 올리는 수천억장의 사진을 분류하는 데 도움이 될 수 있다. 게다가 엄청나게 많은 이미지를 모니터링하면서 수동으로 했다면 불가능했을 규모로 사람들이 보고 싶어 하는 사진도, 불법적이거나 불건전한 내용도 찾아낼 수 있다. 그리고 컴퓨터는 이미지 인식기술을 이용해 인간세상을 좀 더 잘 이해하고 그 안에서 어떻게 움직일지를 배울 수 있다.

특히 예측하기 어려운 현실세계를 인식하는 상황에서는 아직 개선할 점들이 있지만, 인공지능은 이미 몇 가지 검사에서 사진에 무엇이 있는지(복수의 얼굴까지 포함해서) 인간보다 더 정확히 식별해낸 바 있다. 하지만 컴퓨터에게 보고 듣는 능력이 있다고 해 인간의 눈이나 귀보다 그것을 잘 해낸다는 뜻은 아니다. 컴퓨터연산을 활용하는 응용프로그램들이 다 그렇듯이, 컴퓨터의 힘은 속도, 규모, 그리고 상대적으로 저렴한 처리비용에 있다. 대부분의 기술 대기업들은 음성을 인식할 수 있고 예전엔 검색이 어렵거나 불가능했던 데이터 집합을 처리할 수 있는 신경망을 개발 중이다.

세상의 원리

어떤 이미지에서 객체를 분리해 식별하는 일은 할 수 있다 쳐도, 연속된 장면의 더 넓은 맥락을 이해하는 일은 훨씬 더 어렵다. 컴퓨터가 세상을 좀 더 잘 이해할 수 있게 만드는 방법 중 하나는 미래를 예측하도록 훈련시키는 것이다. 한 예로 페이스북의 연구원들은 이미지를 보고 다음에 어떤 일이 일어날지 추측할 수 있는 인공지능을 개발하고 있다. 이 인공지능은 특정 시점에서 가능한 미래로 빨리 감기를 하듯이 몇 프레임의 영상을 만들어낼 수 있다.

페이스북만 이 기술을 개발하고 있는 것은 아니다. 상황이 앞으로 어떻게 전개될지 예측할 수 있게 인공지능을 훈련한다면 현재를 더 잘 이해하도록 할 수 있다. MIT의 칼 본드릭Carl Vondrick은 말한다. "이 세상에 있는 모든 로봇은 기본적으로 미래를 어느 정도 예측하는 능력이 있어야 합니다. 내가 앉으려고 할 때 로봇이 의자를 빼버리면 안 되잖아요."

본드릭과 동료들은 이미지 공유 사이트인 '플리커'에 있는 해변, 골프 코스, 기차역, 병원에 있는 신생아들과 같은 장면들을 포함한 200만 개의 영상으로 인공지능을 훈련시켰다. 이 인공지능은 일단 잘 훈련시키기만 하면 한 장면을 보여줬을 때 그다음에 무슨 일이 일어날지 예측할 수 있다. 기차역 사진을 보여주면, 플랫폼에서 기차가 멀어져 가는 영상을 만들어낼 수도 있을 것이다. 그리고 해변의 이미지를 넣으면 그다음 파도가 밀려오는 움직임을 만들어낼 수도 있다.

이 인공지능이 이어 완성한 영상은 사람이 보기에는 다소 이상하고 아직은 갈 길이 멀다. 예를 들어 인공지능은 역을 떠나는 기차가 결국 화면 밖으로도 벗어나야 한다는 사실을 이해하지 못한다. 그 이유는 인공지능에게는 세상의 규칙, 즉 우리가 상식이라고 부르는 규칙에 대한 지식이 없기 때문이다. 인공지능이 세상이 돌아가는 방식을 이해하기 위해 의존할 수 있는 대상은 재생시간 2년에 해당하는 200만 개의 영상뿐이다. 이는 열 살 아이의 경험이나 인간이 수백만 년간 쌓아온 진화의 역사에는 비할 수 없는 양이다.

본드릭의 연구팀은 더 긴 영상을 만들어내는 프로젝트를 진행하고 있고, 이 미션에서는 인공지능이 더 먼 미래까지 상상력을 발휘해야 한다. 인공지능이 앞으로 무슨 일이 일어날지를 정확히 예측할 수 있는 날은 오지 않을지도 모르지만 적어도 대안적 미래는 보여줄 수 있을 것이다. "결국 합리적이고도 있을 법한 미래를 꾸며내는 시스템을 개발할 수 있을 것이라 봅니다." 본드릭은 이렇게 말한다.

손으로 잡기

기계가 아직 역부족인 영역 중 하나는 물리적 세계와 상호작용하는 일이다. 딥마인드가 대규모 바둑 대국 이벤트를 준비하고 있을 때 구글의 다른 연구팀은 좀 더 심심한 승리를 위해 노력하고 있었다. 2016년 공개된 영상은 로봇 손이 가위나 스폰지 같은 집 안 물건을 내려놓고 잡는 모습을 보여준다. 로봇은 이 작업을 수십만 번 반복해 기초적인 눈과 손의 동조를 학습한다. 철저한 해보기 학습 방식을 통해 물건을 잡는 일에 점점 익숙해지고, 마침내 자연스러운 한 동작으로 자연스럽게 물건에 손을 뻗어 집어 올릴 수 있게 된다.

같은 주에 페이스북은 자사의 인공지능 중 하나가 나무블록으로 지은 탑이 무너지는 영상을 보는 방법으로 세상의 원리를 학습하는 방식을 공개했다. 이 연구의 목표는 인공지능이 대상 물체에 대해 사전에 정해진 규칙을 기반으로 판단하지 않고, 유아들이 그렇듯이 직관적으로 이해하도록 하는 것이었다.

인공지능 연구자들에게 컴퓨터로 하여금 아이들의 직관으로 현실세계를 다루도록 하는 작업은 매우 큰 도전이었다. 복잡한 게임을 숙달하는 일도 인상적이기는 하나, 이는 사실 인간의 감독 아래

기계는 어떻게 생각하고 학습하는가

장난감을 가지고 노는 인공지능에 가깝다. 바둑이 매우 복잡하기는 해도 바둑 게임은 분명한 규칙으로 정의된다. 현실세계에 그런 편리한 규칙이 있는 경우는 거의 없다.

앨런 인공지능 연구소의 소장인 오렌 에치오니Oren Etzioni는 말한다. "솔직히 말하자면 제 다섯 살 아이가 알파고보다 훨씬 더 지능적입니다. 아이들은 훨씬 정교하고, 유연하고, 새로운 상황을 더 잘 처리하며, 더 상식을 잘 활용하죠."

그렇지만, 로봇 손 실험은 바둑을 정복하는 데 사용되었던 머신러닝 기법을 로봇 눈과 손의 동조 학습에도 사용할 수 있다는 사실을 보여준다. 연구팀은 인공지능을 좀 더 인간처럼 만들려고, 즉 성공과 실패에 의한 되먹임 과정을 통해 로봇의 민첩성을 개선하려고 노력하고 있다. 두 달이 넘는 기간 동안 이 로봇 손 연구팀은 물건을 잡으려고 시도하는 14개의 로봇 손들을 촬영했다. 그리고 이 80만 번의 '잡기 시도'를 신경망에 되먹임했다.

그러고 나서 로봇의 선택을 조정하는 개선된 알고리즘을 적용해 검사했다. 손가락 두 개로 이루어진 손으로는 잡기가 어려운 포스트잇 노트, 무거운 스테이플러, 부드럽거나 작은 물건들을 포함해 무작위로 선택한 물체들을 잡기 대상으로 삼았다.

전체적으로 이 로봇들은 80퍼센트 확률로 물건을 잡을 수 있었다. 그리고 연구팀이 '전형적이거나 당연하지 않은 잡기 전략'이라고 명명한 전략, 즉 물건들의 특성을 고려해 각각 적절하게 다루는 방법을 학습하는 전략을 스스로 개발해냈다. 예를 들자면, 이 로봇은 딱딱한 물체는 양 측면에 손가락을 올려 집는다. 하지만 티슈와 같이 부드러운 물체는 한쪽에 손가락 하나를 대고 다른 손가락을 중간에 대어 잡는다.

페이스북의 연구팀도 비슷한 접근법을 택했다. 무작위로 쌓인 색 블록에 대한 18만 번의 시뮬레이션으로, 또 실제 나무 블록 탑이 무너지는지 유지되는지 촬영한 영상으로 알고리즘을 훈련시켰다. 마침내 가장 뛰어난 신경망은 시뮬레이션 블록이 무너질지 여부를 89퍼센트의 확률로 정확히 예측했다. 실제 블록 실험에 대해서는 그만큼 잘하지는 못해서 가장 뛰어난 신경망의 정확도가 69퍼센트였다. 이는 인간의 가상 블록에 대한 추측 정확도보다는 뛰어나고, 실제 블록에 대한 추측 정확도와는 같은 수준이었다.

이러한 연구는 지도학습supervised learning, 즉 컴퓨터에게 정답을 알려주는 일반적인 컴퓨터 훈련 방식을 벗어나기 시작한 것이다. 거꾸로 알고리즘 스스로 학습을 해야 한다. 알고리즘은 추측을 하고, 그 추측이 성공적인지를 판단하고, 다시 시도한다. 알파고도 일부분 이러한 해보기 방식으로 훈련해 인간 바둑기사를 당황하게 한 묘수를 둘 수 있었다.

인공지능이 인간 아이와 경쟁하기 위해 정복해야 하는 또 다른 능력은 바로 한 가지 작업만이 아니라 여러 작업을 잘하는 능력이다. 에치오니에 따르면 이러한 지능이 나오려면 수십 년은 걸릴 것이다. "인간의 자연스러운 유연성, 즉 한 작업에서 다른 작업으로 넘어가는 능력은 아직 어떤 인공지능도 달성하지 못했습니다."

기계는 어떻게 생각하고 학습하는가

지루한 영상을 보는 시간

필라델피아에 있는 펜실베이니아 대학교의 연구원들은 '에고넷^{EgoNet}'이라는 이름의 신경망에 사람들의 머리에 부착한 고프로 카메라로 찍은 지루한 비디오 영상을 한없이 입력하는 방식을 통해 세상을 보는 방법을 훈련시키고 있다.

프로젝트를 돕는 자원봉사자들은 스스로의 일상을 찍은 영상에 프레임 단위로 주석을 달아 각 장면에서 어디에 주목하고 있었는지를 나타내줘야 한다. 그리고 이 영상을 컴퓨터에 입력한 후 에고넷에게 계속 반복해서 영상을 찍은 사람이 무슨 일을 하고 있었는지를 묻는다. 에고넷은 이 데이터를 활용해 미래를 예측해 촬영자가 만지려고 하거나 좀 더 자세히 보려고 했던 대상을 특정할 수 있도록 학습한다. 예를 들어 촬영자는 커피잔의 손잡이가 자신을 향해 있으면 그 커피잔을 잡을 가능성이 좀 더 높다. 그리고 컴퓨터를 쓰려는 사람은 키보드에 먼저 손을 뻗을 것이다.

연구팀은 사람들이 요리를 하는 영상, 공원에서 아이들과 개가 뛰놀고 있는 영상들을 넣어 에고넷을 검사했다. 아직 인간과 견주기엔 부족하지만, 이 시스템의 여러 버전 중 하나는 의사들이 아이들의 비정상적인 행동패턴을 진단할 수 있는 건강관리 분야에서 유용하게 쓰일 수도 있을 것이라 기대된다.

'오거^{Augur}'라는 이름의 또 다른 프로젝트에서 스탠퍼드 대학교의 연구원들은 컴퓨터가 1인칭 시점 영상에서 무슨 일이 일어나고 있는지 이해할 수 있도록 하려고 시도했다. 하지만 오거는 주석을 단 영상을 통해 학습하지 않고 상당히 특이한 데이터 집합을 활용했다. 온라인 집필 커뮤니티인 '와트패드^{Wattpad}'에 공유된 18억 개의 단어로 이루어진 소설들이 그 대상이었다.

곱씹어 생각해볼 만한 일

소설은 인간의 삶을 폭넓게 기술하므로 인간의 행동을 예측하기 위한 좋은 자료가 된다. 게다가 이야기에는 컴퓨터가 곱씹어 생각할 수 있는 사건들의 논리적인 흐름이 있는 서사적 구조가 갖춰진 경우가 많다.

오거는 장면에서 대상을 식별하면, 사람이 그 대상으로 무엇을 할지 추측하기 위해 읽은 소설의 내용을 찾아낸다. 예를 들어 접시를 식별했으면, 아마도 누군가가 음식을 먹거나, 요리하거나, 설거지를 할 것이라고 추론해낸다. 사람이 깨어 알람시계를 쳐다보면, 그 사람이 곧 침대에서 일어날 것이라고 추측할 것이다.

소설을 기반으로 훈련하는 방식의 단점이라면, 오거가 극적인 전개를 좋아하게 된다는 점이다. 전화가 울리면 오거는 사람이 소리를 지르고 전화기를 벽에 던질 것이라고 생각한다. 학습 시스템을 조정해 좀 더 밋밋한 시나리오를 입력하도록 하면 오거도 누구나 다 TV드라마 안에 사는 건 아니라는 사실을 알 수 있을 것이다. 연구원들은 사람들이 바쁘다는 것을 인식했을 때 오는 전화를 걸러주거나, 누군가 비싼 물건을 보고 있다는 사실을 포착했을 때 그 사람의 카드값을 내주는 사람에게 알려주는 등으로 이런 시스템을 활용할 수 있을 것이라고 생각한다.

페이스북의 연구원들도 소설에 기반해 인공지능을 훈련시켰다. 훈련 데이터 집합 중 하나에는 『정글북』, 『피터팬』, 『작은 아씨들』, 『크리스마스 캐럴』, 『이상한 나라의 앨리스』 등 고전 어린이책 수십 권에 나

기계는 어떻게 생각하고 학습하는가

온 글이 포함되어 있었다. 그리고 이야기에 나온 사건을 설명하는 문장에서 빈칸을 채우라고 질문해 이 인공지능의 독해 능력을 검사했다.

이 페이스북 연구원들은 인공지능이 이러한 질문들에 답할 수 있다면, 어떤 상황을 더 넓은 맥락에서 이해해 의사결정을 할 수 있는 능력이 있다는, 다시 말해 복합적인 정보를 기억하고 표현하는 중요한 능력을 갖고 있다는 사실을 보여준다고 주장한다. 이와 비슷한 아이디어에 기초해 페이스북에서 개발한 다른 인공지능 검사는 단편 이야기에 나온 대상 간의 관계에 대한 기초적인 질문에 답하는 과정을 포함하고 있다.

인터뷰 : 컴퓨터에 상식을 가르칠 수 있을까?

페이스북은 몇 가지 인공지능 프로젝트를 진행 중이다. 뉴욕 대학교 컴퓨터공학과 교수이자 페이스북의 인공지능 책임자인 얀 르쾽^{Yann} ^{LeCun}은 이미지와 글을 정교하게 이해할 수 있는 인공 신경망을 개발하고 있다. 즉, 그림이나 이야기에 포함되어 있는 대상이 무엇인지, 이들이 어떻게 함께 어우러지는지, 다음에 무슨 일이 발생할 것인지를 이해하는 인공지능이다. 이하 2015년의 『뉴 사이언티스트』 잡지 인터뷰에서 르쾽은 이 기술로 할 수 있는 일을 공개한다.

다음에 도전할 중요한 목표는 무엇인가요?

중요한 목표는 바로 세상을 그저 관찰함으로써 상식을 형성할 수 있는 컴퓨터의 능력을 개발하는 비지도학습$^{unsupervised\ learning}$이 될 겁니다. 아직 이런 알고리즘은 등장하지 않았죠.

왜 인공지능 연구자들이 상식과 비지도학습에 주목해야 하나요?

그것이 바로 인간과 동물이 대부분 취하는 학습 방식이기 때문입니다. 인간의 학습 중 대부분은 비지도 방식으로 이루어집니다. 인간은 다른 사람들이 모든 사물의 이름을 알려주지 않아도 세상을 관찰하고 그 안에 살면서 세상이 돌아가는 방식을 학습합니다. 그렇다면 어떻게 컴퓨터를 인간이나 동물과 같은 비지도 방식으로 학습하게 할 수 있을까요?

페이스북은 사진에서 무슨 일이 일어나고 있는지에 대한 간단한 질문에 답하는 시스템을 보유하고 있는데, 인간이 주석을 붙이는 방식으로 훈련시킨 건가요?

인간이 붙인 주석과 인공적으로 생성한 질문과 답의 조합으로 훈련시켰습니다. 사진에는 이미 내용에 포함된 대상물의 목록이나 그 사진에 대한 설명이 붙어 있었습니다. 이런 목록이나 설명을 통해 그 사진에 있는 대상물에 대한 질문과 답을 생성할 수 있고, 그다음에 인공지능 시스템에 질문을 하면 그 답을 활용하도록 훈련했습니다. 이게 페이스북의 시스템을 훈련한 대강의 방법입니다.

그 인공지능 시스템이 답하기 힘들어하는 특정한 유형의 질문들이 있었나요?

그렇습니다. 개념적인 질문을 하면 잘 대답하지 못한답니다. 예를 들어 이 인공지능은 대상물이 존재하는지 아닌지나 대상물 간의 관계에 대한 질문과 같이 특정한 유형의 질문들로 훈련했지만 세상에는 이 시스템이 답할 수 없는 질문들이 많습니다. 완벽한 시스템은 아닌 거죠.

기계는 어떻게 생각하고 학습하는가

그 시스템을 페이스북이나 인스타그램에서 사진에 자동으로 이름을 붙이는 데 이용할 수 있을까요?

이름 붙이기는 약간 다른 방법을 쓰지만, 유사하긴 합니다. 당연히 시각장애가 있는 페이스북 이용자에게는 매우 유용한 기술입니다. 또는, 이용자가 운전하는 중에 누군가 사진을 보냈는데 핸드폰을 들여다보기 어려울 때, "무슨 사진이지?"라고 물어볼 수도 있을 겁니다.

교수님이 이용하는 딥러닝이나 이미지 감지용 합성곱 신경망convolutional neural network[2] 기술이 해결할 수 없는 문제가 있다고 보십니까?

지금은 할 수 없는 일들이 있지만, 누가 미래를 알겠습니까? 예를 들면 10년 전에 "얼굴 인식에 합성곱 신경망이나 딥러닝을 이용해야 할까요?"라는 질문을 받았다면 전 아마 그게 잘될 리가 없다고 대답했을 겁니다. 하지만 실제로는 정말 잘되고 있죠.

왜 신경망이 잘 안 될 것이라고 생각했나요?

그 당시에는 신경망이 대상의 일반 유형은 정말 잘 인식했습니다. 자동차가 있는데, 어떤 자동차인지, 어떤 위치에 있는지는 상관없는 경우가 있죠. 또는 의자가 있는데, 정말 여러 가지 의자가 있을 수 있다고 해도 신경망은 개별 대상과 구도에 관계없이 '의자다움'과 '자동차다움'의 특징을 잘 추출합니다.

하지만 조류나 개, 식물의 종이나, 얼굴을 인식하는 일이라면 수천 가지나 수백만 가지에 이르는 유형이 있고 각 유형 간의 차이가 매우 적은 경우이므로 세밀한 수준의 인식이 필요합니다. 전 이런

---

2 합성곱 연산을 사용해 이미지 유형의 입력데이터 처리에 강점이 있는 신경망 형태

문제에는 딥러닝이 최적의 방식이 아니라 다른 방식이 더 잘 맞을 것이라 생각했습니다. 제가 틀렸죠. 제가 개발한 기술의 잠재력을 과소평가했습니다. 지금은 어렵게 보이는 많은 문제들이 있습니다만, 이런 문제들은 규모를 키우기만 하면 해결될 겁니다.

페이스북은 『반지의 제왕』에 나온 문단을 컴퓨터에 입력하고 이야기에 대한 질문에 답하도록 하는 실험을 했습니다. 이 실험이 페이스북에서 개발한 새로운 인공지능 검사인가요?

그 실험은 인공지능 개발에 사용된 기술을 똑같이 사용한 후속작업이었습니다. 실험에 참여한 이들은 컴퓨터가 답해야 하는 질문을 계속 제시했습니다. 자, 이야기가 있다. 이 이야기에 대한 질문에 대답해라. 그중 몇 가지는 단순한 사실문제였습니다. 만약 "아리가 전화를 들었다"라고 한 다음에 "아리의 전화는 어디에 있는가?"라고 질문한다면 컴퓨터는 아리의 손에 있다고 답해야 합니다.

하지만 등장인물들이 활발하게 움직이는 전체 이야기라면 어떨까요? "이 두 사람이 같은 공간에 있는가?"라고 질문한다면, 이 질문에 답하기 위해서는 실제 공간이 어떻게 생겼는지를 알아야 합니다. "지금 방에 몇 명이 있는가?"라고 질문한다면, 이전의 모든 문장에서 몇 명이나 이 방에 들어왔는지를 기억해야 합니다. 이런 질문들에 답하려면 추론할 수 있어야 합니다.

컴퓨터가 미래를 예측할 수 있도록 하려면 그보다 먼저 상식을 가르쳐야 하는 건가요?

아닙니다. 동시에 할 수 있어요. 인공지능이 예측을 할 수 있게 훈련받으면, 이런 예측을 수행함으로써 관찰 대상이 되는 세상의 구조를

기계는 어떻게 생각하고 학습하는가

추론할 수 있습니다. 이런 유형의 멋진 시스템이 바로 '아이스크림 Eyescream'입니다. 아이스크림은 무작위 숫자를 입력하면 자연스러운 이미지를 생성해내는 신경망이죠. 이용자가 비행기나 교회탑을 그리라고 명령하면, 아이스크림은 그것이 훈련 대상이었던 경우 자연스러운 이미지를 생성해낼 수 있습니다.

그러니까 중요한 부분 중 하나가 이미지를 생성할 수 있는 능력이죠. 영상의 내용에서 다음에 무슨 일이 일어날지 예측하려면 먼저 이미지를 생성할 수 있는 시스템이 있어야 하기 때문입니다.

인공지능이 예측할 수 있는 일에는 어떤 것들이 있을까요?

만약 인공지능에 영상을 보여주고 "이 영상의 다음 프레임에서 어떤 일이 일어날까?"란 질문을 던진다면, 그리 복잡한 문제는 아닙니다. 일어날 수 있는 경우의 수가 몇 가지 있겠지만, 움직이는 물체는 아마도 계속 같은 방향으로 움직이겠죠. 하지만 1초 후에 어떤 일이 일어날지를 묻는다면 정말 많은 일이 일어날 수 있을 겁니다.

그리고 히치콕의 영화를 보면서 "이 영화에서 15분 뒤에 어떤 일이 일어날까?"란 질문을 던진다면 살인자가 누구인지 알아내야 한다는 뜻입니다. 이러한 문제를 완전히 해결하려면 세상과 인간의 본질에 대해 모든 것을 알아야만 합니다. 흥미로운 부분이죠.

앞으로 5년 후에 딥러닝은 우리의 삶을 어떻게 바꿔놓을까요?

저희가 지금 연구하고 있는 아이디어 중 하나는 개인 디지털 집사입니다. 아직 정식 명칭이 붙지는 않았지만, 페이스북에서는 '프로젝트 M'이라고 부르고 있습니다. 페이스북의 가상비서 M의 SF 버전 장기 프로젝트 같은 겁니다. 영화 〈그녀〉에 나오는 가상비서처럼요.

분명히 듣기

컴퓨터는 보기만 배우는 게 아니라 듣기도 배우고 있다. 음성인식은 지난 몇 년간 빠른 속도로 발전했다. 이제는 사람들이 핸드폰에서 뭔가를 온라인으로 검색하거나 미리알림을 설정할 때 말하는 방식을 쓰는 것을 당연하게 여길 정도가 되었다. 아마존의 '에코Echo'나 '구글 홈Google Home'과 같은 장치는 음성만으로 제어할 수 있다. 그리고 보안업계도 창이 깨지는 소리와 와인잔을 떨어뜨리는 소리를 구분할 수 있는 스마트 침입 경보 시스템에 투자하고 있다.

어떻게 이렇게 갑자기 음성인식 시스템이 여기저기 보급된 걸까? 사실 특별한 경우는 아니다. 음성인식 기술은 머신러닝과 훈련용 데이터의 대규모 축적으로 최근 급격한 기술진보를 이루었다. "음성인식 기술은 지난 3년 동안 지난 30년을 합친 것보다도 더 많이 발전했습니다." 샌프란시스코에서 스마트 음성 인터페이스를 개발하는 스타트업인 익스펙트랩스Expect Labs의 CEO 팀 터틀Tim Tuttle은 이렇게 말한다.

아직 넘어야 할 산들이 많다. 때로는 억양의 차이와 배경소음 때문에 인식에 문제가 생긴다. 더 높은 목소리 톤과 잘못된 문법을 쓸 가능성이 높은 아이들이 쓰는 경우에도 인식률이 떨어진다. 하지만 뛰어난 음성인식 시스템의 잠재력은 어마어마하다. 장애가 있는 사람들은 컴퓨터를 훨씬 쉽게 쓸 수 있을 것이고, 의사들이 음성인식 기술로 의료기록을 말로 작성하듯이 바쁘거나 손을 사용해야 하는 직업을 가진 사람들은 디지털 비서를 말로 호출할 수 있다.

오늘날 많은 회사들이 목표로 삼고 있는 인공지능 시스템은 인간이 말하는 내용을 이해하는 것을 넘어 진짜 개인 비서처럼 이용자가 필요

기계는 어떻게 생각하고 학습하는가

로 하는 바를 예상할 수 있는 시스템이다. 이런 일이 가능하려면 모호하고 부정확한 단어를 사용한 복잡한 질문을 이해하고, 이해하지 못한 요구사항에 대해서도 이용자에게 좀 더 잘 말할 수 있어야 한다. 그리고 지난 대화를 기억할 필요도 있을 것이다. 예를 들어 이용자가 9월에 애틀랜타로 가는 비행기 표를 검색했고, 그다음에 "호텔도 알아봐줘"라고 말한다면 이용자에게 시간과 장소에 대한 정보를 다시 물어볼 필요 없이 해당 정보를 알아내야만 한다.

하지만 일상적인 대화의 부정확함과 모호함까지 잘 처리할 수 있는 인공지능이 나오려면 앞으로 몇 년은 기다려야 할 것이다. 인공지능에게는 "그 트로피는 그 갈색 상자에는 맞지 않았을 거야. 그것이 너무 컸기 때문이지"와 같은 문장에서 대명사 '그것'이 무엇을 의미하는지 알아내는 일조차도 엄청나게 어려운 일이다.

암호 단어

교도소의 전화에 머신러닝 시스템을 적용하면 인간 감시자는 절대 눈치채지 못했을 비밀을 알아낼 수 있다. 미국 교도소에서 재소자들이 걸고 받는 전화는 모두 녹음된다. 몇몇 재소자들은 전화를 이용해 바깥에서 불법적인 일을 벌이려고 하기 때문에 전화의 내용을 알아내는 일은 중요하다. 하지만 녹음에 의해 생성되는 소리 데이터는 엄청난 양이기 때문에 인간이 귀로 듣고 감시하기엔 비용 때문에 엄두가 안 날 정도다.

미국 중서부의 한 교도소는 런던에 있는 인텔리전트보이스^{Intelligent} ^{Voice}라는 회사가 개발한 머신러닝 시스템에 매달 발생하는 수친 시간의 녹음파일을 들려줬다. 이 시스템은 '3차'라는 단어가 전화내용에서 계속 불쑥불쑥 등장하는 사실을 확인했다. 이 단어는 가장 자주 등장하는 어색하게 사용된 단어나 문구 중 하나였다. 처음에 교도관들은 성적인 비유라고 생각했던 단어가 그렇게나 자주 등장한다는 사실에 놀랐다.

그리고 교도관들은 그 단어가 암호라는 사실을 알아냈다. 재소자들은 사전에 승인된 전화번호 몇 개로만 전화할 수 있었다. 따라서 재소자가 승인되지 않은 전화번호에 전화를 걸고자 하면, 먼저 친구나 부모에게 전화를 한 다음에 진짜 얘기하고자 하는 상대에게 '3차'로 연결해달라고, 즉 제3자를 통화에 연결하도록 해달라는 암호를 써서 부탁해야 했다. 그 교도소에서 전화 감시를 하고 있었던 교도관 중 누구도 이 소프트웨어가 녹음파일을 헤집어 분석하기 전에는 이 암호를 알아내지 못했다.

이 일화는 세상에 변화를 가져다줄 머신러닝 알고리즘의 분석의 속도와 규모를 잘 보여준다. 원래 인텔리전트보이스는 은행업 규제를 지키기 위해 전화를 녹음해야 하는 영국 은행들을 위해 머신러닝 소프트웨어를 개발했다. 이 경우에도 교도소처럼 검색하기가 어려운 대규모의 음성 데이터가 발생한다. 인텔리전트보이스는 녹음파일 자체보다는 인간의 성문파형(파형에서 나타나는 마루와 골의 패턴)을 통해 인공지능을 훈련시켰다. 이런 시각적 표현으로 시스템을 훈련시키면 이미지 분류를 위해 개발된 강력한 기술들을 이용할 수 있는 장점이 있다.

기계는 어떻게 생각하고 학습하는가

누가 말하고 있는지를 알기

컴퓨터는 점점 더 말을 잘 이해하게 되면서, 말을 하는 개인에게도 더 관심을 보이고 있다. 애플의 아이폰 운영체제 최신 버전은 이용자의 음성을 학습해, 중간에 끼어드는 다른 음성을 무시하고 이용자가 시리에게 말하는 내용을 구분해낼 수 있다.

인공지능 개인비서인 시리만 이용자의 음성을 인식할 수 있는 것이 아니다. 머신러닝 소프트웨어가 발전하면서, 음성인식 시스템은 스마트폰에서 경찰서, 은행 고객센터에 이르기까지 사람들의 일상에 침투하기 시작했다. 다른 곳에서도 쓰게 될 가능성이 높다. 구글의 연구원들은 "오케이 구글"이라고 말하는 음성의 신원을 2퍼센트의 오차율로 식별할 수 있는 인공지능 신경망을 공개했다. 인간의 음성은 인간의 신체적 특성과 사용하는 언어로 이루어진 생리적 결과다. 누구와도, 심지어 가족과도 달라 지문이나 DNA처럼 유일하고 독특하다. 머신러닝 기술은 그런 미묘한 차이들을 구분해낼 수 있다.

개인의 음성을 식별하는 일은 음성의 내용을 이해하는 일과는 다르다. 음성인식 소프트웨어는 사람들이 어떻게 말하는지를 모델링한 엄청난 양의 음성 데이터를 기반으로 발전해왔다. 이 데이터로 전체 인구의 음성과 특정한 개인의 음성이 얼마나 다른지를 측정할 수 있고, 이는 개인의 신원을 식별할 수 있는 중요한 근거가 된다. 하지만 소프트웨어는 누군가의 음성이 병이나 스트레스 때문에 변하면 혼란에 빠질 수 있다.

이 기술은 이미 범죄 수사에 쓰이고 있다. 2014년, 제임스 폴리 기자가 IS에 의해 참수당했을 때, 미국 경찰은 이 음성식별 기술을 이용해 살인자의 음성을 용의자의 음성들과 비교했다. 그리고 J. P. 모건과 웰스파고 은행은 고객센터에 전화한 사람이 사기꾼인지 아닌지 알아내기 위해 성문을 이용하기 시작했다고 한다.

연구자들은 녹음파일에서 새로운 사람의 프로파일을 구성해내는 방법을 연구하고 있다. 성문은 말하는 사람의 키, 몸무게, 인구통계학적 배경, 그리고 성장환경까지도 알 수 있는 근거가 된다. 의사들과 협력해 연구하면 음성 분석을 통해 말하는 사람의 질병이나 심리적 상태를 진단하는 일이 가능해질 수도 있을 것이다.

수사학을 사용하는 기계 : 논쟁을 배우는 인공지능

더글러스 애덤스의 소설 『더크 젠틀리의 성스러운 탐정사무소』(이덴슬리벨, 2009)에 나오는 '리즌Reason'이라는 이름의 컴퓨터 프로그램은 의사결정을 소급적으로 정당화해 결정했던 내용이 옳았다는 절대적인 논거를 제공할 수 있다. 이 프로그램이 너무나 뛰어난 나머지 미국 국방부는 군비 증강에 대해 여론이 급격히 좋아지기 바로 직전에 군사물품을 모조리 사들일 수 있을 정도였다.

하지만 현실은 멀다. 인공지능은 바둑 같은 논리적 게임이나 포커처럼 블러핑이나 확률을 다루는 게임에서 인간을 능가한 바 있다. 하지만 어떤 컴퓨터도 아직 진짜 중요한 분야에서 인간을 이길 가능성을 보여주지 못했다. 바로 논쟁이다.

이전보다 방대한 양의 정보를 빠르게 처리하고 상호관계를 분석해내는 인공지능 제1세대는 구글 검색엔진과 같은 검색엔진을 발전시켰다. 의견을 제시할 수 있는 인공지능, 즉 정보를 검색하는 데서 그치지 않고 정보들을 결합해 어느 정도 합리적인 논거를 갖춘 결론에 이르는 인공지능은 검색엔진을 그다음 단계로 발전시킬 것이다. 이런 '연구검색엔진'은 법, 의료, 정치와 같은 분야에서 의사결정을 도울 수 있다. 그리고 논쟁적인 특성을 인공지능에 집어넣으려는 프로젝트들이 여럿 진행 중인 점을 고려하면, 이 분야에서도 인간의 근성이 컴퓨터 인공지능을 상대로 시험받게 되는 것은 그저 시간문제로 보인다.

논쟁은 인간이 특히 잘하는 일이다. 저녁식사 자리에서의 예의 바른 반대의견 표시부터 주차공간 문제나 대통령 정책에 대해 핏대를 세우며 벌이는 언쟁까지, 인간은 서로 반대되는 의견을 주고받는다. 통일된 하나의 의견만 오가는 대화는 매우 드물다. 논쟁은 보편적인 인간의 특성이다. 인간의 조상들이 더 복잡해져가는 환경에서 생존해야 했을 때는 다른 사람들의 의견이 진짜 맞는지 의문을 제기하는 개체가 더 진화에서 유리했을 것이다. 논쟁적인 성격은 모든 이성적인 사고의 근간이 된다. 어떤 상황의 장단점을 심사숙고할 수 있는 인간의 능력은 이런 중요한 논쟁들을 연습하면서 발전했을 것이다.

사실문제일 뿐

인간이 벌이는 논쟁에는 사회적 근간이 있기 때문에 인공지능이 다루기가 어렵다. IBM의 왓슨이 〈제퍼디!〉 퀴즈쇼에서 인간 챔피언 2명을 상대로 대승했을 때도 사실 관련 질문에만 답할 수 있는, 상상력과 관계가 없는 능력을 자랑했을 뿐이었다.

복잡한 현실세계에서는 이런 기술은 한계가 있다. "우리가 삶에서 직면하는 많은 문제는 사실문제가 아닙니다. 실제로는 하나의 명확한 징

답이 없는 문제들이죠." 이스라엘에 있는 IBM 하이파 연구소의 노엄 슬로님^{Noam Slonim}은 이렇게 말한다.

〈제퍼디!〉 쇼에서 성공을 거둔 이후 슬로님은 왓슨 연구팀과 함께 인공지능이 사실에서 의견으로 옮겨갈 수 있는지 연구해왔다. 예를 들어, '폭력적인 비디오게임을 아이들에게 파는 것이 허용되어야 하는가'란 질문을 던지면, 이런 인공지능은 그저 다른 사람들의 의견들이 정리된 링크를 제공하는 게 아니라 각 사실을 조합해 이 의견에 찬성할 것인지 반대할 것인지 결정해 의견을 제시해야 한다.

이용자는 검색엔진에서 찾은 링크를 신뢰할 것인지 여부를 결정해야 하듯이, 여전히 어떤 의견을 믿어야 할지를 결정해야 할 것이다. 하지만 정보가 지나칠 정도로 넘쳐나는 이 세상에서 이런 '의견엔진'이 있다면, 변호사들은 그저 버튼 하나만 클릭해 치밀한 의견서 요지를 생성해내 법적 선례를 찾기 위해 광대한 기록을 샅샅이 뒤져야 하는 고통을 줄일 수 있다. 의사들은 증상을 입력해 기록된 증례 데이터에서 신뢰도 높은 추천 진단을 확인할 수 있을 것이다. 기업들은 고객들이 상품을 사야 하는 이유를 만들어내기 위해 인공지능을 이용할 수 있다. 또한 정치인들은 비공개로 언론 성명서의 효과를 검사해볼 수 있을 것이다. 심지어 투표를 하기 전에 의견엔진을 통해 먼저 확인하고자 하는 사람도 생겨날 수 있다.

말하자면 슬로님은 이제 혼자 일하는 게 아니라는 뜻이다. 슬로님은 40명이 넘는 연구팀을 꾸리고 있으며 전 세계에서도 비슷한 연구팀들이 여기저기 생겨나고 있다.

기계는 어떻게 생각하고 학습하는가

논리에 호소하기

슬로님의 연구팀이 해결해야 했던 첫 번째 문제는 논리적으로 말해 '의견'이 무엇인지 정의하는 것이었다. 대략적인 정의로 근거가 있는 주장이라고 할 수도 있겠지만, 그러면 이제 '주장'도 정의를 해야 한다. 인공지능에게 완전하게 확인 지침을 주는 일은 정말 놀랄 정도로 어렵다.

슬로님과 연구팀은 왓슨을 훈련하면서 위키피디아를 이용하려고 했다. 이 온라인 백과사전의 항목 설명에 풍부한 주장과 반대주장이 들어 있다고 생각했기 때문이다. 그런데 알고 보니 사막에서 바늘 찾기라기보다 사막에서 특정 모래알을 찾아내는 것에 가까운 엄청난 작업이었다. 슬로님은 이렇게 말한다. "위키피디아에는 약 5억 개의 문장이 있어요. 그리고 주장이 곧 문장은 아니죠. 주장은 보통 문장 뒤에 숨어 있습니다."

이 프로젝트에서는 처음에 일반적인 글에서 주장을 구분할 수 있는 핵심 특징을 식별했다. 예를 들어 주장은 구체적인 시간과 장소를 언급하고, '대단한'이나 '강한'과 같이 감정적인 단어를 포함하는 경향이 있다. 그 뒤에는, 주장을 뒷받침하는 근거를 특정하면서 인공지능에게 경험적 데이터와 전문가의 증언을 구분하고 서로 다른 형태의 근거들 간에 얼마나 가중치를 둘 것인지 학습시키는 연구를 진행했다.

논리적이고 냉정하게 사실을 평가하는 시스템이 필요할 때는 이런 방식도 어느 정도 괜찮다. 하지만 사람들을 사실만으로 설득할 수 있는 경우는 드물다. 보통은 논리적인 주장보다는 사람들이 대상에 대해 어떻게 느끼는지가 더 영향을 주는 법이다.

다시 느낌으로

단순한 사실 기반 연구검색엔진을 넘어 완전히 성숙한 '의견엔진', 즉 그냥 의견만 말할 수 있는 게 아니라 인간의 교활한 술책까지 갖춰 주장하는 프로그램이 되고자 하는 인공지능이라면 논쟁에서의 이런 요소들까지도 숙달해야만 할 것이다. 하지만 왜 그런 인공지능이 필요하단 말인가?

임페리얼 칼리지 런던의 인공지능 연구원인 프란체스카 토니[Francesca Toni]는 논쟁이 갈등을 해결하는 방법이라고 말한다. 논쟁을 할 수 있는 인공지능은 실수를 범하지 않으면서도 갈등을 좀 더 쉽게, 좀 더 잘 판단할 수 있도록 인간을 도울 수 있을 것이다. 영국 던디 대학교의 인공지능 연구원인 크리스 리드[Chris Reed]는 이런 생각이 지나치게 이상적이라고 여기지만, 의견엔진이 있다면 공적 논의의 수준을 끌어올릴 수 있다는 데는 동의한다.

지난 몇 년간, 리드와 연구팀은 뛰어난 의견을 찾아서 그 의견을 분해하고 재조합해 인간이 논쟁하는 것처럼 인공지능이 논쟁할 수 있도록 훈련시키기에 적합한 형태로 바꾸는 과제를 수행했다. 이 프로젝트는 예상하지 못했던 방향으로 흘러갔다. 예를 들어, 영국 의회에서 벌어진 떠들썩한 토론은 좋은 훈련자료가 아니었다. 의미 없는 수행동사와 같은 문장성분, 무의미한 감탄사, 지난 토론에 대한 인용부분이 너무 많았던 것이다. "기대했던 것보다, 그리고 바랄 수 있는 것보다 질 좋은 의견이 별로 없었습니다." 리드는 말했다. 반면, 어떤 온라인 커뮤니티들에서는 이용자들에게 감정을 다 드러내고자 하는 유인이 있음에도 놀랄 정도로 정연한 의견들이 많았다.

리드가 가장 좋다고 생각하는 자료 출처는 BBC 라디오 프로그램인 〈윤리의 미궁^Moral Maze〉이다. 이 프로그램에서 패널들은 그 날의 이슈에 대한 윤리문제를 토론한다. 감정에 호소하는 내용까지 입힌 준법률적 의견들이 격렬하게 오가는 내용은 인간이 벌이는 논쟁의 핵심을 추출하는 기본 틀을 만들기 위한 원천에 해당한다. 리드와 연구팀은 이러한 인간의 논쟁과 의견들이 서로 얽히는 방식을 분석하고 분류해 인공지능을 훈련할 수 있는 도구를 만들고자 한다.

2012년 7월, 리드의 팀은 대영제국의 케냐 식민지배에 대한 세부내용을 다루는 〈윤리의 미궁〉 회차를 대상으로 실시간 의견분석을 처음으로 수행했다. 주장과 반대주장, 그 사이의 관계가 초대형 터치스크린에 인공지능에 입력할 수 있는 방식으로 표시되었다. 그 이후에도 연구팀은 〈윤리의 미궁〉 또는 다른 방송의 회차나 출력물 데이터, 그리고 온라인 커뮤니티의 게시물들을 분석해 공개된 의견 지도 데이터로 변환하는 이런 작업을 여러 번 진행했다.

마음 바꾸기

리드의 연구팀은 IBM과 협력해 왓슨이 인간의 추론 구조에 익숙해지도록 하기 위한 과제도 시작했다. 한편, 독일 다름슈타트 공과대학교의 이반 하베르날^Ivan Habernal과 이리나 구레비치^Iryna Gurevych가 시작한 프로젝트는 더 나아가 인간이 논쟁에서 제시하는 의견의 종류를 넘어 어떤 의견이 가장 효과적인지까지 분석한다. 2016년, 하베르날과 구레비치는 약 4000명에 이르는 사람들에게 같은 내용을 다른 방식으로 이야기하는 두 가지 의견제시 방식 중 어느 쪽이 더 믿을 만한지, 그리고 왜 그런지를 질문했다. 8만 가지가 넘는 답변이 쌓이자 이제 이 데이터베이스를 통해 각 의견의 순위를 매기고 더 신뢰할 수 있는 방식으로 의견을 제시할 수 있도록 컴퓨터 시스템을 훈련할 수 있게 되었다. "이 연구의 목표는 누군가의 마음을 설득해서 바꾸는 겁니다." 하베르날은 이렇게 말한다.

사람들이 마음을 바꿀 수 있을까? 완벽한 의견엔진은 더글러스 애덤스가 농담조로 만들어낸 리즌 프로그램만큼이나 있을 법하지 않다. 사람들이 투표를 어떻게 할지, 특정 이슈에 대해 어떻게 생각해야 할지 제안하는 기계의 이야기를 듣고 신뢰할 수 있을 것이란 생각은 잘 들지 않는다. 하지만 겨우 20여 년 전에 누군가가 인공지능이 온라인상 정보 원천의 순위를 매겨 눈앞에 보여주는 내용을 사람들이 신뢰하게 될 것이란 얘기를 했다면, 그 말을 믿는 사람도 거의 없었을 것이다.

기계는 어떻게 생각하고 학습하는가

4장
삶과 죽음의 문제

— 자율주행차, 인공지능 의사, 킬러로봇

주변 세상을 이해할 수 있는 기계는 그 세상을 변화시킬 수 있는
잠재력도 가지고 있다. 이는 교통수단 체계나 질병의 치료 속도를
완전히 새로 정의할 수 있는 멋진 가능성을 열어주는 일이다. 하지만
새로운 유형의 무기에 대한 우려도 생길 수 있다.
자율주행차, 스마트 의료장비,
그리고 이른바 킬러로봇은 생명을 구할 수 있는,
그러나 또한 엄청난 위협이 될 수 있는 가능성을 가지고 있다.
윤리적 논의가 기술과 속도를 맞출 수 있을까?

자율주행차

운전은 너무 많은 변수를 다뤄야 하기 때문에 여태까지 인간에게 남겨진 고유영역이었다. 접근하는 자동차가 시속 60킬로미터나 70킬로미터로 움직이고 있는가? 코너 사각지대에 다른 차량이 있을 가능성이 있는가? 앞 차량을 추월하려 한다면, 앞 차량의 운전자는 속도를 높일 것인가?

인공지능에게 실제로 운전을 하는 부분은 쉬운 부분에 속한다. 적어도 주요 도로에서는 그렇다. 1994년에 카메라와 내장 인공지능을 갖춘 메르세데스 벤츠의 자율주행차 두 대가 파리 근교 도로에서 1000킬로미터를 주행했다. 하지만 사실상 대부분의 운전이 이루어지는 시내에서는, 인공지능은 매우 애를 먹었고 최근에 이르기까지도 시내 신호체계의 암묵적인 규칙을 적절히 처리할 수가 없었다. 예를 들자면, 구글의 연구원들은 도로주행 교본에 있는 대로 자율주행 자동차가 교차로에서 양보하도록 프로그래밍했는데, 그러자 이 자율주행차가 교차로를 통과할 기회를 전혀 잡지 못하는 경우가 많다는 사실을 확인하게 되었다. 그래서 자동차가 어느 정도 기다린 다음에는 가고자 하는 의지를 표시하는 방법으로 약간 앞으로 나가도록 프로그램을 변경해야 했다.

자율주행차의 불확실성을 높이는 또 다른 부분은 자동차가 자신의 위치를 알아내는 문제다. 몇 미터 이상 끊어질 수도 있는 GPS에만 의지할 수는 없기 때문에 자율주행차의 인공지능은 카메라, 레이더, 거리측정 레이저와 같은 장치에서 수집되는 신호를 동시에 추적해 GPS 데이터와 교차비교해 보완한다. 이런 불완전한 측위 정보들을 조합해 평균을 내면 매우 정확한 결과를 얻을 수 있다.

인공지능은 그저 운전만 하지 않는다. 최신 모델 자동차의 인공지능 프로그램은 연료의 흐름을 자동으로 조정해 연비를 높이고, 브레이크를 자동으로 조정해 더 잘 정지하도록 한다. 오늘날 가장 발전된 자동차는 고속도로에서 정속주행을 할 수 있고, 꽉 막힌 도로에서 슬금슬금 기어가는 운전을 할 수도 있으며, 조명이 부족해 시야가 가려졌을 때 열감지 영상을 이용해 장애물을 탐지할 수 있는 시스템들을 자랑한다. 어떤 자동차들은 공포스러운 평행주차도 대신 해주고 앞 차량의 뒷부분과 충돌하는 일도 막아준다. 아직은 자율주행차가 운전을 못하는 할아버지를 빙고 게임을 할 수 있게 목적지에 데려다주거나, 자녀들을 학교에서 데려오거나, 운전자가 뒷좌석에서 평화롭게 일에 전념하게 해줄 수는 없지만, 앞으로 10년 넘게 매해 세계에서 16퍼센트씩 자율주행 기술 시장이 성장할 것이라 예측되는 점을 고려하면, 곧 현실이 될 수도 있는 일이다.

기계는 어떻게 생각하고 학습하는가

자율주행 5단계

이른바 자율주행차라고 불리는 차량들이 모두 평등한 것은 아니다. 운송수단 업계에서 세계적인 명성을 보유한 표준단체인 'SAE 인터내셔널SAE International'은 널리 쓰이는 자율주행 수준 측정 지표를 개발했다. 다음은 이 지표의 각 수준에 대한 설명이다.

0수준: 자율주행 기능이 없음. 자동변속기 기능은 있을 수 있음. 현재 도로를 주행하는 대부분의 차량이 이에 해당함

1수준: 몇 가지 자율주행 기능이 있음. 예를 들어 자동 제동, 자동 정속주행 장치. 많은 신모델 차량이 이에 해당함

2수준: 자동 조향제어, 제동, 가속기능이 있지만 운전자의 감독이 필요함. 테슬라 모델 S, 메르세데스 벤츠 2017년 E클래스, 볼보 S90이 이에 해당함

3수준: 차량이 주변 환경을 감지하고 자율주행하지만 어느 순간에든 운전자가 개입해야 할 수 있음. 아우디 A8(2018), 닛산 프로파일럿 2.0(2020), 기아 드라이브와이즈(2020)가 이에 해당함

4수준: 차량이 독립적으로 주행할 수 있지만 일반적이지 않은 상황, 예를 들어 악천후 상황에 운전자의 개입을 요구할 수 있음. 볼보(2017), 테슬라(2018), 포드(2021), BMW iNext(2021)가 이에 해당함

5수준: 차량이 모든 상황에서 독립적으로 주행할 수 있음. 이러한 무인 소형버스를 런던의 게이트웨이 프로젝트Gateway project에서 공개할 예정임

그림 4.1 런던에서 공개될 무인 소형버스는 다른 자동차와 다르게 생겼다.

길 찾기

시험운영 중인 자율주행차들은 이미 인간의 개입 없이도 고속도로와 붐비는 시내도로에서 수십만 킬로미터를 주행한 기록을 남겼다. 이제는 보조바퀴를 뗄 때가 됐다. 세계 몇몇 도시는 무인차량을 대중교통 체계에 편입시키고 있다.

런던은 처음 이런 시도를 하는 도시 중 하나가 될 것이다. 게이트웨이 프로젝트 덕분에 곧 사람들은 그리니치[1]에서 무인 소형버스에 올라타 공공도로를 따라 목적지까지 갈 수 있게 될 것이다.[2] 몇 년간의 과대선전 시기를 넘기고 나면, 이 프로젝트는 승객의 입장에서만이 아니라 도로를 함께 쓰는 운전자들의 입장에서도 대중이 자율주행차를 직접 경험하는 첫 기회가 될 것이다.

---

1 템스 강 남쪽에 있는 런던 동부 지역

2 2018년 현재 이 프로젝트는 시험적으로 한정된 수의 지원자들을 대상으로 운영 중임

기계는 어떻게 생각하고 학습하는가

이런 도시 지역의 작은 파일럿 프로젝트는 운송체계 혁명의 시작이다. 영국에서는 그리니치, 밀턴킨스, 코번트리, 브리스틀이 이런 혁명을 이끈다. 싱가포르, 텍사스 주 오스틴, 캘리포니아 주 마운틴뷰, 미시간 주 앤아버를 포함해 다른 도시에서도 비슷한 프로젝트가 진행되고 있다. 이런 도시에서 차량은 대부분 완전한 자율주행을 할 수 있지만 주행지역은 특정한 지역으로 한정된다. 하지만 자율주행차가 다닐 수 있는 환경은 점차 넓어지고 복잡해질 것이다.

자율주행차에 필요한 자원 중 하나는 각 파일럿 도시에서 개발 중인 고정밀 지도다. 그리고 한정된 지역의 고정밀 지도는 도시 중심지에서 주요 도로를 따라 밖으로 넓어질 것이다. 지도 회사인 탐탐^{TomTom}은 독일의 도로 2만 8000킬로미터를 이미 자율주행차에서 쓸 수 있는 수준의 해상도를 갖춘 지도로 만들었다고 밝혔다. 이는 독일의 전체 도로의 4퍼센트에 해당하는 정도다.

이런 도심 차량은 2018년이나 2019년경 실제 도로를 달리게 될 서로 매우 다른 두 종류의 자율주행차 중 하나일 뿐이다. 길 프랫^{Gill Pratt}이 이끄는 토요타 자동차 연구소^{Toyota Research Institute}는 이 두 종류의 자율주행차를 하나는 '수호천사', 그리고 다른 하나는 '운전기사'라고 부른다.

도시에서 보게 될 승객을 실어 나르는 자율주행차는 운전기사다. 반면, 수호천사는 운전자로부터 제어권을 완전히 빼앗지는 않지만 운전자가 뭔가 바보 같은 짓을 하려 할 때 개입하여 멈추는 역할을 한다. 두 가지 종류 모두 사람들의 생명을 지킬 수 있다. 영국에서만도 매년 길에서 1700명이 교통사고로 사망한다. 세계적으로 보면 이 숫자는 125만 명에 이른다.

센서와 소프트웨어

자율주행차는 인간 운전자보다 길에서 더 많은 눈을 쓴다. 구글의 자율주행차에는 8개의 센서가 있고, 우버의 무인택시는 24개, 테슬라의 신차에는 21개의 센서가 붙을 예정인데, 인간이 다양한 감각기관에서 알려주는 신호를 조합하는 것처럼 이 센서들에서 나오는 데이터는 하나로 결합된다.

이런 기능들은 이제 어떤 차량에서는 기본 사양으로 들어간다. 예를 들자면, 토요타가 2017년에 출시한 모든 차량(가장 기본적인 모델까지도)에는 수호천사 모드에서 필요한 센서와 소프트웨어가 탑재되어 있다. 센서들로 할 수 있는 일 중 하나는 자동 급제동, 즉 충돌임박을 감지하면 차가 스스로 제동하는 것이다.

이런 차량 센서가 수집한 데이터는 모두 텍사스 주 플래이노에 있는 토요타의 중앙 데이터 센터로 모인다. 그리고 토요타의 인공지능 연구원들이 게이트웨이 프로젝트와 같은 파일럿 계획에서 대상으로 삼은 도로 상황보다 더 다양한 상태의 도로에서 주행할 수 있는 방법에 대해 인공지능을 훈련한다. 수호천사 시스템에서 수집한 데이터들은 궁극적으로 어떤 길에서도 운전기사 모드로 주행할 수 있는 자동차를 만드는 데 쓰일 것이다. "토요타의 자동차들은 매년 1조 6000억 킬로미터를 달립니다. 엄청난 양의 데이터죠." 프랫은 이렇게 말한다.

자율주행차는 움직이기 힘든 사람들의 이동을 도울 수 있어 사회적 가치도 높다. 그리니치 같은 지역의 인구구조에서 향후 20년간 가장 많이 증가할 연령계층은 65세 이상의 노인계층이다. 정부에서 고민하는 문제 중 하나는 어떻게 하면 노인들을 가정에서 더 오래 돌볼지의

기계는 어떻게 생각하고 학습하는가

문제인데, 자율주행차를 이용해 노인들을 태울 수 있다면 큰 도움이 될 것이다.

인간은 운전을 안 하게 되었을 때 어떤 일을 할까?

운전기사 역할을 하는 차량은 사람들이 SF영화에서 많이 봐서 익숙할 자율주행차의 미래 모습이다. 이런 자율주행차는 인간과 차의 관계를 가장 많이 바꿀 유형이기도 한다. 운전대도 필요 없고 스스로 길을 찾는다. 승객은 원한다면 바깥세상을 아예 무시할 수도 있다. 일반적으로 말해, 소비자들의 기대가 자율주행차 이용 방식을 결정할 가능성이 높다. 차에 타는 사람들이 차에서 일하거나 쉬거나 영화를 보고 싶다고 하면, 자동차 제조사들은 그런 기대에 따를 것이다.

그리니치의 소형버스가 따를 만한 기준이라고 한다면 차량의 크기나 형태도 바뀔 수 있다. 예를 들어 아직은 사람들이 자율주행차에서 앉기를 선호하는지 서 있기를 선호하는지도 분명하지 않다. 하지만 차선 너비와 공기역학 때문에 가능한 변화 폭은 어느 정도 한계가 있다. 지금까지와 완전히 다른 자동차 외형을 상상할 수는 있겠지만 예를 들어 차폭이 4미터이고 차길이가 1미터인 자동차는 아마 나올 수 없을 것이다.

자동차는 사람들이 하루에 한두 시간씩이나 앉아 있는 단절된 공간이다. 사람들이 자동차를 직접 몰지 않아도 된다면, 그 시간과 공간을 이용해 무엇을 하고 싶은지 완전히 새로 생각해도 되는 자유를 누릴 수 있다. 어떤 면에서는 자율주행차도 사람들이 자신의 겨냥에서 나온 여가, 일, 여행 등의 취향으로 인테리어를 꾸미는 호텔이나 집과 비교하는 게 좋을지도 모른다.

사람이 미래의 차량 안에서 할 수 있는 일에 대한 최종적인 제한요소가 안전이다. 다만 만약 자율주행차 소프트웨어가 신뢰할 수 있을 정도로 발전해서 안전벨트와 에어백이 필요하지 않게 된다면, 가능성은 더 열릴 것이다. 소파, 침대까지…… 무엇이든 생각할 수 있다.

눈 좀 똑바로 뜨고 다녀, 인간!

인간이 로봇과 도로를 같이 쓰게 되면 어떻게 함께 잘 어울릴 수 있을까? 인간의 문제는 불규칙적이라는 점이다. 캘리포니아 대학교 버클리의 엔지니어들은 자율주행차가 충동적이고 불안정한 인간이 다음에 무슨 일을 할지를 예측할 수 있도록 연구하고 있다. 캐서린 드릭스캠벨Katherine Driggs-Campbell이 이끄는 연구팀은 92퍼센트에 이르는 정확도로 인간 운전자가 차선변경을 할 것인지 추측하는 알고리즘을 개발했다.

열성적인 지지자들은 자율주행차 덕분에 교통체증과 사고가 줄어들 것이라고 생각하며 흥분했다. 하지만 드릭스캠벨에 따르면, 사람들은 컴퓨터와 나란히 운전하는 일에 익숙하지 않다. 인간이 운전할 때는 다른 차에서 나오는, 그 차가 우회전 또는 좌회전을 할 것인지, 아니면 차선변경을 할 것인지, 또는 속도를 줄일 것인지를 알려주는 작은 신호들을 본다. 로봇에게는 이러한 습관들이 하나도 없기 때문에 인간 운전자가 혼란에 빠질 수 있다.

자율주행차가 인간 운전자 및 보행자들과 명확하게 의사소통할 수 있다고 보장할 수 있을까? 예전의 알고리즘은 인간 운전자가 다음에 취할 움직임을 몸동작을 관찰해 예측하려고 했다. 운전자가 옆을 자꾸 돌아보면 차선변경을 생각하고 있다는 신호일 수 있다.

드릭스캠벨과 동료들은 차량 외부만 관찰해 운전자의 행동을 예측할 수 있는지 알아보려고 했다. 인간 운전자가 이런 일을 어떻게 해내는지 확인하기 위해, 자원자들을 모아 시뮬레이터에서 운전을 하게 했다. 운전자는 차선변경을 하려고 할 때마다 그 전에 운전대에 있는 버튼을 눌렀다. 그러면 연구원들은 이 시뮬레이터에서 나온 데이터를 분석해 차선변경 시의 패턴을 찾았다. 길에 있는 차들이 모두 어디에 있는가? 각 차가 어떤 속도로 달리고 있었나? 직전에 움직이거나 속도를 늦췄나? 운전자의 차 옆에 충분한 공간이 있었는가?

이 데이터 중 일부를 이용해 알고리즘을 훈련하고, 시뮬레이션을 계속 반복해 학습시켰다. 그러자 이 알고리즘은 운전자가 차선변경을 시도하는 때를 정확히 예측할 수 있었다. 이러한 알고리즘이 있으면 자율주행차는 차선변경의 순간 더 똑똑한 결정을 내릴 수 있을 것이다. 그리고 드릭스캠벨의 말에 따르면, 그보다 더 나아가 자율주행차가 인간의 운전습관까지 흉내 낼 수 있게 도울 수도 있다.

도시교통망

자율주행차와 관련된 흥분과 찬사는 더 큰 도시교통 혁명의 일부분일 뿐이다. 대중교통에서 인공지능의 활용이 늘어나면서, 인간은 자가용과 다른 방법으로 세계를 쉽게 누빌 수 있게 되었다. 이 두 가지 변화는 모두 동시에 일어나고 있다.

예를 들면 우버 자동차를 이용자에게 정확한 시간에 보내줘서 몇 킬로미터 떨어진 곳에서 출발하는 기차를 탈 수 있게 해주는 소프트웨어처럼, 자동차 픽업 시스템과 대중교통망을 연결하는 소프트웨어들이 존재한다. 깊이 생각할 필요도 없이 목적지를 선택하고, 앱에서 버튼을 누르고, 하라는 대로 따라 하기만 하면 도시를 가로질러 이동할 수 있다.

우버와 런던교통공사 같은 대형 시스템들을 연결한 상태에서는, A 지점에서 B 지점으로 사람을 이동시키는 일은 인터넷에서 데이터를 전송하는 것처럼 보이기 시작한다. 따라서 '망중립성' 논쟁에서 촉발된, 모든 온라인 통신전송은 평등하게 취급되어야 한다는 공정성 이슈도 똑같이 생길 수 있다. 만약 런던 반대편에서 열리는 회의에 15분 내에 도착해야 한다면, 웃돈을 내고 교통신호를 모두 바꿔서 멈추지 않고 직통으로 내달리는 일이 허용될 수 있을 것인가?

양심을 가진 차

자동차가 인간의 결정을 대신하는 경계에 점점 접근하면서, 중요한 윤리 문제가 발생하는 경우들이 생겨난다. 인간 세상에서 안전하게 운전하려면, 자율주행차는 인간처럼 생각하는 방법을 배워야 하거나, 최소한 인간이 생각하는 방식을 이해해야만 한다. 하지만 어떻게 배우고, 어떤 인간을 따라 해야만 할 것인가? 이는 어려운 문제다. 하지만 캘리포니아 주립 공과대학교의 윤리학자인 패트릭 린[Patrick Lin]과 같은 사람들은 제조사가 원하는 걸 다 하게 놔둬서는 안 된다고 주장한다.

자율주행차에서 등장하는 윤리적 문제들은 철학과 학생들에게 익숙한 사고실험인 '전차문제'로 압축된다. 브레이크가 고장 난 전차가 있다고 생각해보자. 그리고 선로에는 앞으로 일어날 일을 모르는 다섯 명의 사람이 있다. 당신이 아무 일도 하지 않으면 이 다섯 명은 죽는다. 하지만 당신은 스위치를 눌러 다른 선로로 전차 방향을 바꾸어 그 선로에 있는 다른 한 사람만 죽게 할 수도 있다. 어떻게 할 것인가?

비슷한 딜레마로, 자율주행차는 갑자기 보도에서 도로로 내려온 무단횡단자를, 그것이 옆 차선으로 불쑥 끼어드는 결과가 될지라도 피해야만 할 것인가? 자율주행차가 어린이들이 길을 건너길 기다리며 교차로에서 대기하고 있을 때 뒤에서 지나치게 빠른 속도로 대형트럭이 접근하는 것을 감지한다면, 탑승자를 보호하기 위해 움직여야 할 것인가, 아니면 충돌을 감수하고 어린이들을 구해야 할 것인가? 이런 결정들은 결국 자동차에 프로그래밍되어야 하겠지만, 이런 경우에 우리가 어떻게 해야 한단 말인가?

이런 '……의 경우에 무엇을 할 것인지'에 답하는 문제는 두 단계의 해결절차를 거친다. 첫 번째로, 장애물을 정확하게 감지할 수 있어야 한다. 그리고 두 번째로, 반응을 결정해야 한다. 첫 번째 단계는 주로 주변 차량, 보행자, 다른 물체들의 위치와 속도에 대한 데이터를 효율적으로 수집하고 처리하는 일에 달려 있다.

윤리적인 운전자

어떤 문제는 도로 옆의 강으로 뛰어들지 않기와 같은 규칙처럼 명백하다. 하지만 당연히 모든 문제가 이렇게 자명하지는 않다. 지금까지 자율주행 기술과 관련해 발생한 유일한 사망사고는 2016년에 일어났다. 테슬라의 자동주행 시스템이 전방에 보이는 하얀색이 밝은 봄 하늘의 일부가 아니라 트레일러 차량의 측면이라는 사실을 감지하지 못했기 때문에 일어난 사고였다. 인간 운전자도 이런 실수를 범할 수는 있었겠지만, 때로 자율주행차는 인간이 직관적으로 터득한 상황에서 혼란에 빠진다. 예를 들어 항상 자율주행차가 곤란을 겪는 상황 중 하나는 보행자가 주차된 버스 뒤에서 걷고 있는 경우다. 인간이라면 이 보행자가 다시 나타날 것을 예상하고, 언제, 어디서 다시 나타날지 상당히 정확하게 추측할 것이다. 하지만 자율주행차에게는 너무나도 어려운 추정 문제가 된다.

자율주행차의 센서로 주변 환경을 완벽하게 평가할 수 있다고 가정하더라도, 윤리적인 정보를 갖춘 방식으로, 즉 수집한 정보를 통합해서, 상대적인 위험을 평가하고, 그에 맞게 적절히 행동하는 방식으로 운전하는 두 번째 단계는 여전히 극복해야 할 단계다. 이는 기본적으로 규칙과 우선순위를 결정하는 문제가 된다. 예를 들어, 먼저 모든 인간과의 충돌을 피하고, 그다음에 동물을 피하고, 그다음에 물건들을 피하는 순서를 생각해볼 수 있다. 하지만 자율주행차가 사람의 발을 깔고 지나가는 상황과 빌딩으로 처박혀 수백만 달러의 손해를 발생시킬 수 있는 상황 중에 하나를 골라야 하는 경우는 어떨까?

이런 규칙 기반 접근법의 문제 중 하나는 바로 종종 규칙 자체가 없다는 것이다. 적어도, 센서 시스템에서 명백한 물리적 신호만을 기반으로 구현할 수 있을 만한 단일한 규칙은 없다. 일단, 이런 시스템은 인간이 운전할 때 의지하는 사회적 신호를 처리할 수 없다. 그리고 카메라나 레이더 초음파가 제공할 수 있는 정보에도 한계가 있다. 버스를 감지하는 일은 가능하더라도, 버스가 어린이들로 가득 차 있다는 사실을 감지하는 일은 더 어렵다.

기술적으로 보면 아마 불가능하지는 않을 것이다. 인간이 프로그램에 약간 개입해 주변 차량에 탑승자의 숫자와 나이에 대한 세부정보를 알려주도록 하거나, 버스 내부의 센서가 자동적으로 무게를 측정하고 사람들이 어떤 특정 자리에 앉아 있는지를 추적할 수도 있다. 하지만 누가 생명의 가치 계층을 결정할 것인가? 자율주행차에 이런 내용을 프로그래밍하면서 어떻게 차별과 편견이 반영되지 않도록 할 수 있을 것인가?

가상으로 훈련하기

컴퓨터가 다른 차량을 인식할 수 있게 하는 일은 놀라울 정도로 어렵다. 구글이나 우버와 같은 기업들은 현실세계에서 수백만 킬로미터를 실제로 운전하면서 소프트웨어를 훈련하고 있긴 하지만, 이미 녹화된 교통 영상도 이용하고 있다. 하지만 문제가 하나 있다. 컴퓨터가 뛰어난 차량 인식기술을 익히기 위해서는 차량의 형태가 어디서 시작해서 어디에서 끝나는지를 알려주는, 공들여 분류한 수십만 장의 이미지가 필요하다. 매우 많은 시간과 노력이 드는 일이다.

한편, 자율주행차가 〈그랜드 테프트 오토 V〉(그림 4.2 참조) 같은

그림 4.2 〈그랜드 테프트 오토 V〉와 같은 게임은 인공지능을 훈련시킬 수 있을 만큼 사실적이다.

비디오게임에 나오는 가상 교통 상황을 학습해 도로의 규칙을 학습할 수 있다는 사실이 알려졌다. 비디오게임에서 차량을 인지하는 일은 현실세계에서와 비슷한 작업이지만 게임 소프트웨어로 생성된 차량이기 때문에 모든 대상이 미리 분류되어 있다는 장점이 있다. 미국 앤아버에 있는 미시간 대학교의 매슈 존슨로버슨[Matthew Johnson-Roberson]과 동료들은 비디오게임으로 훈련한 알고리즘이 사전분류된 데이터 집합에서 차량을 인식하는 일에서 실제 도로에서 훈련한 알고리즘만큼의 성능을 보여준다는 사실을 알아냈다. 비디오게임 훈련 버전은 실제 도로 훈련과 같은 수준에 도달하기 위해 약 100배의 훈련용 이미지가 더 필요했지만, 게임에서 하룻밤 동안 50만 개의 이미지를 생성할 수도 있다는 점을 고려하면 이는 문제가 안 된다.

이 사례가 연구팀에서 인공지능 훈련에 비디오게임을 이용한 첫 사례는 아니다. 가상 시뮬레이션으로 인공지능을 훈련하는 방식은 인기를 얻기 시작했다. 다른 사례에서 독일 튀빙겐에 있는 막스 플

기계는 어떻게 생각하고 학습하는가

랑크 지능시스템 연구소의 하비에르 로메로$^{Javier Romero}$와 동료들은 가상의 인간을 만들어 컴퓨터가 진짜 인간의 행동을 이해할 수 있도록 돕고 있다. 이 발상은 컴퓨터가 생성한 걷고, 춤추고, 옆으로 재주넘기를 하는 인간 신체의 영상과 이미지가 컴퓨터가 무엇을 찾아야 하는지 학습하는 것을 도울 수 있다는 것이다.

연구팀은 자연스러운 신체 형태와 동작을 갖춘 '가짜 인간'의 영상 수천 가지를 만들었다. 이 영상에서 '가짜 인간'은 걷고, 뛰고, 쪼그리고, 춤춘다. 그 외의 예상하기 다소 곤란한 움직임들을 보여주지만, 여전히 인간으로 인식할 수 있다. 그리고 컴퓨터로 영상을 생성하기 때문에 매 프레임마다 자동적으로 중요한 정보들을 주석으로 붙일 수 있다.

이런 방식으로 인공지능은 한 프레임에서 다음 프레임으로 넘어갈 때 픽셀의 변화 패턴, 즉 가능한 인간의 움직임을 나타내는 정보를 학습한다. 자율주행차는 이런 훈련을 통해 사람이 도로로 들어오려 하는지를 알아낼 수 있다.

무지의 장막

성가신 윤리 문제를 피하는 방법 중 하나는 그냥 무시하는 것이다. 어쨌든 인간 운전자는 주변 차량에 대해서 전혀 알 수 없을 가능성이 높다. '무지의 장막' 방식은 일어날 수 있는 상황을 단순화해서 그 반응방식을 미리 프로그래밍하거나 해보면서 학습하는 방식으로 개발하는 것으로 축약된다.

미리 프로그래밍하는 방식으로는 모든 가능한 시나리오를 예측하는 것이 거의 불가능하다는 문제를 해결하기가 어렵다. 예를 들어, 2014년에 구글의 자율주행차는 전동휠체어를 탄 여성이 빗자루를 들고 도망간 오리를 쫓아 도로로 나온 상황을 맞닥뜨렸다. 해보면서 학습하는 방식은 좀 더 기대할 만하다. 자율주행차는 여러 곳을 다니면서, 예를 들어 시골 길보다는 시내 도로에서 무단횡단자를 발견할 가능성이 높다는 사실, 하지만 한적한 시골 길에서 무단횡단자를 피하려고 방향을 꺾어도 다른 무언가를 칠 가능성은 더 낮다는 사실을 학습할 수 있을 것이다. 또는 가끔 구급차에게 길을 내주기 위해 제한속도를 어겨도 괜찮다는 사실을 배울 수도 있다.

하지만 여전히 기본적인 규칙은 프로그래밍이 필요하고, 새로운 윤리적 문제가 또 생겨난다. 프로그래머는 주어진 상황에서 자동차가 정확히 어떻게 움직일 것인지 예측할 수 없다. 자율주행차가 예측불가능하게 움직이는 것을 바랄 사람은 없다. 자율주행차가 인간 운전자의 반응을 예측하는 게 중요하듯이, 인간이 자율주행차의 움직임을 예측할 수 있는 것도 중요하다. 자율주행차가 전차문제와 같은 딜레마에 맞닥뜨렸을 때 어떻게 할 것인지 문제가 생기는 이유다.

어떤 이들은 이러한 극단적인 경우에 집착해봤자 의미가 없다고 생각한다. 100만분의 1의 확률로 발생하는 일이다. 따라서 좀 더 흔한 문제, 그러니까 보행자를 피하는 방법, 차선을 유지하는 방법, 악천후에 안전하게 주행하는 방법, 해커에게서 자율주행차를 보호하면서 소프트웨어를 자동으로 업데이트하는 방법 등에 집중하는 게 나을 수 있다. 이런 생각은 옳을지도 모르지만, 전차문제 같은 사고실험에서 무엇이 중요한지를 놓치고 있는 생각이다. 사고실험을 인용하는 사람들은 자

기계는 어떻게 생각하고 학습하는가

동차 제조사가 자율주행차에 대한 내용을 단독으로 결정할 수 있는 윤리적 권리를 가진 것이 아니라는 논점을 제시하고 싶어 하는 것이다.

현 시점에서는 테슬라나 구글(구글은 최근에 다른 제조사에 소프트웨어 공급을 하면서 자체 자동차 제조 포기를 선언했다)과 같은 기업들이 비공개로 자율주행 알고리즘을 개발하고 있다. 하지만 투명성과 공동표준에 대한 요구가 점점 커지고 있다. 2016년 미국 운수부는 처음으로 연방 자율주행차 정책을 만들었다. 이 정책은 자율주행차 개발자가 고려해야 하는 15가지 항목 중 하나로 의사결정 윤리를 명시하고, '가치충돌 상황을 해결하는' 알고리즘에 대해 투명성을 제고할 것을 촉구했다. 그리고 '널리 받아들여질 수 있는' 해결책을 고민하고 만들어낼 것을 강력히 권고했다.

비슷한 요구가 영국과 독일에서도 나오고 있다. 자율주행차는, 법률사무소 골링WLG[Gowling WLG]가 2017년에 발간한 백서에서 자율주행차 산업계의 기업연합체인 UK 오토드라이브[UK Autodrive]의 팀 아미티지[Tim Armitage]가 쓴 것처럼, "사회에서 합의된 기준선을 만들어내지 못한 상황에서 윤리적 결정을 할 수 있을 리 없다".

어떤 해결책도 완벽하지 않다. 옥스퍼드 대학교의 철학자이자 옥스퍼드 부설 인류미래연구소[Future of Humanity Institute] 소장인 닉 보스트롬은 경고한다. "이런 자율주행차에 의해 몇몇 사람들은 희생될 수 있다는 사실을 받아들여야 합니다." 하지만 목표는 완벽한 시스템을 개발하는 게 아니라 지금의 시스템, 매해 100만 명이 넘는 사망자와 약 5000만 명의 부상자를 발생시키는 시스템보다 더 나은 시스템을 만드는 것이다.

고속도로 코드

자율주행차의 3원칙이라는 게 있다. 2016년 독일의 교통부 장관인 알렉산더 도브린트^Alexander Dobrindt는 자율주행차에 대한 최초의 법률 체계를 세우는 법안을 발의했다. 자율주행차가 인명사고가 발생할 수 있는 충돌에 어떻게 대응해야 하는지 규율하고자 한 법안이다. 자율주행차에서 이른바 '죽음의 계곡', 즉 자율주행차가 보편화된 미래가 오는 것을 지연시킬 수 있는 반자율주행차와 완전한 무인자동차 사이의 애매한 회색지대를 해결하고자 시도한 것이다.

도브린트는 세 가지를 추구했다. 자율주행차는 항상 인신사고보다 재물사고를 택해야 한다. 자율주행차는 인간을 연령, 인종과 같은 유형에 기반해 차별해서는 안 된다. 자율주행차의 제조사는 인간 운전자가 예를 들어 이메일 확인을 위해서 운전대에서 손을 뗀 이후에 충돌이 일어난 경우 그 충돌에 대해 배상책임이 있다.

"이 도로교통법 개정안은 완전한 자율주행을 허용합니다." 도브린트는 말했다. 그는 자율주행차에 인간 운전자와 동일한 법적 기반을 부여하고자 했다.

자율주행차 운행에서 누가 책임이 있는지 명확하지 않은 현실은 제조사, 소비자, 법률가들 사이에 혼란을 불러일으키는 중요한 문제다. 미국에서 자율주행차를 시험주행 중인 기업들을 위한 지침에는 인간 운전자가 항상 도로를 주시하고 있어야 한다고 명시되어 있다. 이는 2016년 생긴 영국 자율주행차 보험이 전제하고 있는 사실이기도 하다. 이 보험의 약관은 인간 운전자가 모든 순간 '도로를 주시하고 경계해야 한다'는 내용을 담고 있다. 하지만 많은 사람들이 자율주행차를 생각할 때 떠올리는 그림은 분명 이렇지 않다. 영국 리즈 대학교의 너태샤 메랏Natasha Merat은 말한다. "사람들이 '자율주행차'라고 말할 때는 말이죠. 자율적으로 주행하는 차를 기대하는 거예요. 그래요, 운전자가 없는 자동차요."

도브린트와 같은 사람들은 10초룰, 즉 인간 운전자가 10초 안에 차의 제어권을 넘겨받을 수 있게 경고를 받도록 하는 기준을 선호한다. 이와 유사하게, 메르세데스 벤츠는 인간 운전자가 분당 몇 번씩 운전대를 터치하도록 한다. 하지만 10초룰로는 부족할 수 있다. 운전대에 손을 다시 올려놓았다고 해서 바로 차를 제어할 수는 없다. 메랏은 운전자가 당시 무슨 일을 하고 있었는지에 따라 집중력을 되찾는 데 길게는 40초까지도 걸린다는 사실을 발견했다. 이런 부분들이 명확하지 않기 때문에, 메랏은 몇몇 자동차 제조사들은 인간이 전혀 개입하지 않아도 되는 완전한 자율주행 자동차를 운행할 수 있을 때까지 기다릴 것이라고 생각한다.

스탠퍼드 대학교의 라이언 칼로Ryan Calo에 따르면, 자율주행차는 사람들이 보통 보유한 자동차의 형태가 아닌, 지금 몇몇 도시에서 운행되고 있는 무인 소형버스처럼 대중교통수단의 형태가 될 가능성이 높다고 한다. 하지만 미국에서는 잘 되지 않을 것이다. 칼로는 이렇게 말한다. "정부가 자율주행차의 주도권을 쥐고 공공재로 다루고자 하는 생각은, 미국에서는 통할 리가 없습니다."

인공지능 의사

기계는 이미 건강관리 분야를 혁신했다. MRI 촬영으로 몸 내부를 볼 수 있고, 혈액검체를 자동으로 분석할 수도 있지만, 결국 인간의 기술이 제일 핵심이었다. 의료촬영에서 그림자가 나타나면 종양학자가 심각도를 인식한다. 하지만 곧 소프트웨어가 의료데이터에 기반해 환자의 몸에서 무엇이 잘못됐는지 알아낼 수 있게 될 것이다.

의사들은 종종 정신없이 바쁘다. 때로 실수를 범하고 명백한 증상을 놓칠 수 있다. 만약 컴퓨터가 컴퓨터다운 방식으로 건강을 이해할 수 있게 된다면, 아마 더 신속하게 진단하고 나아가 더 정확한 진단도 할 수 있을 것이다. 유방암 진단의 경우를 생각해보자. 진단을 내리려면 보통 세 가지 방법, 엑스레이, MRI 촬영, 초음파 촬영을 통해 정보를 얻어야 한다. 각 정보 간의 상호참조 작업은 고되고 오랜 시간이 걸리는 일이다. 딥러닝을 이용하지 않는다면 말이다.

이스라엘에 있는 텔아비브 대학교의 연구원들은 딥러닝을 이용해 흉부 엑스레이를 분석해왔다. 이 시스템은 심장비대증과 폐 주변의 장액종[3]을 구분할 수 있다. 미국 메릴랜드 주의 베데스다에 있는 미국 국립보건원 진료소의 연구팀은 척추에 생긴 암종을 확인하기 위해 유사한 방법을 활용하고 있다. IBM의 왓슨도 진단 분야에 발을 들였다. 한 사례에서 왓슨은 드문 형태의 재발 백혈병 증상을 찾아내는 데 겨우 몇 분밖에 걸리지 않았다. 이런 질병은 진단에 몇 주가 걸렸을 수도 있다.

---

3 조직에 물이 차는 것

기계는 어떻게 생각하고 학습하는가

그리고 구글의 딥마인드도 안과 질병의 초기 증상 진단을 포함해 몇 가지 의료 프로젝트를 진행 중이다.

딥마인드는 영국의 국민건강서비스[4]와 협력해 대규모의 환자 데이터를 다루고 있다. 한 예로 딥마인드는 런던의 무어필드[Moorfields] 안과병원과 제휴를 통해 약 수백만 장의 익명화된 홍채 촬영 결과를 인공지능에 입력할 수 있었다. 이 프로젝트는 가장 흔한 안과질병인 노인성 황반변성과 당뇨망막병증을 대상으로 했다. 세계에서 1억 명이 넘는 사람들이 이 질병을 가지고 있다.

무어필드 병원이 제공하는 정보에는 눈 뒤쪽의 촬영결과와 광간섭단층영상(OCT)이라는 정밀촬영 결과가 포함되어 있다. 이 촬영 이미지들을 통해, 훈련된 임상의사들도 찾기 어려워하는 눈의 변성 상태를 나타내는 미묘한 징후들을 딥마인드가 개발한 신경망이 인식할 수 있도록 학습시킨다는 생각이다. 이를 통해 머신러닝 시스템이 질병의 징후를 인간 의사보다 더 먼저 찾아낼 수도 있다.

2005년, 피츠버그 대학교에서 안과의사 가디 울스타인[Gadi Woolstein]과 동료들은 신경망을 안과질병을 진단하는 데 활용하고자 연구를 진행했다. 하지만 이때는 딥마인드가 확보한 것보다 훨씬 적은 데이터 집합만 있었다. 울스타인은 신경망에서 안과질병을 더 정확하고 더 확실하게 인식하게 학습시키기 위해서는 풍부한 데이터 집합이 매우 중요하다고 말했다.

---

4 영국의 공공 의료보험

데이터 과잉

안과의사들은 고정밀 OCT 촬영을 점점 더 많이 활용하고 있다. 하지만 이는 종종 데이터 과잉으로 이어진다. 울스타인에 따르면, 의사들에게는 종종 확실한 패턴을 찾아 진단을 내리는 일이 힘들다고 한다. 울스타인은 기계가 좀 더 진단을 잘할 수도 있다고 생각한다. 2015년 딥마인드와 접촉했던 무어필드 병원의 안과의사인 피어스 킨Pearse Keane은, 딥마인드가 개발한 자동진단 소프트웨어라면 점점 더 OCT를 많이 활용하고 있는 시내 안경점에도 들어갈 수 있다고 생각한다.

딥마인드와 무어필드 병원의 제휴를 보면 초기 머신러닝 시장이 어떻게 열릴 것인지를 알 수 있다. 딥마인드는 영국 왕립자선병원Royal Free Hospital과 무어필드 안과병원과의 제휴 프로젝트에서 어떤 대가도 받지 않을 것이다. 하지만 딥마인드는 심각한 문제들에 대한 실제 데이터를 통해 알고리즘을 검사할 수 있고, 이런 데이터를 활용해 신경망을 계속 훈련할 수 있다. 무어필드 병원의 익명 데이터 집합에 담긴 안과질병에 대한 가치 있는 지식이 바로 딥마인드의 자산이 될 것이고, 딥마인드의 인공지능 시스템에 통합될 것이다. 실질적으로, 딥마인드가 진단 인공지능 분야를 발전시켜서 받는 대가는 바로 현실세계의 건강 데이터에 대한 머신러닝 시스템 훈련이다.

하지만 의사들이, 또는 환자들이 기계가 하는 말을 믿을 날이 올 것인가? 딥러닝 기법에서 사용되는 복잡한 망은 내용을 알기 어렵고, 보통은 합리적인 논증 없이 결과만 내놓는다. 예를 들어, 페이스북이 내가 모르는 사람을 친구로 추천했다면, 페이스북 엔지니어조차 왜 이런 일이 일어났는지는 설명할 수 없다. 이런 불확실한 기법을 의료에 적용한다면 사람들이 걱정하는 것도 당연하다.

임상의사들이 이런 시스템을 받아들이게 하는 방법 중 하나는 이런 딥러닝 소프트웨어가 도출한 결과를 이용해 인간이 검증할 수 있고 이해할 수 있는 답을 내놓는 또 다른 투명성 높은 모델을 훈련하는 것이다. 의료 분야에서는 인공지능만큼 사람들에 대해, 그리고 사람들이 받아들일 수 있는 것에 대해 연구가 이루어져야 할 것이다.

킬러로봇

인공지능에서 가장 격렬한 논의 주제 중 하나는 이른바 킬러로봇의 개발이다. 자율무기를 옹호하는 사람들은 인간 대신 기계가 싸우는 전쟁이 더 인간적이라고 주장한다. 분쟁 상황에서 병사들이 저지르는 인권 침해는 분명 지나칠 정도로 흔히 발생한다. 하지만 차라리 기계가 정말 더 나을 것인가? 많은 사람들이 말도 안 되는 발상이라 생각하지만, 반대 입장의 사람들은 기계가 전쟁을 대신할 수 있을 뿐 아니라 그래야만 한다고 생각한다. 조지아 공과대학교의 로봇공학 전문가인 로널드 아킨[Ronald Arkin]은 말한다. "인간은 현재 다른 인간을 전장에서 부당하게 죽이고 있습니다. 전 그냥 주저앉아 아무것도 하지 않은 채로 있을 수 없습니다. 기술이 뭔가를 도울 수 있다고 생각합니다."

세계 각국의 많은 군대가 병사들을 전선에 내보내지 않을 방법을 찾게 되면서 자율 살상무기 시스템(킬러로봇)의 개발은 더 빨라지고 있다.

인간 병사 대신 로봇을 내보낸다면 특히 이런 진보된 기술을 보유한 국가에서는 많은 인명을 구할 수 있을 것이다. 그리고 인간과 달리, 로봇은 규칙을 어기지 않는다.

킬러로봇 문제는 국제적인 이슈도 불러일으키고 있다. 지난 몇 년간, 국제연합(UN)은 이른바 자율 살상무기 시스템을 여러 번에 걸쳐 논의했다. 하지만 '킬러로봇을 막을 캠페인Campaign to Stop Killer Robots'과 같은 단체들이 강하게 반대하면서 점점 더 이런 논의가 시급해지고 있는 듯하다. 9개 국가가 자율 살상무기 시스템을 금지할 것을 촉구해왔고, 다른 많은 나라도 인간이 최종적인 로봇 제어권을 가져야 한다고 천명했다.

로봇은 이미 전장에서 몇 가지 역할을 수행하고 있다. 어떤 로봇은 장비를 운반하고, 어떤 로봇은 폭탄을 해체하며, 또 어떤 로봇은 감시를 수행한다. 원격조종 드론을 쓰면 조종자가 수천 킬로미터 밖에서 목표물에 대한 공격을 제어할 수 있다. 그럼에도 요즘 발전한 컴퓨터 기술로 드론의 수준을 더 끌어올릴 수 있다. 인간이 거의, 또는 아예 개입하지 않고도 목표물을 선정하고 조준할 수 있으며, 어떤 경우에는 인간이 제어하는 부분은 오직 발포 승인뿐인 경우도 있다.

미국 해군 이지스함에 탑재된 미사일 방어 시스템인 '팔랑크스Phalanx'는 스스로 '공격 평가', 즉 목표물을 성공적으로 공격할 수 있는 가능성을 재는 일을 수행할 수 있다. 영국의 BAE라는 회사는 '타라니스Taranis'라는 이름의 무인 항공기를 개발하고 있다. 이 기체는 지상의 인간 조종사가 거의 개입하지 않아도 이륙하고 정해진 목적지로 비행해 목표물을 식별할 수 있다. 아직 시제품이고 무기를 탑재하지도 않았지만, 이런 항공기를 기술적으로 개발할 수 있다는 가능성을 실제로 보여준

기계는 어떻게 생각하고 학습하는가

다. 한편, 러시아의 '이동식 기지 로봇'(탄도미사일 설치를 호위하는 탱크와 유사한 무인차)과 한국의 '슈퍼 이지스Ⅱ' 포탑은 인간의 감독 없이도 움직이는 목표물을 감지하고 포격할 수 있다고 알려졌다. 슈퍼 이지스Ⅱ 는 2.2킬로미터 밖에서도 사람 한 명을 조준할 수 있다.

무기 제조사들은 자세한 내용에 대해 얘기하기를 꺼린다. 보통 세부사항은 기밀에 해당한다. 하지만 분명한 사실은 기술 자체는 더는 제한요소가 아니라는 점이다. 영국의 미사일 제조사인 MBDA의 대변인의 말에 따르자면, "기술은 미래에 무엇을 실현할 수 있는지의 문제에서 잠재적인 제한요소가 아니다". 자율 살상무기는 능력이 아니라 정책에 의해 제한될 것이다.

불가사리 킬러

2016년에 로봇은 경고도 없이 생명체를 죽이기 시작했다. 이는 〈로보캅〉(그림 4.3 참조) 리메이크가 아니라 호주의 그레이트 배리어 리프에서 산호를 망가뜨리는 불가사리를 없애기 위해 킬러로봇이 투입된 현실의 이야기다. '코츠봇COTSbot'이라고 불리는, 세상에서 가장 발전된 자율형 무기 시스템 중 하나인 이 로봇은 인간의 개입 없이도 목표물을 선택하고 치명적인 무기를 사용할 수 있다.

불가사리 퇴치 로봇이라고 하면 세계적으로 대단한 진보가 있었던 것처럼 들리지는 않겠지만 산호지대에 이 로봇을 풀어놓는 일은 루비콘 강을 건너는 일이다. 코츠봇은 인간이 이제 스스로 목표물을 선택하고 자율적으로 그 목표물을 죽일지 결정할 수 있는 로봇을 개발할 수 있는 기술을 보유하게 되었다는 사실을 잘 보여준다. 선생

그림 4.3 1988년 영화 〈로보캅〉에 나온 이 로봇처럼, 킬러로봇은 SF영화에서 많이 등장한다. 진짜 킬러로봇은 다를 것인가?

부터 경찰에 이르기까지 인간세상의 일에도 응용할 수 있는 잠재력이 있다는 점만큼은 매우 명백하다.

이런 배경에도 불구하고, 코츠봇에는 좋은 의미가 있다. 자율성, 정확성, 안전성, 해킹가능성 등과 같은 이슈에 대해 상대적으로 우호적인 환경에서 검사해볼 기회가 되는 것이다. 또한 자율 로봇이 나쁜 일만큼이나 좋은 일도 할 수 있다는 사실을 보여줄 기회도 된다. 그러나 진짜 중요한 점은 로보캅의 등장이 그 어느 때보다 더 현실에 가까워졌다는 사실을 알 수 있다는 점이다.

교전수칙

그렇다면 이제 의미 있는 전쟁의 규칙은 무엇이 될 것인가? 구체적으로 로봇을 규율하는 법률은 없지만 모든 무기는 현존하는 관례를 따라

기계는 어떻게 생각하고 학습하는가

야만 한다. 중요 원칙 중 하나는 민간인과 민간시설은 의도적으로 공격목표가 되어서는 안 된다는 것이다. 그리고 무기는 민간인과 군인을 구별할 수 있어야 한다. 또한 군사력의 사용은 비례적이어야 한다. 즉, 공격으로 인해 예상되는 군사적 이득보다 부수적 피해가 더 커서는 안 된다.

이러한 틀을 전제로, 로널드 아킨은 자율 살상시스템이 인간 병사보다 더 한정적인 민간 희생자를 발생시킨다는 점이 입증될 수 있다면, 이러한 기술을 금지하는 일은 잘못이라고 생각한다. 아킨은 말한다. "우리는 현대전에서 목격한 인간의 나약함과 타락을 기억해야 합니다. 그때보다 지금 더 나은 일을 할 수 있다면, 생명들을 구할 수 있습니다."

다른 이들도 강한 논거를 보탠다. 그중 미국 테네시 주 내슈빌에 있는 밴더빌트 대학교의 에릭 셰흐터Erik Schechter는 『월스트리트저널』에서 다음과 같이 주장했다. "국제인도법이 전시에 민간인의 고통을 줄이고자 한다면, 정밀한 사격을 할 수 있는 로봇의 이용은 적절하기만 한 수준이 아니라 오히려 도덕적 의무가 될 것이다."

로봇은 병사들의 생명도 구할 수 있다. 예를 들어 공군 전투기들을 띄워 적군의 기지로 의심되는 곳, 인구가 밀집된 도시지역일 수 있는 곳에 폭탄을 투하하지 않고도, 로봇은 인간 병사보다 먼저 최초 위험을 감수하고 건물에 들어갈 수 있다. 특별히 위험한 면이 있는 어떤 군사작전에서도, 기계는 앞장설 수 있을 것이다.

존엄성을 지킬 권리

그러나 킬러로봇에 대한 생각은 찬반이 극명하게 갈린다. 많은 사람들에게, 컴퓨터 칩에 누군가의 삶과 죽음을 결정할 능력이 생긴다는 생각은 상당히 불쾌하게 여겨진다. UN에서 비사법적, 즉결 또는 임의적 처형을 조사하는 특별보고관 크리스토프 하인스Christof Heyns에 따르면, 킬러로봇은 국제인도법과 존엄성을 지킬 권리에 반할 수 있다고 한다.

하인스는 이렇게 말한다. "인간은 자신의 존엄성이 침해받지 않도록 하는 결정에 밀접하게 관여할 필요가 있습니다." 그리고 로봇의 목표물은 만약 무기를 잡고 있는 자가 인간이었다면 누릴 수 있었을 인간성에 호소할 기회를 박탈당한다는 점을 지적한다. 기계적으로 말소당하는 모양새라는 것이다. 원격조종 드론도 이러한 호소 기회를 거의 주지 못한다. 하지만 드론의 경우 멀리 있더라도 적어도 윤리적 결정을 내릴 수 있는 인간 조종사는 있다. "이런 호소가 가능할 것이라는 희망이 적어도 완전히 박탈당하진 않는 겁니다. 그리고 희망이야말로 존엄한 생명을 이루는 요소죠." 하인스는 말한다.

하인스는 궁극적으로 그가 '군사력의 비인간화'라고 부르는 상황을 걱정한다. 2013년 UN에 제출한 보고서에서, 하인스는 "버튼 하나만 눌러서 파병할 수 있는 지치지 않는 전쟁기계"가 미래에 영원히 끝나지 않는 분쟁을 불러일으킬 수 있다고 경고했다. 정부가 지상군을 보낼 필요가 없다면 전쟁을 일으키는 일이 너무 쉬워질 수 있다. 기계와 기계가 싸우는 시나리오에서조차, 심각한 부수적 피해가 일어나면 한 나라의 기반시설을 모두 파괴할 수도 있다. 그리고 피해자 수가 줄어들면, 전쟁은 더 길게 이어질 수 있고 전후 재건도 이루어지기 힘들 수 있다.

기계는 어떻게 생각하고 학습하는가

영국 셰필드 대학교의 인공지능 및 로봇공학 연구자이자 '킬러로봇을 막을 캠페인' 시민단체의 운영진인 노엘 샤키Noel Sharkey는 거의 10년에 걸쳐 국제사회의 관심을 이 문제에 돌리기 위해 노력해왔다. 샤키가 이렇게 끈기 있게 노력할 수 있었던 핵심 동력은 바로 스스로 현재 기술의 결점을 인식했기 때문이다. 아킨이 차세대 기술을 보는 반면, 샤키는 현재 기술을 걱정한다. 샤키는 말한다. "저는 몇 주 내에 인간 신체의 특징을 감지하고 발포하는 킬러로봇을 만들어낼 수도 있습니다. 문제는 민간인과 전투원을 구분하는 게 어렵다는 거죠."

이런 능력을 구현하는 일은 쉽지 않다. 영국 기반의 회사 어레일리아 시스템Aralia Systems은 보안 목적의 이미지 분석 소프트웨어를 개발하며, 기능 중 하나는 CCTV 영상에서 의심스러운 동작을 표시하는 것이다. 2015년, 이 소프트웨어는 한 무리의 사람들을 의심스럽다고 표시했는데, 이들은 나중에 폭탄을 설치하기 위해 공공장소를 다니며 적당한 곳을 물색하던 것으로 밝혀졌다. 어레일리아 시스템의 공동설립자인 글린 라이트Glynn Wright에 따르면, 용의자들은 체포되어 재판에 넘겨졌다. 하지만 라이트가 쉽게 인정했듯이, 복잡한 시내 환경에서 빠르게 결정을 내리는 기술은 아직 갈 길이 멀다.

인터뷰 : 자율형 무기는 금지되어야 하는가?
마크 비숍은 런던 골드스미스 대학교의 인지컴퓨터과 교수이자, '인공지능과 행동시뮬레이션 학회'의 의장을 맡고 있다. 아래의 2013년 『뉴 사이언티스트』 인터뷰에서, 비숍은 인간의 개입 없이 배치되고 파괴행위를 할 수 있는 무기를 금지하는 일이 왜 중요한지를 설명한다.

'킬러로봇을 막을 캠페인'은 어떤 단체인가요?

완전 자율형 무기 시스템, 즉 인간이 특정한 목표물을 선택하고 최종 공격 결정에 개입할 수 있는 단계가 모두 제거된 시스템을 제조하고 배치하는 일을 금지하는 법안을 위해 로비활동을 벌이는 압력단체와 비영리단체의 집합체입니다.

그런 시스템이 얼마나 현실화됐나요?

이미 많은 사례들이 있습니다. 팔랑크스 포격 시스템과 같은 몇몇 시스템은 다수의 미국 해군 함정에서 접근하는 위협을 감지하고 자동으로 응사하기 위해 사용된 지 꽤 되었습니다. 다른 사례는 이스라엘 하피^{Harpy} 사의 '발사 후 망각형$^{fire\ and\ forget}$ '5 무인 항공기인데, 레이더 설비를 찾아내 파괴합니다.

이런 기술의 발전을 이끄는 동력이 무엇인가요?

현재의 서방세계 군사 전략은 재래식 무기보다 드론에 집중하고 있습니다만, 원격조종 드론은 가로채기 공격에 취약합니다. 완전 자율형 시스템은 이런 공격에는 사실상 당하지 않죠. 게다가 비용도 더 적게 듭니다. 다시 말해 제조사들이 더 많이 팔 수 있다는 뜻이고, 그러므로 자율형 시스템을 개발하고 정부가 그것을 배치하는 이유에는 상업적 이득과 필요가 있습니다.

그렇다면 위험은 무엇인가요?

자율형 시스템이 적절히 공격할 필요성을 판단하고, 위협에 비례적으로 대응하고, 확실하게 전투원과 민간인을 구분할 수 있을지 의심

---

5 발사 후 별도의 명령 없이 자동으로 표적을 추적하는 무기체계

이 가는 근거들이 있습니다. 그리고 복잡한 소프트웨어 시스템이 상호작용하는 경우에는 예상하지 못한 결과가 발생할 가능성이 큽니다. 극명한 사례로 2011년 아마존에서 가격 책정 소프트웨어가 『파리 만들기』The Making of a Fly란 책의 가격을 2300달러 이상으로 책정한 일이 있었죠.

로봇에 의해 분쟁이 확대될 수 있는 점을 우려하고 있나요?

그렇습니다. 한국에서는 과학자들이 북한과의 휴전선 경계를 순찰하는 로봇을 개발하고 있습니다. 만약 이 로봇이 배치되었을 때 정확하지 않고 비례적이지 않은 과도한 대응을 하게 되면, 사소한 국경침범이 심각한 대치상태로 확대될 수 있다는 점을 예상하기는 어렵지 않습니다. 더 무섭게도 1983년 미군이 에이블 아처Able Archer 훈련[6]을 하고 있었을 때, 러시아 자동 방어 시스템은 접근하는 미사일이 있는 것으로 잘못 감지했고, 한 러시아 대령의 개입이 핵전쟁을 막았습니다. 하지만 진짜 무서운 군사분쟁 확대 가능성은 자율형 시스템이 다른 자율형 시스템과 상호작용할 때 발생할 수 있습니다.

로봇이 인간의 위험을 줄여줄 수는 없을까요?

미국 로봇학자 로널드 아킨과 같은 사람들이 내세우는 내용 중에 로봇이 비탄에 빠져 복수를 쫓는 병사들보다 더 감정에 좌우되지 않는 평가를 내릴 수 있다는 주장이 있습니다. 이는 분쟁확대의 문제를 해결하지 못할 뿐 아니라, 오직 시스템이 확실하게 언제 교전할지를 결정할 수 있고, 비례적으로 판단하고, 정확하게 목표물을 구분해낸

---

6 북대서양 조약군의 가상 핵 투하 연습

다는 가정 아래서만 말이 되는 이야기입니다.

그렇다면 인간은 어떻게 해야 할까요?

자율형 무기 시스템의 배후에 있는 기술 자체는 구글의 자율주행시스템처럼 다른 용도를 가질 수 있기 때문에 개발을 금지하는 건 힘들 겁니다. 그 대신, 자율형 무기의 배치를 금지하는 국제적 조약을 만드는 데 집중해야 합니다.

최종 결정자

기계가 목표물과 인간을 구분할 수 있는 능력이 있다고 하더라도, 이런 데이터에 기반해 윤리적 결정을 내릴 수 있는 능력이 있을까? 아킨은 다양한 상황에서 로봇의 반응을 지시할 수 있는 '윤리 결정자' 역할을 수행할 수 있는 소프트웨어를 개발할 수 있을 것이라 주장해왔다. 하지만 윤리 결정 소프트웨어에 필요한 엄청난 복잡도 때문에 이런 아이디어는 아직 구상 단계 정도로 남아 있다. 적어도 지금은 인간이 결정권을 쥐어야 한다.

하지만 인간이 결정을 한다는 것이 어떤 의미일까? 이는 킬러로봇에 대한 논쟁에서 촉발된 문제이며, 킬러로봇을 금지하라는 요구가 받아들여질지 아닐지는 이 문제에 달려 있다. 모두가 동의한 정의는 존재하지 않는다. 게다가 다른 이슈도 있다. 킬러로봇과 관련해 이런 인간의 결정권에 대한 정의에만 집중하면 더 근본적인 인간과 기계의 상호작용 방식과 관련된 쟁점을 놓칠 수 있다. 그저 인간이 개입했다는 것만으로 첨단기술에 의한 살인과 관련된 문제가 사라지는 것은 아니다.

한 예로, 2003년에 한 미국 패트리어트 미사일 포대에서 근무하던

관제요원은 이라크 미사일 한 기가 접근 중이라는 자동 경고를 받았다. 이 요원은 아주 짧은 순간에 결정을 내려야 했고, 미사일 발사를 승인해 방어행동을 취하기를 선택했다. 하지만 그 이라크 미사일은 알고 보니 영국 공군의 토네이도^{Tornado} 전투기였고, 발사된 패트리어트 미사일에 의해 격추되어 조종사 두 명이 사망했다. 무엇이 잘못되었을까? 분명 시스템은 그 전투기를 잘못 식별했다. 하지만 사고조사 결과, 관제요원이 적절히 훈련을 받지 못했다는 사실이 드러났다. 그래서 패트리어트 시스템을 더 넓은 네트워크에 연결해두지 못해서 대상 전투기가 항공관제 시스템에 접속한 적이 있어 위협이 아니라는 정보를 전달받지 못한 것이다. 이 경우, 인간을 개입시킨 것이 거의 확실한 문제의 원인이었다.

UN에서 결론이 어떻게 나든지, 자율형 무기 시스템에 대한 논쟁에서 촉발된 이슈들은 첫인상보다 훨씬 복잡하다. 완전 자율형이든 아니든, 기계는 이미 전쟁의 일부가 되었고 인간이 항상 개입해 통제할 것을 약속하더라도 실수가 일어나지 않으리라는 보장은 당연히 없다. 기계는 전쟁을 단순하게 만들지 않는다. 기계는 전쟁을 복잡하게 한다. 이는 인간과 닮은 점이라고 할 수 있다.

5장
미지의 세계로

— 컴퓨터는 인간지능의 한계를 어떻게 극복해낼 것인가

지금 당장은, 컴퓨터는 대부분 인간의 지능을 더 확장시키고
있다. 하지만 몇몇 기계는 이제 인간지능에 구속되지 않고 문제를
해결하기 시작했다. 새로운 장치를 발명하거나, 심지어 새로운
수학의 지평을 열기도 한다.
언젠가는 기계가, 지식인과 비지식인을 모두 대체하게 될 것인가?
기계가 인간을 능가하는 영역이라 해도,
기계가 발견한 진리들은 오직 인간이 그것을 이해하고 적용할 수
있는 경우에만 의미가 있다.

유레카 기계

인간은 우연과 발명이 이어지는 일에 익숙해져 있다. 예를 들어 장치를 이용한 비행의 시작을 생각해보자. 1899년 어느 여름날, 미국 오하이오 주 데이턴의 한 자전거 수리공은 새 타이어튜브를 상자에서 꺼내 고객에게 넘겨줬다. 수리공은 고객과 담소를 나누면서 빈 상자로 손장난을 하며 뒤틀었다. 그러다가 상자 위쪽이 둥근 나선형으로 구겨졌음을 발견했다. 실로 흔하게 관찰할 수 있는, 하지만 세상을 바꿀 수도 있는 사실이었다.

수리공은 상자의 모양을 보고 날고 있는 비둘기의 날개를 떠올렸다. 손 안에서 모양을 바꾸는 상자의 모양을 보면서, 윌버 라이트는 쌍엽기의 날개를 떠받치는 틀을 꺾기만 하면 공중에서 비행기를 제어하기가 쉬워질 것이라는 깨달음을 얻었다.

라이트 형제의 비행기는 많은 사례 중 하나일 뿐이다. 다른 사례로 벨크로가 있다. 조르주 드 메스트랄George de Mestral이 개에 붙은 우엉류 씨앗이 살고리로 덮여 있는 것을 보고 말넝한 식물이나. 그리고 해리

쿠버[Harry Coover]가 제트기 조종석 덮개용으로 만든 액체 플라스틱 화합물질은 모든 것에 들러붙는 바람에 크게 실패했지만, 더 나은 용도를 찾았다. 바로 유명한 강력접착제다.

이런 이야기는 극적으로 들릴 수는 있지만, 기술을 발전시키기에는 고통스럽게 느린 방식이다. 우연히 일어나는 일에 기대야 한다면 오늘 발명할 수 있는 것이 몇 년 뒤에나 등장할 수 있다는 의미가 된다. 스위스 로잔에 있는 발명 전문 회사 이프로바[Iprova]의 대표인 줄리언 놀런[Julian Nolan]은 발명 방식이 수백 년간 전혀 변하지 않았다고 말한다. "발명은 굉장히 낡고도 비효율적인 방식으로 일어납니다. 다른 대다수 산업의 경우와 전혀 균형이 맞지 않죠."

하지만 이제 인간은 운을 직접 만들어내기 시작했다. 상상력에 의한 도약이 안정적인 소프트웨어에 의한 단계적 발전으로 대체되면서, 이제 곧 유레카를 외치는 순간을 전화로 주문해 시킬 수 있게 될 것이다. 최적의 체계를 만들어내는 대자연의 법칙을 흉내 내는 알고리즘에서 현존하는 특허기술 사이에서 새로운 설계형태를 만들어낼 수 있는 부분을 찾아내는 시스템에 이르기까지, 컴퓨터가 보조하는 발명의 시대가 눈앞으로 다가왔다.

영향은 매우 심대할 수 있다. 어떤 이는 자동화된 발명이 기술적 진보의 속도를 높일 것이라고 주장한다. 그리고 기울어진 운동장의 균형을 맞춰 모든 사람을 발명가로 만들 수 있다. 하지만 아이디어의 가치가 평가절하되면 어떤 일이 일어날 것인가? 예를 들면 특허 등록 요건은 대상이 되는 아이디어가 '명백하면' 안 된다는 것이다. 아이디어를 단순 반복 방식으로 찾아낼 수 있다면 이런 요건을 어떻게 적용할 수 있을까?

유전 알고리즘이란?

유전 알고리즘, 또는 진화 알고리즘이란 이름으로 알려진 알고리즘은 자연선택을 흉내 내는 방식으로 설계상의 문제를 공략하는 것이다(그림 5.1 참조). 전압, 초점거리, 물질밀도 같은 변수를 유전자로 삼는 유전자집합처럼 목표로 삼은 특성을 기술한다.

　후보군이긴 하지만 최적화되어 있지는 않은 설계를 나타내는 이런 유전자집합들 중 어느 정도 무작위로 뽑은 검체들을 가지고 알고리즘 처리를 시작한다. 이런 최초의 유전자 풀에서 뽑은 부모유전자를 결합해 '변이'를 일으키면, 자손유전자는 각 부모의 특성을 보유

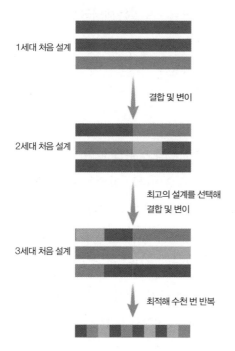

그림 5.1 유전 알고리즘은 가능한 해결 방법들로 이루어진 각 세대에서 최고를 선택해 결합하고 변이시키는 일을 반복해 문제에 대한 최적해를 찾아내는 알고리즘이다.

하면서 여기에 부가해 새로운 좋은 점들을 갖고 태어날 수 있다. 대상 과업에 대한 이 자손유전자의 적합성을 시뮬레이션에서 검사한다. 최고를 뽑아 유전자 풀에 넣고 다시 다음 번식 단계를 반복한다. 이런 절차를 계속 반복해서, 자연선택과 마찬가지로, 적자생존의 법칙으로 제일 뛰어난 설계가 살아남는다.

새로운 설계를 진화시키는 일과 마찬가지로, 유전 알고리즘은 안전성, 보안성을 검사하기 위해 최대의 피해를 입히는 '기생충'을 진화시키는 일에도 사용할 수 있다. "자연은 모든 복잡한 시스템에서 구멍을 찾아내는 일에 아주 창의적으로 뛰어난 능력을 발휘해왔습니다." 미국 매사추세츠 주 캠브리지에 있는 아이코시스템Icosystem의 에릭 보나보Eric Bonabeau는 말한다. 보나보는 미국 해군 함정의 설계를 개선하기 위해 이 기술을 이용해왔다.

자연이 의도한 대로

1990년대에 특허 설계에서 생물 진화 방식을 따라 하고자 한 최초의 연구자들, 즉 이른바 유전 알고리즘이라는 방법을 처음 개척한 연구자들을 이끈 사람은 캘리포니아 주 스탠퍼드 대학교의 존 코자John Koza다. 연구팀은 전자적 설계구성 내에서의 주요소들을 재설계할 수 있는지 알아보려고 알고리즘을 적용했다. 대상이 된 요소들은 1920년대 및 1930년대에 벨 연구소에서 개발한 초기 필터, 증폭기, 되먹임 제어 시스템이었다. 이런 시도는 성공했다. 코자는 말한다. "우리는 기존에 쓰던 고전적인 벨 연구소 회로를 전부 재설계할 수 있었습니다. 이 기술이 그때도 있었다면 유전 알고리즘으로 회로들을 처음부터 만들어낼 수도 있었을 겁니다."

연구팀은 이 성과가 단순히 요행이었을 가능성을 고려해, 다양한 광학장치에서 쓰이는 접안렌즈 중 특허가 등록된 여섯 가지 종류에 대해 같은 기법을 적용해봤다. 알고리즘은 모든 광학시스템을 재현해냈을 뿐 아니라, 어떤 경우에는 특허를 받을 수 있을 정도로 독창적인 면까지 발전시켰다.

이런 유형의 알고리즘의 높은 범용성은 유전 및 진화 연산학회^{Genetic and Evolutionary Computation Conference}에서 발표되는 진화 발명 사례에서 분명하게 드러난다. 여기에서 흔히 볼 수 있는 혁신은 문어와 닮은 수중 드론의 효율적인 수영 동작에서 저전력 컴퓨터칩 설계, 미래에 지구 저궤도의 우주쓰레기를 청소하기 위한 우주탐사선의 최고연비 경로에 이른다. 네덜란드 노르트베이크에 있는 유럽 우주국 내 차세대 콘셉트 연구소의 엔지니어들은 이런 경로를 계산하기 위해 잘 알려진 세일즈맨 문제를 우주 버전으로 바꾼 것처럼 작업을 처리한다. 이 세일즈맨 문제에서는 탐사선이 방문 도시 대신 버려진 위성과 로켓 몸체를 찾아가 궤도 밖으로 밀어낸다.

하지만 유전 및 진화 컴퓨터처리 학회에서 중요한 상은 인간의 독창성과 경쟁할 수 있을 만한 발명에 주어지는 인간 경쟁력 상, 또는 '휴미^{Humie}'라는 상이다. 2004년 첫 휴미 상은 미국 항공우주국이 자금을 댄 프로젝트를 위해 개발한 이상한 모양의 안테나에 주어졌다. 이 안테나는 일반적인 막대기 모양의 안테나라기보다는 이상한 각도의 가지가 몇 개 달린 마른 묘목처럼 생겼지만 매우 뛰어난 성능을 발휘했다. 분명 인간 개발자가 만들어낼 만한 물건은 아니었다.

때로는 바로 이 점이 중요하다. 매사추세츠 주 벌링턴의 특허 변호사인 로버트 프로킨Robert Plotkin은 말한다. "발명 과정 자동화에 컴퓨터를 이용한다면, 인간 발명자가 갖고 있는 선입견에 방해를 받지 않아도 됩니다. 그러니까 컴퓨터는 인간이 상상도 해보지 못한 설계를 만들어낼 수 있습니다."

미지의 세계로

유전 알고리즘에는 단 한 가지 문제가 있다. 알고리즘에 의해 나중에 더 효율적으로 수정하게 될 그 발명대상을 먼저 알고 있어야 한다는 점이다. 유전 알고리즘은 이미 존재하는 발명을 최적화하기에는 좋지만 진정 새로운 것을 만들어내는 일에는 신통찮은 경향이 있다. 창의적으로 크게 도약하는 방식의 알고리즘이 아니기 때문이다. 이 말은 곧 이 알고리즘으로는 상업적으로 가치 있는 혁신적 제품을 만들어낼 가능성이 더 적다는 뜻이다.

소프트웨어로 발명가들을 돕는 방법 중 하나는 문제에서 쉽게 간과되지만 잘 처리하면 독창적인 발명으로 이어질 수 있을 만한 부분들을 지적해주는 것이다. 매사추세츠 주 나티크에 있는 이노베이션액셀러레이터Innovation Accelerator 사의 최고기술책임자인 토니 매카프리Tony McCaffery는 말한다. "발명은 기존 사람들이 발명가가 깨달은 점을 적어도 하나 이상 간과했기 때문에 발명되지 못했던 새로운 것입니다. 사람들이 문제에서 애매한 측면들을 좀 더 주목하게 되면, 그 문제를 해결하기 위한 핵심을 알아차리게 될 가능성도 높아집니다."

이노베이션액셀러레이터는 이를 위해 인간의 언어로 문제를 설명할 수 있게 도와주는 소프트웨어를 개발했다. 그리고 그 문제를 많은 관련 어구들로 '확산'시킨 다음, 이 문구들을 이용해 미국 특허 및 상표청 데이터베이스에서 유사 문제를 해결한 발명이 있는지를 검색한다. 이 시스템은 다른 영역에서 유사문제를 찾도록 설계되었다. 다시 말해, 소프트웨어가 이용자를 대신해 수평적 확장사고를 해주는 것이다.

한 예로, 매카프리는 이 소프트웨어에 미식축구 선수들의 뇌진탕을 줄이는 방법을 제시해달라고 요청했다(그림 5.2 참조). 그러자 소프트웨어는 기술된 문제를 확산시켜서 에너지를 줄이는 방법, 에너지를 흡수하는 방법, 힘을 전환하는 방법, 관성을 줄이는 방법, 힘을 막는 방법, 에너지의 방향을 바꾸는 방법, 그리고 에너지에 척력을 가하는 방법을 검색했다. 에너지에 척력을 가하는 방법에 대한 결과를 보고, 머리끼리 부딪혔을 때 충격을 줄일 수 있게 다른 선수들의 헬멧에 척력을 가

그림 5.2 어떤 소프트웨어 시스템은 미식축구 선수들의 뇌진탕을 예방하기 위한 새로운 헬멧 설계 방식을 제시했나.

하는 강한 자석을 단 헬멧을 개발할 수 있었다. 안타깝게도 몇 주 전에 먼저 누군가가 그 아이디어를 특허청에 출원하기는 했지만, 하지만 이 사실로 원리 자체는 증명된 것이다.

다른 사례에서, 이 소프트웨어는 어떤 스키제조사의 최근 혁신을 재현해냈다. 해결 대상 문제는 스키 진동을 방지해 스키를 타는 사람들이 더 빠르게 탈 수 있게, 더 안전하게 턴을 하게 할 수 있는 방법을 찾는 것이었다. 제조사는 힘들게 결국 답에 도달했지만, 이노베이션액셀러레이터의 소프트웨어는 같은 답을 신속하게 도출했다. 매카프리는 말한다. "어떤 바이올린 제작자에게 바이올린의 진동을 저감시킴으로써 더 깨끗한 소리를 낼 수 있는 방법이 있었어요. 이 방법을 스키에도 적용했더니 진동이 더 적어졌습니다."

유행 알아내기

놀런의 회사인 이프로바도 발명가들이 수평적 사고확장을 할 수 있게 돕는다. 하지만 이 회사는 특허문서를 확실히 넘어선 원천에서 아이디어를 얻는다. '컴퓨터 보조 발명' 기술이 정확히 어떤 원리인지는 밝히지 않았지만, 2013년 특허에서 특허 데이터베이스 외에도 기술 학회지나 블로그, 온라인 뉴스, 소셜네트워크 등에서 정보를 찾아 고객에게 '추천할 만한 혁신의 기회'를 제공한다고 썼다.

특히 관심이 가는 부분은 이프로바의 소프트웨어가 인터넷에서의 기술 유행 변화에 맞춰 추천내용을 바꾼다는 사실이다. 그 결과는 엄청나게 생산적인 것으로 보인다. 이프로바는 이 기술을 이용해 한 달에 수백 건의 발명을 만들어내고, 이프로바의 고객들은 이 중 선택해 특허를

낼 수 있다. 건강관리, 자동차, 통신 산업 분야의 폭넓은 고객군이 사용할 만한 게 있었다면 이프로바는 잘 해낸 것이다. 이프로바의 고객 중 하나는 주요 다국적 기술회사인 필립스인데, 이러한 회사는 내부 연구개발팀에 외부 전문성을 들이는 결정을 쉽게 하지 않는다.

이 모든 것이 의미하는 바는 바로 알고리즘이 주도하는 발견이 미래에 가장 생산적인 발명 절차가 될 가능성이 높다는 것이다. "컴퓨터로 자동화한 혁신을 지렛대로 활용하는 방법을 익힌 인간 발명가들은 구식 발명 방법을 고수한 동료들을 뛰어넘을 겁니다." 프로킨은 말한다. 하지만 둘 사이에 어떻게 선을 그을 것인가? 인간과 알고리즘 간의 적절한 발명 기여도 평가가 중요한 상황에서 둘 사이에 분명한 구분선을 찾기 어려울 수도 있다. 그러나 컴퓨터가 너무 많은 부분을 담당하게 되면 특허 체계 자체가 흔들릴 수도 있다. 현재는 특허를 받기 위해서는 '그 분야에서 일반적인 수준의 기술을 가진 사람'이 해당 발명이 명백하지 않다고 생각할 수 있어야만 한다. 그러나 만약 발명을 한 자가 컴퓨터 쪽만으로 기운다면, 그 발명은 주전자에서 뜨거운 물이 나오는 것처럼 컴퓨터에서 나온 명백한 결과로 인정될 수도 있는 것이다.

기회는 준비된 사람에게 온다는 말이 있다. 만약 윌버 라이트가 고객을 응대하던 때에 비행기에 대해 생각하고 있지 않았다면, 유레카를 외치는 순간은 절대 오지 않았을지도 모른다. 창의적 소프트웨어는 이런 우연적인 연결을 더 쉽게 만들어줄 수 있다. "뜻밖의 발견을 알고리즘에 아웃소싱하는 겁니다." 보나보는 이렇게 말한다.

저녁 뭐 먹지?

똑같은 재료로, 똑같이 여러 번 먹어봤고 실패가 없는 내가 좋아하는 음식을 또 요리하고 있지는 않은가? '셰프 왓슨Chef Watson' 앱에게 도움을 받아보자. 이 앱은 IBM의 왓슨 슈퍼컴퓨터의 두뇌를 이용해 새로운 요리를 발명한다.

셰프 왓슨의 핵심은 대규모의 정보를 소화해 그 정보 덩어리 사이에서 연결성을 찾아내는 왓슨 슈퍼컴퓨터의 능력이다. 왓슨은 이미 퀴즈쇼 〈제퍼디!〉에서 우승하고, 뉴욕의 슬론 케터링 기념병원Memorial Sloan Kettering Hospital에서 암 진단을 도움으로써 그 거침없는 능력을 증명했다. 이제 왓슨은 분명히 더 어려운 일에 도전하고 있다. 창의력을 발휘해 사람들이 정말 먹어보고 싶어 할 만한 레시피를 발명하는 일이다.

IBM은 데이터를 얻기 위해 미국 레시피 사이트인 본아페티Bon Appetit와 제휴했다. 이 사이트는 재료, 요리 종류, 요리 스타일(예를 들어 케이준 요리 또는 태국 요리) 정보가 붙어 있는 9000개가 넘는 레시피의 데이터베이스를 보유하고 있다. 왓슨은 이 데이터베이스의 재료, 스타일, 레시피 단계 간에 통계적 상관관계를 구축하고 어떤 재료들이 보통 같이 쓰이고 각 요리 유형에서 보통 어떤 것이 요구되는지를 분석했다. IBM의 스티브 에이브럼스Steve Abrams는 이렇게 말한다. "왓슨은 이런 식으로 부리토, 햄버거, 수프에 모두 다른 재료가 들어간다는 사실을 알게 됩니다. 왓슨은 부리토에는 항상 뭔가 재료를 싸는 부분이 필요하고, 수프에는 항상 액체가 필요하다는 사실을 익힙니다. 이런 식으로 흘러내리는 부리토가 나오지 않게 되는 겁니다."

셰프 왓슨을 이용하려면, 이용자가 먼저 사용하고자 하는 재료를 입력한다. 그다음으로 왓슨의 실험 정도를 '안전하게 기존처럼'부터 '나를 놀라게 해봐'까지의 수준에서 결정한다. 그러면 왓슨은 최초 입력 재료와 보통 잘 어울린다고 생각되는 추가 재료, 스타일, 요리를 추천한다. 이용자는 '좋아요' 또는 '싫어요' 버튼을 눌러 재료들을 제외하거나 순위를 올릴 수 있다. 마지막으로 이용자가 검색 버튼을 누르면, 왓슨은 데이터베이스를 분석해 나중에 약간 변화를 가하면 다소 실험적인 요리로 변화시킬 수 있는 기본 레시피 목록을 제안한다.

이용자가 더 나아가길 원하면, 다양한 요리에서 등장하는 향미 화합물 데이터베이스까지 찾아 이론적으로 어울리는 재료들을 결합하는 데 쓸 수 있다. 예를 들어 보드카와 브뤼셀 싹양배추,[1] 콜리플라워[2]와 국화과 채소처럼 말이다. 사람들이 어떤 향미를 더, 또는 덜 좋아하는지에 대한 심리학적 연구와, 재료의 조합에 대한 '놀라움' 지수(이 지수가 높으면 레시피에서 함께 발견되는 경우가 적음을 뜻한다)도 고려한다.

이용자가 실험적인 단계로 나아갈수록, 재료들이 함께 잘 어우러지는 경우는 드물고 재료들이 갖고 있는 향미 화합물이 공통되는 경우를 더 많이 보게 될 것이다. "사람들이 전혀 생각해보지 않은 재료들이 잘 어울릴 수 있다는 사실을 알아내죠"라고 에이브럼스는 말한

---

1 미니양배추처럼 생긴 채소

2 하얀 브로콜리처럼 생긴 채소

다. 적어도 이론적으로는 그렇다. 실제로는 셰프 왓슨은 뭔가 이상한 대체조합 레시피를 추천하기도 한다. 크림파스타 요리에서 생크림이 우유 한 잔으로 대체될 수도 있다. 설정을 '나를 놀라게 해봐'까지 올리면, 왓슨은 참치를 넣는 파스타 요리에 거위고기 500그램이 필요하다고 이용자를 설득하려 할지도 모른다. 하지만 때로는 영감을 줄 수도 있다. 전통적인 검보^{gumbo} 요리[3]에서 쓰는 조개 육수를 일본요리의 다시 국물로 대체하는 아이디어는 성공적이다. 보통 사람이 시도해볼 생각도 못 했을 깊은 짭조름한 맛을 요리에 더해준다.

셰프 왓슨은 더 많은 곳에서 데이터를 모아 더 정교한 레시피를 만들고자 한다. 이미 위키피디아의 세계요리 페이지를 분석하고 있으며, 영양소 배분을 위해 미국 농무부 데이터베이스의 영양소 정보를 찾아보고 있다.

때로 등장하는 이상한 재료조합 문제는 별개로 하더라도, 셰프 왓슨이 기초 데이터에서 레시피를 만들어내는 방법에는 몇 가지 문제가 있다. 한 테스터는 셰프 왓슨이 계량 단위의 처리를 힘들어하는 것 같다는 사실을 알아냈다. 그리고 다른 테스터는 정확하게 554개의 노간주나무 열매를 요구하는 레시피를 발견했고, 또 두부 요리에 '가죽과 뼈'를 넣으라는 추천을 받았다고 한다.

---

3 미국 루이지애나 주 남부 요리를 부르는 말

개념 증명 : 수학 문제를 해결하는 소프트웨어

또 다른 인간의 노작인 순수수학은 영감에 의한 도약이 일어나는 특징이 있다. 소프트웨어는 이미 인간이 오랫동안 증명하려고 애써온 명제들을 해결하고 있다. 컴퓨터가 더 창의적인 역할도 해낼 수 있을까? 그렇다고 한다면, 미래의 컴퓨터는 인간의 뇌가 다루기에는 지나치게 복잡한 경지까지 수학자들을 데려다줄 수 있을 것이다.

2012년, 일본 교토대학교의 존경받는 수학자인 모치즈키 신이치는 자신의 웹사이트에 조밀성을 다루는 수학과 관련된 500페이지가 넘는 논문을 공개했다. 수년간의 노력이 함축된 역작이었다. 모치즈키의 우주 간 타이히뮐러 이론[4]은 수학계에서 전인미답의 영역을 다루어 기술했고, 수의 진정한 본질에 대한 장기 난제였던 ABC 추측을 증명하는 이론이었다. 다른 수학자들은 이 업적에 대해 찬사를 보내면서도, 확인을 위해서는 많은 노력이 필요할 것이라고 경고했다. 그 이후 아무 성과 없이 몇 달이 흘러갔다. 결국 누군가 이 이론의 일부를 이해하기 시작하기까지도 4년이나 걸렸다.

수학자에게 증명이 무엇인지 묻는다면, 아마 절대적으로 맞아야 하는 것, 주어진 출발점에서 부정할 수 없는 결론에 이르기까지의 논리적 단계를 철저하게 밟아가는 일련의 절차라고 답할 것이다. 하지만 그게 전부가 아니다. 수학자는 그냥 자신이 맞는다고 생각하는 바를 공개한 다음 넘어갈 수는 없다. 다른 사람들에게 자신이 어떤 실수도 범하지

---

4 타이히뮐러는 독일 수학자의 이름을 딴 위상수학에서의 개념적인 공간의 일종

않았다는 사실을 설득해야 하는 것이다. 정말 획기적인 수학적 증명인 경우 이런 절차는 매우 고통스러울 수 있다.

　사실은 아주 적은 수의 수학자들만이 자신의 일을 제쳐놓고 모치즈키의 증명과 같은 내용을 이해하기 위해 몇 달, 심지어 몇 년을 투자할 수 있다. 그리고 수학은 점점 세부 분야 내의 세부 분야로 분절되고 있기 때문에 이 문제는 점점 심각해진다. 어떤 이는 수학이 한계에 도달하고 있다고 생각한다. 정말 획기적인 발견은 다른 사람들이 확인하기엔 너무 복잡할 수 있기 때문에 많은 수학자들이 좀 더 해결가능성이 높으면서도 아마도 확실히 덜 중요한 문제를 다룬다. 어떻게든 해야 하지 않을까?

　어떤 사람들은 해결책이 디지털을 활용하는 것이라고 생각한다. 많은 수학자들이 이미 컴퓨터와 함께 연구를 하고 있다. 컴퓨터는 증명작업을 확인해 수학자에게 좀 더 창의적인 일을 할 수 있는 시간을 벌어줄 수 있다. 하지만 이로써 수학을 연구하는 방식이 바뀔 수도 있다. 게다가, 언젠가 컴퓨터는 스스로 진정 획기적인 연구성과를 만들어낼지도 모른다. 인간이 이런 변화를 따라갈 수 있을까? 그리고 인간이 따라갈 수 없는 날이 온다면 수학에서 이는 어떤 의미일까?

4색 문제

중요한 문제에서 컴퓨터 보조 검증을 사용한 첫 사례는 40년 전에 공개되었고 즉시 논란에 불을 댕겼다. 19세기 중반까지 거슬러 올라가는 수수께끼인 4색 정리에 대한 풀이였다. 4색 정리는 모든 평면지도는 4가지 색만으로 인접면에 같은 색이 없도록 칠할 수 있다는 명제다. 원하는 만큼 시도해서 이 정리가 참이라는 사실을 밝혀낼 수 있다(그림 5.3 참조). 하지만 4색 정리를 증명하려면 전체적인 경향과 맞지 않는 특이한 지도가 있을 수 있는 가능성을 완전히 제거해야만 한다.

1976년, 케네스 아펠과 볼프강 하켄이 한 증명이 그랬다. 먼저 이 문제를 5색이 필요한 1936개의 면이 있는 문제로 축소할 수 있다는 점을 보인다. 그리고 컴퓨터로 각각의 경우 잠재적인 반증사례를 확인한 다음, 4색만으로도 칠할 수 있음을 증명했다.

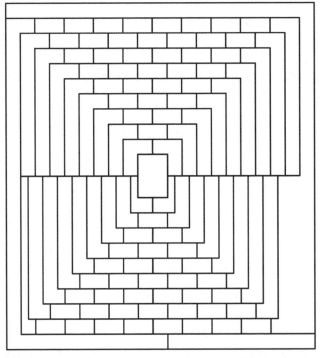

그림 5.3 어떤 평면지도에서도 4색만으로 인접면에 같은 색이 없도록 칠할 수 있어야 한다. 1970년대에 수학의 대중화를 위해 노력한 작가 마틴 가드너가 만든 위 지도를 이용해 직접 시도해보자

증명은 끝났다. 또는 그렇게 생각할 수 있다. 하지만 수학자들은 이와 같은 방식을 증명으로 받아들이려고 하지 않았다. 코드에 있었다면 어쩐단 말인가? 수학자들은 소프트웨어를 신뢰하지 않았지만, 누구도 이 1000여 가지 경우를 수작업으로 검증하고 싶어 하지 않았다. 이런 지적은 일리가 있다. 수학적 추측을 검증하는 소프트웨어를 확인하는 일은 전통적인 방식의 증명보다도 어려울 수 있고, 만약 소프트웨어 프로그래밍에 오류라도 있다면 그 결과는 전혀 신뢰할 수가 없다.

해결 방법은 소프트웨어로 소프트웨어를 확인하는 것이다. 증명 도우미로 알려진 유형의 프로그램을 사용하면 수학자들은 증명의 각 단계가 유효하다는 사실을 검증할 수 있다. 이 절차는 상호작용 기반이다. 프로그램에 명령을 입력하면 이 프로그램이 마치 맞춤법 검사기처럼 명령을 검증한다. 그런데 증명 도우미에 오류가 있다면? 일어날 수 있는 일이지만, 증명 도우미는 보통 작은 프로그램이라 상대적으로 수작업 검증이 쉽다. 게다가, 프로그램을 반복해서 실행할수록, 프로그램이 오류 없이 잘 돌아가고 있다는 증거를 축적할 수 있다.

지루한 세부사항

하지만, 증명 도우미를 사용한다는 것은 새로운 연구 방식을 받아들이는 일이다. 수학자들은 증명을 작성할 때 지루한 세부사항들은 생략한다. 예를 들어 매번 미적분학의 기초를 늘어놓을 필요는 없다. 하지만 이런 지름길 방식을 컴퓨터에 쓸 수는 없다. 컴퓨터가 증명을 하려면 바보라도 설명할 수 있는 2+2는 왜 4인지와 같은 명백한 명제를 포함해 모든 논리적 단계를 해명해야만 한다.

기계는 어떻게 생각하고 학습하는가

인간이 작성한 증명을 컴퓨터 언어로 바꾸는 작업은 아직 연구 중인 분야다. 증명 하나가 몇 년이 걸릴 수도 있다. 2005년 나온 초기 성과 중 하나는 영국 케임브리지 마이크로소프트 리서치의 조르주 공티에Georges Gonthier와 동료들이 4색 정리의 증명을 모두 컴퓨터가 읽을 수 있는 형식으로 바꾸어 업데이트한 것이다. 그 전의 증명은 1976년 아펠과 하켄의 증명 이후 계속 인간의 공간적 직관을 이용하는 그래프 이론이라는 수학 분야에 기반하고 있었다. 지도 위의 지역이라는 개념은 인간에게는 자연스럽지만 컴퓨터에게는 그렇지 않다. 따라서 모든 작업을 다시 재검토할 필요가 있었다.

공티에는 예전 증명 중 너무 명백해 보여서 널리 참으로 받아들여지고 있었던 부분에, 굳이 살펴볼 필요가 없다는 생각 때문에 한 번도 검증된 적이 없는 가정이 포함되어 있는 것을 발견했다. 이 가정이 결국 옳다고 밝혀지긴 했지만, 수학 증명 절차에 조금 더 정밀함이 필요함을 보여준 사건이었다. 공티에는 말한다. "프로그램에서는 모든 것을 대수학으로 바꿔야 하고, 그렇게 하려면 좀 더 정밀해져야 합니다. 이런 정밀함은 결국 제값을 합니다."

그러나 4색 정리 공략은 시작에 불과하다. 공티에는 이렇게 말한다. "수학의 나머지 분야는 상대적으로 컴퓨터 검증을 거의 사용하고 있지 않습니다. 4색 문제는 뇌풀기 수준이었던 거죠." 그래서 공티에는 1960년대의 집합론 분야의 기초 대증명인 파이트–톰프슨 정리Feit-Thompson theorem로 넘어갔다. 오랜 세월 이 증명은 수립되고 고쳐 쓰여 결국 두 권의 책으로 공개되었다. 공티에는 이 정리를 컴퓨터 형식화해, 서로 나른 수학 분야에서의 나앙한 이론들을 조금씩 포함한 꾁 산 증명도 컴퓨터가 소화할 수 있다는 사실을 보여줄 수 있기를 바랐다. 완벽한 실험 사례였다.

받아들여지지 않은 증명

실험은 성공했다. 프로젝트 중에, 공티에의 연구팀은 책에 있는 몇 가지 사소한 실수들을 찾아냈다. 쉽게 고칠 수 있는 수준이긴 해도 결국 지금까지 어떤 인간 수학자도 잡아내지 못한 실수였다. 공티에에 따르면, 사람들이 그때 이 연구를 주목하게 되었다. "얼마나 멋진 성과였는지 칭송하는 편지들이 많이 왔습니다." 이 두 사례에서는 결과가 옳다는 사실 자체는 의심받아본 적이 없었다. 공티에는 이미 인정된 수학을 선택해 컴퓨터를 위해 그 형식을 번역했다. 하지만 몇몇 수학자들은 자신의 증명이 받아들여지도록 하기 위해서 이 방식으로 다시 작업을 해야만 했다.

1998년 펜실베이니아 주 피츠버그 대학교의 토머스 헤일스Thomas Hales는 오늘날 모치즈키 교수가 겪었던 상황과 비슷한 상황에 놓였다. 여러 개의 구를 쌓는 가장 효율적인 방법에 관한 400년 묵은 문제인 케플러의 추측을 입증하는 300페이지 증명을 공개한 참이었다. 4색 정리와 마찬가지로, 경우의 수는 수천 가지 배열이 될 수 있었다. 헤일스와 그의 학생인 새뮤얼 퍼거슨Samuel Ferguson은 이 경우의 수를 모두 확인하기 위해 컴퓨터를 이용했다.

헤일스는 결과를 『수학연보Annals of Mathematics』 학회지에 제출했다. 5년 후, 논문 검토자들은 증명이 옳다는 사실을 99퍼센트 확신한다고 발표했다. "수학 분야의 논문심사자들은 보통 컴퓨터 코드를 확인하고 싶어 하지 않습니다. 자신의 일로 생각하지 않는 거지요." 헤일스는 말한다. 헤일스는 증명이 옳다는 사실을 확신하고, 2003년 증명 도우미로 확인할 수 있는 방식으로 다시 증명 작업을 시작했다. 실질적으로 작업을 완전히 다시 시작해야 하는 일이었다. 이 프로젝트를 끝내기까지 10년 이상이 걸렸다.

공티에와 헤일스의 연구는 컴퓨터가 수학에서 중요한 분야의 발전을 도울 수 있다는 사실을 보여준다. "우리가 지금 하고 있는 수학에서의 대정리 증명은 10년 전에는 멀고 먼 꿈에 가까웠습니다." 헤일스는 말한다. 하지만, 증명 도우미와 같은 발전에도 불구하고 컴퓨터로 무언가를 증명하는 일은 아직도 엄청나게 고된 절차다. 대부분의 수학자는 이런 일을 굳이 하고 싶어 하지 않는다.

그렇기 때문에 어떤 수학자들은 다른 방향을 연구하고 있다. 미국 뉴저지 주 프린스턴에 있는 프린스턴 고등연구소의 블라디미르 보예보츠키는 증명 도우미를 더 쓰기 쉽게 만드는 대신, 오히려 수학자들이 좀 더 컴퓨터를 잘 받아들일 수 있도록 하려고 한다. 보예보츠키는 이를 위해 수학의 기초를 재정의하고 있다.

유형화

이는 심오한 문제다. 수학은 현재 본질적으로 집합원소들의 묶음을 연구하는 집합론의 관점에서 정의되고 있다. 예를 들어, 숫자 0은 아무 원소도 없는 묶음인 공집합으로 정의된다. 1은 한 개의 공집합을 포함한 집합으로 정의된다. 여기에서 출발해 무한의 숫자들을 구성할 수 있나. 대부분의 수학자들은 매일매일 이 문제를 고민하기보다는 수학자들 사이에서는 불필요한 세부사항까지 얘기할 필요 없이 이해하고 받아들일 수 있는 당연한 전제로 생각한다.

컴퓨터에는 이런 전제가 통하지 않고, 그래서 문제가 된다. 특정한 수학적 대상을 집합의 관점에서 정의할 수 있는 방법은 여러 가지가 있다. 인간에게는 문제가 안 되지만, 만약 두 개의 컴퓨터 증명 방식이 같은 대상에 대해 다른 정의를 사용한다면 서로 호환될 수 없을 것이다. 보예보츠키는 말한다. "이런 경우 결과만 비교해서는 안 됩니다. 본질적으로 서로 다른 정의에 기반하고 있기 때문입니다. 지금까지 있었던 수학의 기초는 모든 것을 정밀한 형태로 표현하길 원할 때는 잘 통하는 형태가 아닙니다."

보예보츠키가 택한 대안적 접근법은 집합을 유형으로 바꾸는 것이다. 이는 수학적 대상을 정의하는 더 엄격한 방식으로, 이 정의 방식에서는 모든 개념이 정확히 하나의 정의만 갖게 된다. 유형 기반 증명에서는 스스로 유형을 만들 수도 있는데, 이는 집합론에서는 할 수 없었던 일이다. 덕분에 수학자들은 아이디어를 나중에 컴퓨터 형식으로 번역하는 게 아니라 증명 도우미를 통해 바로 컴퓨터 형식화할 수 있게 되었다. 2013년에 보예보츠키와 동료들은 이 새로운 기초에 대한 원리를 설명하는 책을 발간했다. 보예보츠키는 기준을 반대로 뒤집어서, 먼저 증명 도우미로 책을 작성한 다음, 좀 더 인간이 읽기 쉬운 결과를 만들어내도록 '비형식화' 작업을 했다.

이 역방향 작업 방식은 수학자들이 생각하는 방식을 바꾼다고 공티에는 말한다. 게다가 대규모 수학자들 그룹 간에 서로의 작업을 지속적으로 확인할 필요가 없기 때문에, 더욱 밀접하게 협업이 일어날 수 있다.

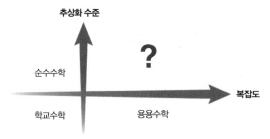

그림 5.4 복잡도도 매우 높고 추상화 수준도 매우 높은 수학은 아마 인간의 능력 밖의 일일 것이다. 어떤 사람들은 컴퓨터가 인간을 위해 이 신세계를 열어줄 수 있을 것이라고 생각한다.

그리고 덕분에 증명 도우미가 현역으로 활동 중인 수학자에게 도움이 될 수 있다는 생각이 공감을 얻기 시작했다.

이건 시작에 불과할 수도 있다. 보예보츠키의 재정의로 인해 수학을 컴퓨터가 이해하기 쉬운 형태로 만듦으로써 인간은 새로운 지평으로 나아갈 수도 있다. 보예보츠키가 보기에 수학은 사분면으로 나뉘어 있다(그림 5.4 참조). 응용수학(예: 날개 위의 공기 흐름을 모델링하는 일)은 복잡도가 높지만 추상화 수준은 낮다. 순수수학(인간의 일상과 거리가 먼 책 속 수학에 가까운 종류)은 복잡도가 낮지만 추상화 수준은 높다. 그리고 학교 수준의 수학은 복잡하지도 않고 추상화 수준도 낮다. 그런데 네 번째 사분면에는 무엇이 들어갈까?

남겨진 채로

"현재 복잡도도 높고 추상화 수준도 높은 영역으로까지 가기에는 어렵습니다. 사실 인간의 머리와 잘 안 어울리는 영역이기 때문이죠. 어떻게든 인간에게 없는 능력을 요구하는 겁니다." 보예보츠키는 말한다. 인간은 아마도 컴퓨터와 함께 일함으로써, 이 네 번째 사분면의 세계에 진입할 수 있을지도 모른다. 그 어느 때보다 지금 우리는 더 크고, 더 어렵고, 더 추상화된 문제들을 증명하면서 수학 정복 수준을 궁극적인 단계까지 올리고 있다.

그 대신에, 아마도 인간은 뒤에 남겨질 것이다. 2014년 영국 리버풀 대학교의 알렉세이 리시차[Alexei Lisitsa]와 보리스 코네프[Boris Konev]는 컴퓨터 보조 증명을 하나 공개했는데, 이 증명은 너무 길어서, 위키피디아의 용량과 거의 비슷한 총 13기가바이트에 달했다. 증명의 각 줄은 읽을 수 있는 형태였지만 인간이 전체 결과를 살펴보고자 한다면 몇 번 다시 태어나도 부족할 것이다.

리시차와 코네프는 그 이후 코드를 최적화해서 증명의 길이를 800 메가바이트까지 줄였다. 매우 많은 개선이 이루어지기는 했지만 여전히 읽어보는 게 불가능한 수준이다. 인간의 관점에서는 거의 차이가 없다. 만약 누군가가 이와 같은 내용을 읽는 데 인생을 바친다 하더라도, 여전히 사진을 픽셀 단위로 연구하는 것과 마찬가지로 영원히 큰 그림을 볼 수 없는 작업이 될 것이다. "그러면 뒤에 숨은 아이디어를 볼 수 없을 겁니다." 리시차는 말한다.

훨씬 더 큰 척도에서 일어나는 일이기는 하지만, 상황 자체는 4색 정리의 최초 증명 때와 비슷하다. 이때 수학자들은 모두 찾는 방식의 컴퓨터 탐색이 정확한지 확신할 수 없었다. 리시차는 말한다. "이런 방식에서는 왜 그 결과가 참인지 여전히 알 수 없습니다. 대상이 너무 크기 때문에 인간의 이해의 한계를 넘는 것 같습니다."

미국 뉴저지 주 뉴어크에 있는 럿거스 대학교의 도론 자일버거[Doron Zeilberger]는 인간 수학자가 더 이상 공헌할 게 없는 시기까지도 올 것이라고 생각한다. 자일버거는 말한다. "다음 100년간 인간은 컴퓨터를 지도하는 코치 역할을 하기 위해 필요할 겁니다. 그 이후에도 인간은 수학을 지적 스포츠처럼 할 수 있겠죠. 그리고 오늘날 인간 체스 플레이어가 이미 기계에 비하면 훨씬 부족한 실력이지만 다른 인간을 상대로 체스를 두는 것처럼 다른 인간을 상대로는 게임을 즐길 수 있을지도 모릅니다."

자일버그는 매우 극단적인 경우다. 자일버거는 자신의 컴퓨터에 붙인 샬로시 B. 에크하드[Shalosh B. Ekhad]라는 별명을 자신의 논문에 수십 년간 공동저작자로 올려왔다. 그리고 인간은 기계를 학습시키는 데 집중하기 위해 펜과 종이를 치워야 한다고 생각한다. 자일버거는 말한다. "수학자가 시간을 가장 최적화해 사용하는 방법은 지식 전수입니다. 컴퓨터에게 모든 기법을 학습시켜서 이후의 일을 맡기는 겁니다."

정신적 분야

하지만 대부분의 수학자들은 인간의 이해를 넘는 증명을 대량으로 찍어내는 소프트웨어라는 개념에 분노한다. "컴퓨터가 수학자를 대체할 것이라는 생각은 잘못되었어요." 공티에는 말한다.

게다가, 컴퓨터 수학자는 점점 가속화되고 있는 읽히지 않는 논문들의 생산을 더 부추길 위험이 있다. 과학적 성과들은 마땅히 받아야 할 관심과 보상을 받지 못하는 경우가 꽤 있지만 이 문제는 현재 특히 수학 분야에서 두드러진다. 2014년, 매달 2000건이 넘는 수학 논문이 온라인 저장소인 arXiv.org에 기고되었다. 다른 어떤 분야보다도 많고, 그 비율은 너욱 높아지고 있다. 이렇게 많은 새로운 껼과가 등장하면서, 많은 수가 관심을 받지 못하고 사라진다. 한 가지 해결 방법은 공개되는 논문을 모두 읽고 인간이 중요한 내용을 확인할 수 있도록 돕는 소프트웨어를 개발하는 것이다.

하지만 공티에는 이런 생각이 핵심을 놓치고 있다고 생각한다. "수학은 증명을 찾는 것이라기보다는 개념을 찾는 것입니다." 공티에는 말한다. 수학은 본질적으로 항상 감시 아래 있는 학문이다. 보예보츠키에 따르면, 만약 인간이 증명을 이해할 수 없다면 이를 수학으로 여길 수가 없다. "수학의 미래는 응용학문이라기보다는 더 정신적인 분야에 있습니다. 수학의 중요한 기능 가운데 하나는 인간의 정신을 발달시키는 것입니다."

그러나 이런 논의는 모두 모치즈키 신이치 교수에게는 너무 늦었을 수 있다. 모치즈키의 연구는 현재의 수학계 주류에서 너무나 벗어나 앞서간 내용이어서 원래 증명을 만드는 것보다 컴퓨터로 확인하는 작업이 훨씬 더 어려울 수 있다. "모치즈키 교수의 연구를 형식화하는 것이 가능할지조차도 알 수 없군요." 헤일스는 이렇게 말했다. 지금으로서는 인간이 최종 심판자로 남아 있다. 아무리 우리 스스로를 항상 믿을 수는 없다 하더라도 말이다.

기계는 어떻게 생각하고 학습하는가

6장
창작하는 기계

— 예술을 하고 이야기를 하는 인공지능의 세상

기계는 스스로 이야기를 만드는 방법, 작곡을 하는 방법,
그림을 그리는 방법을 학습하면서 예술세계에 발을 들이고 있다.
인간이 할 때는 주저 없이 이런 일들을 창의적인 일이라고
말할 수 있다. 기계에 대해서도 똑같은 말을 하는 게
편안해지는 날이 올 것인가?

플롯 봇 : 인공지능이 만든 이야기

만약 바나나를 무서워하는 원숭이가 있다면 어떨까? 만약 어떤 사람이 어느 날 아침 일어났는데 개로 변해 있었지만 여전히 전화를 쓸 수 있다면 어떨까? 만약 문이 없는 집이 있다면 어떨까? '만약 기계'What-if Machine'는 이야기를 만들어내는 것을 좋아하는 인간과 상당히 비슷하게 능동적인 상상력을 발휘한다. 인간은 즐기기 위해, 경험을 공유하기 위해, 그리고 사물을 이해하기 위해 이야기를 만든다. 작가 필립 풀먼이 말했듯이, "먹을 것, 쉴 곳, 그리고 동반자 다음으로, 이야기는 우리가 세상에서 가장 필요로 하는 것이다."

　하지만 이제 곧 인간만이 이야기를 쓰는 날은 끝날 것이다. 런던 골드스미스 대학교의 테레사 랴노Teresa Llano와 동료들이 개발하고 있는 '만약 기계'와 같은 시스템은 개연성을 만드는 기술을 훈련받고 있다. 그 결과는 역대 가장 인간과 비슷한 인공지능 중 하나가 될 수도 있다. "우리는 인공 인간을 만드는 일을 하고 있다기보다는 인간을 좀 더 잘 이해하고 인간과 상호작용을 더 잘할 수 있는 컴퓨터를 만드는 일을 하고 있습니다." 아일랜드에 있는 유니버시티 칼리지 더블린의 토니 빌Tony Veale은 말한다. 빌은 '만약 기계' 프로젝트에도 참여하고 있다. "인간은 이야기를 좋아합니다. 그러니까 컴퓨터도 그 욕구에 부응하게 만들 필요가 있습니다."

이런 컴퓨터를 만들기 위해서는 컴퓨터가 인간이 보는 것처럼 세상을 볼 필요가 있다. 인공지능으로서는 엄청난 도약이다. 많은 사람들이 인공지능에서 가장 어려운 과제 중 하나라고 여기는 것도 무리가 아니다. 하지만 진전을 보이고는 있다. 그 결과는 이야기를 즐기는 새로운 방식만이 아니라 세계를 이해하는 새로운 방식까지 나올 수 있을 것이다.

이야기를 만드는 건 쉽지 않다. 대상들이 실제와 다른 무언가인 것처럼 생각해야 한다. 풀어가야 할 인물과 동기가 있다. 나아가 구성요소들을 모두 묶어주는 서사가 있다. 그리고 중요한 것은 좋은 이야기는 지루할 정도와 말도 안 되는 정도 사이의 어딘가에 있어야 한다는 점이다. "이야기 만들기는 컴퓨터공학에서 가장 큰 문제 중 하나를 공략하는 일입니다." 영국 팰머스 대학교의 마이클 쿡Michael Cook은 말한다. 최적의 인물을 선택하는 일부터 이야기에 마음을 사로잡는 관점을 부가하는 일, 개별 문장과 자연스러운 언어를 만들어내는 일의 세부사항에 이르기까지 모든 것을 고려해야 한다.

1970년대에 인공지능으로 이야기를 만드는 초기 연구는 서사를 함께 묶는 데서 나오는 인과관계 문제에 집중했다. 이런 초기의 영향력 있는 프로그램 중 하나는 어바인에 있는 캘리포니아 대학교의 제임스 미헌James Meehan이 1977년에 개발한 '테일스핀Tale-Spin'이다. 이 소프트웨어는 이솝우화처럼 동물과 관련된 이야기를 만들어낸다. 이용자는 각 인물에게 목표를 주고 그 목표를 달성하기 위한 계획에 대한 자료들을 준다. 이용자가 목표와 계획의 조합을 정확히 선택하면, 인물은 마치 서사가 창조된 것처럼 행동한다.

인물의 동기

하지만 이런 시스템은 복불복 방식이었다. 인물의 행동을 원하는 결론으로 끌고 가기 위해 저자가 만든 목표를 부여하는 기능이 적용되면서 큰 발전이 이루어졌다. 이제 인물은 상호독립적으로 행동하지 않고 '모두 영원히 행복하게 살았답니다'이거나 그게 아닌 결과를 향해 가도록 행동을 조정할 수 있게 되었다. 하지만 너무 많이 조정하면 만족스럽지 않거나 현실적이지 않은 이야기가 나와버린다. 그리고 모든 인물들이 작가의 목표를 실현하기 위해 함께 움직이고 있다는 인상을 주게 된다.

조지아 공과대학교의 마크 리들Mark Riedl이 수행하고 있는 이야기 만들기 연구는 디즈니나 미국 방위고등연구계획국과 같은 다양한 회사 및 기관에서 지원받고 있다. 이 연구는 인공지능 시스템에서 미리 짠 듯한 행동을 피하고 인물에 동기를 부여하는 방식으로 문제를 해결하려고 한다.

속보:봇이 특종을 잡아내다

2014년 3월 17일 오전 6시 28분, 『로스앤젤레스타임스』는 지진이 캘리포니아를 뒤흔든 지 겨우 3분 만에 이 지진을 다루는 기사를 게재했다. 기사 문구는 정보를 풍부히 담고 있었지만 건조했다. "미국 지질조사국 발표에 따르면, 월요일 아침 캘리포니아 주 웨스트우드에서 5마일 떨어진 곳에서 진도 4.7의 얕은 지층 지진이 보고되었다. 지진은 태평양 시간 오전 6시 25분에 5.0마일 깊이 진원에서 발생했다." 신문사의 기자이자 프로그래머인 켄 슈웽키Ken Schwencke의 이름으로 게재된 기사였다. 하지만 사실은 인간의 개입 없이 기사를 전부 작성한 슈웽키의 컴퓨터에게 공이 돌아가야 마땅했다.

독자들이 굳이 알 필요는 없었을 것이다. 당시 슈웽키의 기사보다 이른 시기에, 스웨덴에 있는 칼스타드 대학교Karlstad University의 크리스터 클레어볼Christer Clerwall은 46명의 학생들에게 미국 미식축구 프로리그의 게임에 대한 두 개의 기사 중 하나를 읽게 하고 기사의 품질과 신뢰성을 평가하도록 했다. 학생들에게는 알리지 않았지만 두 기사 중 하나는 『로스앤젤레스타임스』 기자가 소프트웨어로 생성한 기사였다. 이 컴퓨터 생성 요약기사를 읽은 27명 중 거의 반 정도가 인간이 쓴 기사라고 생각했다.

사실에 기반한 속보 형태의 컴퓨터 생성 기사는 점점 더 널리 보급되고 있다. 그 이유는 뉴스 기사가 사실을 건조하고 간결하게 보여주는 성격 때문에 자동 생성에 적합하기 때문이다. 창의적인 글쓰기와는 또 다른 문제다. 완전한 이야기는 일상에서 보는 대상에 대한 인간의 함축적 인식을 이용해 전달된다. 헤밍웨이의 영어 여섯 단어로 이루어진 비극작품을 생각해보자. "아기신발을 팝니다. 한 번도 신지 못했습니다." 이런 글쓰기는 뉴스 기사를 작성하는 수준을 아득히 넘어 세상과 밀접히 관련된 지식을 요구한다.

기계는 어떻게 생각하고 학습하는가

초기 인공지능의 또 다른 문제는 미리 입력된 지식에 의존하다 보니 소위 인공지능의 상상력이라고 부를 수 있는 능력이 제한적이었다는 점이다. 새로운 인공지능 이야기꾼 세대에서는 급속히 발전하고 있는 부분이다. 예를 들어, 리들이 개발한 인공지능 중 '셰에라자드'라는 이름의 인공지능은 질문을 통해 학습한다. 셰에라자드는 이야기 내에서 두 인물을 식당에서 만나게 하는 방법과 같이 어떤 일을 일어나게 할 수 있는 방법을 찾을 수 없다는 사실을 인지했을 때 인터넷에 질문을 올린다. 그러면 아마존의 '메커니컬 터크Mechanical Turk'와 같은 크라우드 소스 플랫폼을 쓰는 사람들이 서로 다른 시나리오에서 일어날 수 있는 일에 대한 예시, 즉 첫 데이트나 은행 강도와 같은 예를 작성해준다. 셰에라자드는 이런 예시를 통해 새로운 상황을 학습하고 이야기에 짜 넣는다.

이야기에서의 변화

좋은 이야기가 되기 위해서는 물론 사건을 하나하나 나열하는 식이기만 해서는 안 된다. 사람들은 종종 식상한 내용에서 예상치 못한 반전이 나올 때 즐거움을 느낀다. 대상이 어떤 특징을 가지고 있는지, 또는 어떤 문화적인 의미를 담고 있는지 이해하는 것이 매우 중요하다. 이야기꾼은 이런 이해를 통해 독창적이고, 창의적이며, 놀라움을 주는 글을 쓸 수 있다. "인공지능에게 주전자가 무기로 사용될 수 있다는 사실을 어떻게 가르칠 수 있을까요? 주전자는 그런 식으로 사용된 적이 거의 없는데 말입니다." 쿡은 이런 질문을 던진다.

컴퓨터가 부수히 않은 다른 제계와 손재하는 의미를 꽤 괜찮게 이해해 보여줄 수 있다고 하더라도, 뭔가를 새로 만들어내기는 여전히 어렵다. 한 예로 '만약 기계'가 쓰는 기법은 세계에 대해 이해한 바를 반전시키는 것이다. 원숭이는 바나나를 좋아한다. 만약 원숭이가 반대로 바나나를 무서워하면 어떻게 될까? 집에는 문이 있다. 만약 집에 문이 없다면 어떻게 될까?

그래도 인공지능이 만들어낸 내용이 새로운 것인지 판단하려면 이미 존재하는 것들과 비교해야만 한다. "곰이 가구의 일부인 경우에 대한 생각을 해내고, 이런 혁신적인 곰 의자 혼종이 참신한 아이디어인지 궁금하다고 합시다." 쿡은 말한다. 그래서 알고 있는 모든 종류의 곰과 가구를 찾아보고 겹치는 경우가 있는지를 본다.

하지만 인공지능의 참신함에 대해 판단할 때는 인공지능이 정보를 찾아보는 데이터베이스의 한계를 넘을 수 없다. "어떤 인공지능은 정말 멋진 새로운 동물을 생각해낼 수 있습니다." 쿡은 말한다. "날지 못하는 새 말이죠!" 만약 인공지능이 아는 모든 새가 날 수 있다면, 이 아이디어는 참신함 척도에서 높은 점수를 받을 것이다. 하지만 펭귄을 데이터베이스에 넣는 순간 이 아이디어는 더 이상 참신하기 어렵다.

이번에도, 인간으로부터 학습하는 일이 도움이 될 수 있다. 하지만 있을 법한 이야기를 만들기 위해서는 곰 의자나 날지 못하는 새보다 더 많은 것이 필요하다. 리들에게는 이야기를 재미있게 만들기 위한 핵심 요건은 관련된 사건들을 예상할 수 있느냐 아니냐다. 은행 강도 이야기에서 모든 사건이 식상하게 흘러간다면 아무도 감탄하게 할 수 없을 것이다. 서사 이론가들은 종종 이야기에 어느 정도 관행을 깨는 내용이 들어간 경우에만 들을 가치가 있다고 말한다.

기계는 어떻게 생각하고 학습하는가

하지만 무엇이든 과거의 규칙을 깨기만 하면 되는 건 아니다. 어떤 관행 깨기는 너무 사소하거나, 또는 전혀 말이 되지 않을 수 있다. 인공지능이 규칙을 깨는 것이 도움이 될지, 아니면 해가 될지 항상 예측하기는 어렵다. 인공지능은 비전형적인 상황을 다루기 전에 먼저 전형적인 상황을 완전히 이해해야 한다.

이런 덫에서 컴퓨터를 구해내는 방법 중 하나는 은유를 가르치는 것이다. "은유는 인간이 한 영역에서 다른 영역으로 지식을 확장하고 투사할 수 있는 인지적 지렛대입니다." 빌은 말한다. 예를 들어, "인생은 게임이다"라는 말은 인간의 "인생"에 대한 개념을 확장시킨다. 빌은 컴퓨터에게 비슷한 지렛대를 쥐여주기 위해 구글이 캐시로 저장한 페이지 문장에서 자주 나오는 은유를 학습하는 '메타포 마그넷Metaphor Magnet'이란 프로그램을 개발했다. 이 프로그램은 유의어 사전을 활용해 은유에서 나온 개념을 풀어 다른 은유를 찾아낸다.

세 개의 소설 공장

편안하게 소설을 읽을 자리를 찾았는가? 최신의 이야기 생성 인공지능은 먼저 인간 세상이 어떻게 돌아가는지를 이해해서 이야기를 만들어내는 방법을 학습하고 있다. 어떤 인공지능들은 크라우드소스 플랫폼을 뒤져 첫 데이트나 은행 업무와 같은 활동에 대한 질문을 찾는다. 또 다른 인공지능들은 콘셉트넷과 같은 온라인 데이터베이스를 찾아 일상적인 대상물에 대해 알고 있는 사실을 확장하고, 그다음으로 이 사실들을 뒤집어 소설을 창작한다. 아래는 현재 존재하는 이러한 시스템들의 사례다.

셰에라자드

조지아 공과대학교의 마크 리들과 동료들이 개발한 셰에라자드는 인터넷을 통해 알 수 있는 모든 세상에 터 잡은 이야기를 할 수 있다. 셰에라자드는 아마존의 메커니컬 터크와 같은 크라우드소스 플랫폼을 활용해, 사람들에게 은행 강도 같은 다양한 시나리오에서 일어날 수 있는 행동의 예시를 요청한다. 다음은 이 플랫폼 이용자가 보낸 답변의 일부다.

존은 은행 문을 열었다.
존은 열린 은행 문 안으로 들어갔다.
존은 은행을 둘러봤다.
은행 직원인 샐리가 존을 불렀다.
존은 샐리에게 접근했다.
샐리는 존에게 미소를 지었다.
존은 샐리에게 인사했다.
존은 샐리에게 자신이 총을 갖고 있다고 말했다.

셰에라자드는 이러한 일련의 행동들을 이어 붙여 어떤 행동들이 가능한지 확인하고, 또 적절한 행동의 순서를 만든다. 그리고 정해진 영역 내에서의 창작 이야기 묶음에 이 작은 이야기snippet를 집어넣는다. 다음은 은행 강도 시나리오에 기초한 결합물이다.

존은 잘하는 짓인지 고민하면서 다시 깊은 숨을 들이쉬고, 은행에 들어갔다. 존은 마지막 사람 뒤에 줄을 서서 자신의 차례가 올 때까지 기다렸다. 존 앞에 선 사람이 볼일을 끝냈을 때, 존은 천천히 샐리에게 다가갔다. 은행 직원은 얘기했다. "안녕하세요. 저는 샐리입니다. 무슨 일을 도와드릴까요?" 샐리는 존이 수상하게 보였기 때문에 그가 접근하자 무서워졌다. 존은 재킷 주머니에 숨겨뒀던 권총을 꺼냈다. 존은 샐리에게 총을 겨누면서 단호한 시선을 보냈다. 샐리는 무척 겁을 먹고 죽을지도 모른다는 공포로 소리를 질렀다. 존은 거칠고 쉰 목소리로 돈을 요구했다. 존은 카운터에 빈 가방을 던졌다. 존은 샐리가 가방을 채우는 것을 지켜보다가 돈을 담는 일이 다 끝나자마자 가방을 낚아챘다. 샐리는 슬프게 흐느끼며 눈물이 얼굴을 타고 흐르는 것을 느낄 수 있었다. 존은 은행에서 빠르게 걸어 나가 차에 올라타고는 옆 좌석에 돈가방을 던져 넣었다. 존은 트럭 문을 닫았고, 타이어 소리를 울리며 주차장에서 차를 빼 달아났다.

다음은 같은 방식으로 생성한 영화 데이트에 대한 이야기다.

땀에 젖은 손과 두근대는 심장을 부여잡고 존은 첫 데이트를 위해 운전해 샐리의 집에 갔다. 샐리는 예쁜 흰 원피스 자락을 바람에 휘날리며 조심스럽게 존의 차에 탔다. 존과 샐리는 영화관에 갔다. 존과 샐리는 주차장에 차를 댔다. 존은 준비된 느낌을 갖고 싶어서 미리 영화표를 사뒀다. 창백한 얼굴의 점원이 문 앞에 서 있었다. 존은 표를 보여줬고 커플은 영화관에 들어갔다. 샐리가 목이 말랐기 때문에 존은 영화 시작 전에 서둘러 음료수를 사왔다. 존과 샐리는 영화관 뒤쪽에서 적당한 두 자리를 찾았다. 존은 자리에 앉아 팔걸이를 올려 둘이 바싹 붙을 수 있게 했다. 존은 영화가 상영되는 동안 샐리에게 더 관심이 가 있었고 불안하게 음료수를 마셨다. 마침내 용기를 끌어올려, 존은 샐리의 어깨를 감싸기 위해 팔을 뻗었다. 그는 그녀가 더 가까이 붙어오자 편안해지면서 황홀한 기분을 느꼈다. 샐리는 영화 중간에 일어나 화장실에 갔는데, 나가기 전에 존에게 수줍은 듯이 웃어 보였다. 존과 샐리는 영화 내내 손도 잡고 있었다. 존의 손이 땀으로 축축했는데도 말이다. 존과 샐리는 천천히 자리에서 일어났다. 존은 여전히 샐리의 손을 잡고 영화관을 종종걸음으로 떠나는 사람들의 미로를 빠져나와 차로 돌아왔다. 둘이서 어두운 극장을 떠나 거리로 나올 때, 존이 샐리를 위해 문을 열고 잡아주는 순간 밝은 햇빛이 잠깐 존의 시야를 가렸다. 존은 샐리의 손을 놓아주고 차의 조수석 문을 열어줬지만 그녀는 차에 타는 대신 한 발짝 앞으로 나가 그를 끌어안고 진하게 키스를 했다. 존은 샐리를 집에 데려다줬다.

유랑축전기

유니버시티 칼리지 더블린의 토니 빌과 동료들은 이야기의 단초로 활용할 수 있는 '인물 호$^{character\ arc}$[1]'를 생성하는 시스템을 개발했다.

---

1 어떤 등장인물의 여러 측면과 관계, 변화를 곡선(호)으로 보여주는 설정상의 개념

기계는 어떻게 생각하고 학습하는가

이 '유량축전기'^{Flux Capacitor}'2는 은유 생성기를 이용해 개념들을 결합해서 '역할 전환'을 한다. 예를 들어, 반대 개념 두 가지인 '귀여운'과 '무서운'을 선택해서 '귀여운 광대들' 또는 '무서운 마법사들'처럼 적절한 역할에 붙인다. 그리고 세상에 대한 기초지식을 이용해 이러한 역할들을 한데 묶어 개연성 있는 인물 호로 구성한다. 몇 가지 예시는 아래와 같다.

- 무엇이 귀여운 광대들이 서커스에서 은퇴해 강령술을 공부해서 무서운 마법사들이 되도록 이끌었는가?
- 무엇이 항의하는 시위자를 행진에 질리게 해 믿음을 갖고 항의하지 않는 추종자로 만들었는가?
- 무엇이 명성 높은 기자를 뉴스 매체에서 잘리게 하고, 관음증에 빠져 추잡한 변태가 되도록 했는가?
- 무엇이 멍청한 배우가 연기를 그만두고 신도들을 끌어모아 경건한 신부가 되게 했는가?
- 무엇이 허름한 걸인으로 하여금 집을 되찾고, 의대에 진학해 깔끔한 외과의사가 되게 이끌었는가?

유량축전기는 @MetaphorMagnet 트위터 계정으로 생성 결과들을 트윗으로 공개하고 있으며 연구팀은 이 시스템을 더 개선하기 위해 팔로워들의 피드백을 요청하고 있다.

---

2 SF영화에서 시간여행에 쓰이는 장치의 이름

만약 기계

런던 골드스미스 대학교의 테레사 야노와 동료들은 디즈니 같은 이야기나 카프카적인 이야기 아이디어를 생성하는 시스템을 개발하고 있다. '만약 기계'는 창작 시나리오를 만들기 위해 사람들이 개념에 보통 연결시키는 개념을 뒤집는다.

등장인물

- 만약 잔디 깎는 방법을 잊어버린 작은 남자가 있다면?
- 만약 동의하는 방법을 익힌 작은 변호사가 있다면?
- 만약 걷는 방법을 익힌 작은 아기가 있다면?
- 만약 녹이는 방법을 배운 작은 사람이 있다면?

등장동물

- 만약 바나나를 무서워하는 작은 원숭이가 있다면?
- 만약 사랑을 무서워하는 작은 개가 있다면?
- 만약 뼈를 무서워하는 작은 개가 있다면?
- 만약 살아 있는 쥐를 무서워하는 작은 뱀이 있다면?
- 만약 구멍을 찾지 못하는 작은 두더지가 있다면?
- 만약 꿀을 찾지 못하는 작은 꿀벌이 있다면?
- 만약 들판을 찾지 못하는 작은 양이 있다면?

등장물건

- 만약 브레이크를 잃어버린 바퀴가 있다면?
- 만약 이야기를 잃어버린 책이 있다면?
- 만약 의자를 잃어버린 테이블이 있다면?
- 만약 문을 잃어버린 집이 있다면?

기계는 어떻게 생각하고 학습하는가

- 만약 사람을 다치게 하는 방법을 잊어버린 작은 폭탄이 있다면?

- 만약 폭발할 수 없는 작은 별이 있다면?

- 만약 쓸 수 없는 작은 펜이 있다면?

- 만약 사람들을 즐겁게 할 수 없는 작은 음악이 있다면?

- 만약 죽일 수 없는 작은 총이 있다면?

카프카적인 내용

- 만약 농장에서 염소로 깨어났지만 여전히 말할 수 있는 여자가 있다면?

- 만약 들판에서 개로 깨어났지만 여전히 전화를 사용할 수 있는 남자가 있다면?

초현실주의 내용

- 만약 밭에 순무의 얼굴을 한 하인이 있다면?

- 만약 마당에 피망의 얼굴을 한 목동이 있다면?

시나리오

- 만약 모든 시인이 재미로 시를 쓰는 일을 중단하고 그 대신 술을 마시기 시작한다면?

- 만약 예전에는 즐겁게 뛰어다녔지만 더 이상 뛰지 못해서, 그 대신 말을 타기로 결심한 늙은 개가 있다면?

- 만약 수학 정리를 이용해야만 사랑의 개념을 이해할 수 있는 로봇이 있다면?

- 만약 발 대신 손만을 이용해야 춤을 출 수 있는 댄서가 있다면?

- 만약 선에 연결되어 있지 않고 천국까지 올라갈 수 있는 엘리베이터가 있다면?

교사에서 마약상까지

메타포 마그넷은 반대개념과 연관개념을 분석함으로써 이야기 내에서의 인물 호를 만들어낼 수도 있다. 드라마 〈브레이킹 배드〉에서, 주인공은 아버지이자 학교 교사에서 마약상이자 대범죄자로 극적으로 변해간다. 이야기의 시작과 끝 부분에서 인물의 역할이 극명하게 대조되면서 흡인력 있는 서사를 만들어낸다.

이와 비슷한 인물 호를 생성하기 위해, 메타포 마그넷은 먼저 '귀여운'과 '무서운'처럼 반대 개념 쌍을 식별한다. 그리고 '귀여운 광대들'이나 '무서운 마법사들'처럼 이 개념들이 붙을 수 있는 역할을 찾아낸다. 그리고 세상에 대한 약간의 기초지식의 도움으로, 역할들을 한데 묶어서 개연성 있는 전환으로 바꿔 이야기의 단초를 제공한다. 무엇이 귀여운 광대들을 서커스에서 은퇴해 강령술을 배운 무서운 마법사들이 되게 했는가?

빌은 말한다. "어떤 CEO가 회사의 사장이 되는 이야기는 개연성이 높죠. CEO가 사장과 유사하기 때문입니다. 하지만 긴장감은 어디 있죠? 그렇다면 거만한 CEO가 모든 것을 잃고 노숙자가 되는 이야기는요? 이제 겨우 재밌어졌네요."

좋은 인물 호를 만드는 연구는 부분적으로는 긴장감을 이해하는 일이다. 리들의 연구팀은 긴장감을 인물을 위기에서 구해내는 어떤 계획이 성공할 가능성과 연관 짓는 모델을 구축했다. 그 덕분에 리들이 만든 인공지능은 플롯에서 긴장감의 수준을 평가할 수 있다.

점점 문제를 해결할 조각들이 모이고 있다. 그래서 이제 이런 인공지능들로 무엇을 할 것인가? 한 가지 실용적인 용도로 인간이 감당하기에

기계는 어떻게 생각하고 학습하는가

는 너무 규모가 큰 이야기를 생성하는 안을 생각해볼 수 있다. 한 예로, 페이스북은 가상현실 기업인 오큘러스리프트$^{Oculus Rift}$를 인수한 직후, 10억 단위 이용자를 최초로 보유한 온라인 롤플레잉 게임을 만들고 싶다고 발표했다. 가상세계는 흥미로운 일을 하는 흥미로운 캐릭터들로 채워져야 한다. 가상세계가 이렇게 거대해지면, 인간 게임 설계자들이 인물, 스토리라인, 퀘스트를 손수 창작하기는 실질적으로 어렵다.

하지만 미래의 이야기 생성 시스템은 단순한 소설 공장을 넘는 시스템이 될 것이다. 이야기를 창작하는 기계는 인간의 세상이 돌아가는 방식도 이해한다. 컴퓨터는 인간을 놀라게 하고, 즐겁게 하고, 논쟁을 촉발하고, 변화 가능성을 드러내고, 모순과 역설을 강조하며, 일반적으로 인간을 지적 단계에 좀 더 참여하도록 유도할 것이다.

리들은 이야기 쓰기의 기초를 숙달한 인공지능을 사실 분석에도 유용하게 쓸 수 있다고 생각한다. 현실세계에서 일어난 일들에 대한 가설을 만들고 그 가설을 긍정하거나 부정하기 위한 추가 사실을 찾는 창작 이야기 생성 기술은 인공지능 취재기사에 도움이 될 수 있다. 예를 들어, 실종된 비행기에 무슨 일이 일어났을 수 있는지 이야기를 꾸며내는 인공지능은 실제 비행기 수색에도 도움이 될 수 있을 것이다.

인터뷰:튜링 테스트를 넘어

마크 리들은 조지아 공과대학교 상호작용 컴퓨터학과 산하의 엔터테인먼트 지능 연구소$^{Entertainment Intelligence Lab}$ 소장이다. 연구 범위는 인공지능, 가상세계, 이야기 쓰기까지 아우른다. 리들은 튜링 테스트가 너무 쉽다(그의 말에 따르면, 인간 유사 지능의 평가 척도는 창의성이 되어야 한다)고 생각했고, 그 때문에 튜링 테스트를 러브레이스 2.0 테스트라는 이름의 새로운 형태로 바꿔 개발했다.

튜링 테스트의 내용이 무엇인가요?

튜링 테스트는 어떤 사람이 문자 기반 채팅이나 이와 유사한 수단으로만 인간 또는 컴퓨터와 대화할 때 상대방이 인간인지 컴퓨터인지 구분할 수 없다면, 대화 상대가 지능적이라고 판단하는 사고실험이었습니다. 앨런 튜링은 1950년에 이 주제에 대해 엄청난 논문을 썼을 때, 이 테스트가 실제로 실행되어야 한다고 말한 건 아니었습니다. 튜링은 사람들로 하여금 컴퓨터가 인간과 유사한 능력을 가질 수 있다는 가능성을 받아들이게 설득하려 했지만, 지능이 무엇인지 정의하는 데 어려움을 겪었던 겁니다.

왜 튜링 테스트를 개선해야 한다고 생각하셨나요?

오늘날 챗봇이라면 튜링 테스트를 지금까지 적어도 세 번은 통과했을 것입니다. 그것도 웬만한 인공지능 연구자라면 많이 지능적이라고 생각하지 않을 만한 수준의 챗봇들 말이죠.

러브레이스 테스트라는 2001년 테스트가 그 문제를 해결하려고 하지 않았나요?

그렇습니다. 19세기 수학자인 에이다 러브레이스의 이름을 딴 그 테스트는 인공지능에서 인간과 유사한 능력을 찾는다면, 인간이 뭔가를 만들어낼 수 있다는 사실, 그리고 그런 일에는 지능이 필요하다는 사실이 중요하다는 생각을 근거로 한 테스트입니다. 따라서 창의성이 지능을 드러내는 대표적인 특성이 되었죠. 러브레이스 테스트를 개발한 연구자들은 인공지능에게 이야기나 시와 같은 뭔가를 만들어내라고 요구하고, 인공지능이 내놓은 답이 어떻게 나왔는지 그 인공지능의 프로그래머가 설명할 수 없는 경우에만 러브레이스 테스트를 통과할 수 있다고 제안했습니다. 문제는 제가 보기에 러브레이스 테스트가 실제로 통할지 모르겠다는 것입니다. 프로그래머가 자신이 개발한 인공지능이 어떻게 뭔가를 만들어내는지를 알 수 없는 경우는 상정하기 어렵습니다.

러브레이스 2.0 테스트는 어떻게 다른가요?

이 테스트에서는 컴퓨터 앞에 인간 심판관이 앉아 있습니다. 심판관은 인공지능과 대화한다는 사실을 알고 있고, 인공지능에게 두 가지 부분으로 이루어진 과제를 줍니다. 먼저, 이야기, 시, 그림과 같이 창의적인 작품을 요구합니다. 그리고 두 번째로, 심사기준을 줍니다. 예를 들면, "지구를 구하는 고양이에 대한 이야기를 해보세요" 또는 "펭귄을 들고 있는 남자를 그림으로 그려보세요"와 같은 식입니다.

작품이 미학적으로 받아들일 만해야 하나요?

반드시 그럴 필요는 없습니다. 전 지능을 기능과 합쳐 다루고 싶지 않았습니다. 평균적인 수준의 사람이라면 〈픽셔너리Pictionary〉[3]를 할 수 있지만, 피카소 작품을 만들어내지는 못하죠. 그러니 인공지능에게 초지능을 원해선 안 된다고 봅니다.

---

3 단어를 뽑아 그림을 그려 상대방이 어떤 단어인지 맞추게 하는 보드게임의 일종

인공지능이 작품을 제출한 다음엔 어떻게 되나요?

심판관이 결과에 만족하면, 그다음에는 더 어려운 요구를 합니다. 이 과정은 심판관이 인공지능이 과제에 실패했다고 판단할 때까지, 또는 인공지능이 충분한 지능을 보여줬다고 만족할 때까지 반복됩니다. 이런 다회차 방식은 단순한 합격/불합격만이 아니라 점수를 매기는 게 가능하다는 뜻입니다. 그리고 심판관의 요구를 기록해서 다른 인공지능의 테스트에 쓸 수도 있습니다.

그렇다면 러브레이스 2.0 테스트는 인공지능 비교 도구에 가까운 건가요?

정확합니다. 인공지능이 인간과 유사한 수준의 지능을 얻으려면 무엇이 필요할지 단정적으로 예측하고 싶지는 않습니다. 그런 예측에는 위험이 따릅니다.

가상의 거장이 창의성을 재정의한다

명작을 만들어내기 위해서는 정말 꼭 인간이 필요할까? 몇 년 전, 프랑스 파리의 번잡한 예술가 동네의 지붕들이 보이는 다락방에서 사이먼 콜턴^{Simon Colton}은 거대한 그림들을 하나하나 펼쳤다. 하나는, 「춤추는 세일즈맨 문제」(그림 6.1 참조)로, 검은색 배경에서 춤추고 있는 다채로운 색의 인간의 형상을 그린 그림이었다. 그림에서 춤추는 사람들은 길고 흐르는 듯한 획으로 그려져 율동감이 넘쳤고 몸을 꺾어 아름다운 포즈

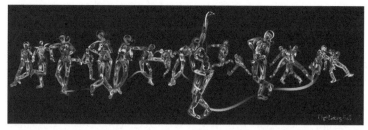

그림 6.1 「춤추는 세일즈맨 문제」

그림 6.2 「사계절」. 둘 다 인공지능 페인팅 풀이 창작한 작품이다.

를 취했다. 밝은 색깔들은 그림에 생동감을 더했다. 이 작품은 모든 이의 취향에는 맞지 않을지 몰라도 미술관에서 봤다면 한 번쯤 발걸음을 멈출 만했다.

하지만 이 그림들 중 어떤 부분도 일반적인 예술가의 작품이 아니었다. 당시 임페리얼 칼리지 런던의 컴퓨터과학자였던(지금은 팰머스 대학교에 있다) 콜턴이 그린 것도 아니었다. 이 그림은 바로 예술가의 영감을 추구할 수 있고, 기초적인 수준의 상상력을 갖고 있다고도 볼 수 있는 '페인팅 풀Painting Fool'[4]이라는 이름의 소프트웨어가 창작한 것이다. 페인팅 풀 자체는 콜턴이 개발했을지 모르지만 그림작품은 소프트웨어가 스스로 만들었으며, 존재하는 다른 그림들에 기반한 것도 아니었다.

페인팅 풀은 개발자들이 창작의 재능이 있는 컴퓨터라고 주장하는, 점점 늘어나고 있는 종류의 인공지능 중 하나다. 인공지능 작곡가가 창작한 클래식 음악은 관중을 감동시켰고, 나아가 악보 뒤에 인간이 있을 것이라고 믿게끔 속일 수 있을 정도였다. 로봇이 그린 그림들은 수천 달러에 팔리고 고급 미술관에 전시되었다. 그리고 프로그래머가 상상하지 못했을 예술작품을 창작해내는 소프트웨어도 개발된 바 있다. 런던 골드스미스 대학교의 컴퓨터 창의성 연구자인 제레인트 위긴스Geraint Wiggins는 말한다. "많은 사람이 이런 상황에 두려움을 느낍니다. 이런 사람들은 인간다움을 구성하는 뭔가 특별한 것을 인공지능이 빼앗아 간다고 걱정하는 겁니다."

까마귀나 원숭이와 같은 몇몇 동물들이 제한된 창의성이라고 부를 만한 특질을 보여준 적이 있긴 하지만, 인간은 정교한 창의적 작업을 지속적으로 수행할 수 있는 유일한 종이다. 만약 이 창의적 작업을 분해해 컴퓨터 코드로 만들 수 있다면 인간의 창의성은 어떻게 된단 말인가? "이는 인간다움의 핵심에 대한 질문입니다." 위긴스는 말한다.

사람들은 어느 정도 수준까지는 컴퓨터가 만든 예술작품에 이미 익숙해져 있다. 예술작품을 창작하거나 수정하기 위해 사용하는 소프트

---

4 그림 그리는 바보라는 뜻

웨어는 이미 널리 쓰이긴 하지만, 인간 예술가를 위한 도구로 여겨진다. 문제는 이것이다. 어디부터 인간의 작업이 끝나고 컴퓨터의 창작이 시작된다고 볼 수 있는가?

가장 오래된 인공지능 예술가 중 하나인 '아론Aaron'은 런던 테이트 모던 미술관과 샌프란시스코 현대미술관에 그림을 전시한 로봇이다. 당시 아론은 어떤 면에서는 창의성 튜링 테스트를 통과한 것이다. 아론의 작품은 인간이 만든 최고 작품들과 나란히 전시됐고 사람들이 높은 가격을 주고 사려고 할 정도로 뛰어났다. 아론은 로봇팔로 그림붓을 집어 혼자 캔버스에 그림을 그린다. 이런 모습이 인상적일 수는 있으나, 아론은 기계 미술의 창시자이자 예술가이기도 한 아론의 프로그래머 해럴드 코언Harold Cohen이 부여한 엄격한 규칙에서 절대 벗어나지 못한다. 비평가들은 아론이 코언 스스로의 창의적 아이디어를 현실화하는 도구와 거의 다를 바가 없다고 지적한다.

서로 다른 선 그리기

콜턴은 페인팅 풀에 가능한 한 많은 자율성을 부여하고자 한다. 페인팅 풀은 캔버스에 물리적으로 그림을 그리지는 않지만, 콜라주부터 붓으로 그리기까지 많은 스타일을 디지털로 구현한다. 최소한의 지시만 내리면 온라인에서 기초 소재를 찾아내 스스로 구상한 바를 내놓는다. 콜턴은 말한다. "어떤 사람이나 주제에 대한 개념도 입력하지 않습니다. 페인팅 풀은 아침에 일어나 신문 헤드라인을 살필 겁니다. 이 소프트웨어는 웹을 검색하고 트위터나 플리커와 같은 소셜미디어 사이트를 샅샅이 찾아본다.

이런 접근법은 본질적으로 웹에서 찾아낸 인간의 행동, 느낌, 주장을 이용하는 것이기 때문에, 관람자들에게 의미 있는 그림을 만들어낼 수 있을 것이라는 발상에 기반한다. 2009년에 콜턴과 대학원생인 안나 크세치코프스카Anna Krzeczkowska는 페인팅 풀에게 한 뉴스 기사를 바탕으로 삼아 아프가니스탄 전쟁에 대한 해석을 만들어보라고 요청했다. 그 결과는 아프가니스탄 시민들, 폭발, 전쟁으로 인한 무덤을 나란히 그린 충격적인 그림이었다. "그 그림은 저에게 감명을 줬고, 소프트웨어가 만들어낸 그림에 신랄함과 의도를 담을 수도 있다는 잠재력을 보여줬습니다." 콜턴은 말한다.

페인팅 풀은 무(無)에서 그림을 만들어낼 수도 있다. 페인팅 풀의 작품 중 콜턴이 「사계절」이라고 부르는 연작 중 하나(그림 6.2 참조)는 단순한 풍경을 흐릿한 사각판으로 보여준다. 소프트웨어의 작품과 인간의 작품에 대해 다른 기준을 적용하지 않고는 이 작품이 얼마나 훌륭한지 판단하기가 어렵다. 콜턴은 페인팅 풀이 사진을 참조하지 않고 풍경을 그렸다는 사실에 주목해야 한다고 주장한다. 콜턴은 말한다. "만약 어린아이가 머릿속에 떠오른 새로운 장면을 그렸다면, 아무리 약간이라 해도 어느 정도의 상상력이 있다고 인정해야 할 겁니다. 기계에 대해서도 같은 기준이 적용되어야 합니다."

소프트웨어 오류도 예상하지 못한 결과를 내놓을 수 있다. 페인팅 풀의 전체 작품 중 몇몇 작품은 우연한 행운으로 나왔다. 예를 들자면 의자를 그린 한 그림은 오류가 생긴 덕분에 흑백으로 나왔고, 그 덕분에 작품에 으스스하고 유령 같은 분위기가 생겼다. 엘스워스 켈리Ellsworth Kelly와 같은 인간 예술가들은 사용하는 색을 제한해 찬사를 받는다. 그렇다면 왜 컴퓨터라고 달리 평가되어야 할까?

우연한 행운에서 나온 새로운 유형의 게임

사이먼 콜턴의 동료인 팰머스 대학교의 마이클 쿡은 비디오게임을 만들 수 있는 '앤젤리나Angelina'라는 이름의 인공지능을 개발했다. 쿡은 게임을 컴퓨터의 창의성을 확인하기 위한 완벽한 매체라고 생각하는데, 그 이유는 게임이 음악, 시각적 디자인, 플레이어에게 몰입 경험을 주는 규칙 선택에 이르는 여러 분야를 한꺼번에 이용하기 때문이다.

콜턴과 마찬가지로, 쿡도 소프트웨어 오류가 인공지능에 혁신적인 도약을 만들어낼 수 있다는 사실을 깨달았다. 앤젤리나는 페인팅 풀이 그림에 대해서 하는 일처럼, 온라인 뉴스를 읽고, 찾아낸 주제를 게임에 통합시키는 일을 포함해 몇 가지 다른 기술들을 조합하여 게임을 만든다. 또한 앤젤리나는 존재하는 게임의 코드를 시작점으로 활용해 기능과 설정들을 새롭게 재정의할 수 있다.

쿡에 따르면, 설계 요소들을 선택하고 고르는 능력을 갖춘 시스템은 대단한 진보에 해당한다. 이 인공지능은 이전에는 주어진 규칙들을 모아서 게임 구성을 만들어냈다. "앤젤리나는 직소퍼즐처럼 새로운 방식으로 규칙들을 끼워 맞춥니다. 하지만 그게 만족스럽지는 않았습니다." 쿡은 말한다. "결국, 직소퍼즐 조각을 주는 이용자가 필요했거든요."

앤젤리나는 스스로 게임에서 중력 반전, 높은 점프, 텔레포트와 같은 가능성을 찾아내고 시험한다. 쿡은 시작점와 복석시 사이에 먹을 놓는 등의 방식으로 클리어할 수 없는 게임 레벨을 만들어 문제를 일으켰다. 그러자 앤젤리나는 존재하는 게임에서 찾아낸 아이디어들을 이용해보고, 변화를 가하고, 해보고, 더 조정하는 반복적 방식으로 그 레벨에서 문제가 해결될 때까지 재설계를 진행했다. "인간이 프로그래밍한다면 할 만한 일에 가깝죠." 쿡은 말한다.

게다가 앤젤리나는 더 영악하게도 쿡의 코드에서 오류를 찾아내서 새로운 게임 레벨을 만들어내기 위해 이용했다. 한 사례에서 게임 코드에 플레이어가 벽 안으로도 텔레포트할 수 있고, 그 상태에서도 점프할 수 있게 하는 오류가 있었다. 그러자 앤젤리나는 플레이어가 수직벽을 텔레포트와 점프를 반복해 올라갈 수 있게 하는 벽 점프 기술을 만들어냈다. "이런 점이 바로 프로그래머와 독립적인 인공지능 시스템을 만들어내는 게 중요하다고 생각하는 이유입니다." 쿡은 말한다.

다른 사례에서 앤젤리나는 쿡이 인식하지 못했던, 플레이어를 공처럼 튀게 할 수 있는 코드를 발견했다. 쿡은 말한다. "저도 튀어오르는 동작을 이렇게 활용한 게임은 몇 개 못 봤습니다. 전문 개발자도 이런 걸 생각해낼 수 있을 것이라는 보장은 없습니다."

앤젤리나는 또한 사람들이 모여 단 며칠 안에 새로운 게임을 만들어내는 비공식적 대회인 게임 잼game jam에 최초로 인간이 아닌 참가자로 참여했다. 앤젤리나는 시간을 절약하기 위해 기존에 프로그래밍된 템플릿을 변형한 게임 규칙을 제공받아 사용했다. 하지만 나머지는 미학적인 선택을 포함해 모두 앤젤리나의 작업이었다. 만들어낸 게임은 피처럼 빨간 벽과 신경이 곤두서는 음악을 갖춘 공간이 배경이었다. 이런 설정들이 만들어낸 게임의 분위기는 두드러졌다. 다른 플레이어들은 인공지능의 작품이란 사실을 모른 채로 앤젤리나가 제출한 게임을 심사했고, 이 게임을 '소름끼침', 그리고 '약간 신경이 곤두서는 이상한 느낌'이 있다고 묘사했다. 몰입 경험을 만들어냈다는 관점에서는 긍정적인 평가다.

논란의 작곡가

콜턴과 같은 연구자들은 기계의 창의성을 인간의 창의성과 직접 비교하는 건 인간이 1000년 동안 기술을 갈고 닦은 점을 고려할 때 적절하지 않다고 생각한다. 하지만 어떤 이들은 컴퓨터가 최고의 인간 예술가만큼 독창적이고, 감성적이며, 미묘하고 절묘한 작품을 만들어낼 수 있다는 예상에 매료된다. 지금까지는 오직 하나의 인공지능만이 이런 수준에 가까이 왔다.

1981년 어느 날, 데이비드 코프David Cope는 '작곡가의 슬럼프'로 괴로워하고 있었다. 그는 오페라를 써달라고 의뢰받았지만 좋은 작품을 만들지 못해 고생 중이었다. 코프는 만약 컴퓨터가 자신의 스타일을 이해할 수 있다면, 그리고 새로운 작품을 쓸 수 있게 도와줄 수 있으면 좋겠다고 생각했다. 이 발상이 바로 지금까지 창의적 소프트웨어 분야에서 가장 큰 논란의 대상이 된 인공지능의 출발점이었다. 코프는 '음악적 지능에서의 실험Experiments in Musical Intelligence (EMI)'이라는 이름의 프로그램을 만들었다. 그리고 음악 악보를 입력하고 작곡가의 스타일에 맞는 새로운 음악을 출력하도록 했다. EMI는 코프의 스타일만이 아니라 바흐나 모차르트를 포함해 가장 존경받는 클래식 작곡가들의 스타일에 맞는

곡도 작곡해냈다.

EMI가 작곡한 곡들은 일반 사람들의 귀에 다른 클래식 음악과 마찬가지로 들리고, 때때로 풍부하고 감성적이다. 이 음악을 들은 청중은 감동받아 눈물을 흘렸고, 심지어 EMI는 클래식 음악 전문가들까지 진짜 바흐 음악을 듣고 있다고 생각하게 속일 수 있었다. 컴퓨터의 창의성에 대한 튜링 테스트에 성공한 인공지능이 있었다고 한다면, 바로 EMI가 그래야 했다.

하지만 모든 사람이 감동한 건 아니었다. 위긴스와 같은 몇몇 비평가들은 코프의 연구를 가짜과학으로 맹비난하면서, 소프트웨어가 어떻게 동작하는지에 대한 코프의 설명은 다른 사람들이 결과를 재현할 수 없는 '교묘한 속임수'라고 했다. 인디애나 대학교 블루밍턴의 더글러스 호프스태터는 코프가 예술가의 작품에서 여전히 그 원곡 작곡가의 창의적 영감에 의존해 복제품을 만들기 위한 피상적인 요소만 활용한 것이며, 그저 표면적인 창의성만 건드렸다고 했다.

그럼에도 불구하고 바흐나 쇼팽을 흉내 낼 수 있었던 EMI의 능력에는 중요한 함의가 있다. 세계 제일의 독창적인 작곡가 중 일부의 스타일을 분해해 컴퓨터 코드로 만드는 일이 이렇게 쉽다면, 그 뜻은 최고의 인간 예술가 중 일부는 우리가 믿고 싶은 것보다도 더 기계를 닮은 것이라는 의미다. 정말로, 청중은 EMI의 진실을 알았을 때 종종 분노했다. 어떤 음악 애호가가 코프에게 '음악을 살해했다'고 말하고 주먹을 날리려고 한 일도 있었다고 한다. 이런 논란 가운데, 2004년 코프는 EMI를 없애기로 결정하고 핵심 데이터베이스를 파기했다.

왜 이렇게 많은 사람들이 EMI의 음악을 좋아했으면서도 무엇이 그

곡을 작곡했는지를 알자 움츠러들었을까? 영국의 글래스고 캘리도니언 대학교Glasgow Caledonian University의 컴퓨터과학자인 데이비드 모펫David Moffat의 연구가 단서를 줄 수 있다. 모펫은 전문 음악가들과 일반인들에게 여섯 곡의 창의적 가치를 평가하도록 질문했다. 실험 대상자에게는 대상 곡을 인간과 컴퓨터 중 어느 쪽이 작곡했는지는 알려주지 않았지만 추측해보라고 요청했고, 각 곡이 얼마나 좋았는지 점수를 매기게 했다. 어찌 보면 놀랍지 않게도, 작곡가가 컴퓨터라고 생각한 사람들은 작곡가가 인간이라고 생각한 사람들보다 그 곡을 더 싫어하는 경향을 보였다. 이 결과는 사람들이 보통 음악 분석에서는 더 객관적일 것이라 여길 만한 전문가들의 경우에도 역시 같았다.

이런 편견은 어디에서 오는 것일까? 예일 대학교의 심리학자인 폴 블룸Paul Bloom은 이렇게 추측했다. 인간이 예술에서 얻는 즐거움의 일부는 예술의 뒤에 있는 창의적인 절차에 대한 인식에서 나온다. 이런 인식이 블룸이 '억누를 수 없는 본질'이라고 부르는 특성을 예술에 부여한다. 이와 같은 이론은 비록 어떤 그림이 원작이라고 생각되었을 때는 사람들이 보고 좋아했다 하더라도, 위작으로 밝혀지는 순간 그 가치를 잃는 이유를 설명해준다. 실제로, 뉴욕 대학교의 심리학자 저스틴 크루거Justin Kruger가 수행한 실험은 예술작품에 대한 사람들의 감흥은 그 작품을 만들기 위해 더 많은 시간과 노력이 들었다고 생각할수록 더 커진다는 사실을 보여준다.

또, 콜턴은 사람들이 예술을 감상한다는 것은 예술가와 대화를 하는 것이라고 생각한다. 사람들은 예술가가 창작 과정에서 무엇을 생각하고 있었을지 궁금해하고, 예술가가 우리에게 말하고자 하는 바를 숙고

한다. 컴퓨터 창작 예술에는 이런 생각이 나아가는 데 한계가 있다. 숨은 의미를 탐색할 만한 게 없는 것이다. 하지만 소프트웨어도 점점 복잡화되고 있기 때문에 예술의 이런 깊이까지도 추구하는 일이 가능해질지도 모른다. 콜턴이 페인팅 풀로 하여금 이미 사람들에게 의미 있는 주제를 찾아내 선택할 수 있을 것이라는 희망을 갖고, 영감을 얻게 하기 위해 온라인 소셜네트워크를 찾아보게 하는 이유가 이것이다.

무의식적인 창의성

더글러스 호프스태터는 인공지능이 더 복잡해질수록, 특히 인공지능이 실제 세상과 더 상호작용할 수 있다면, 사람들이 인공지능이 만든 예술을 받아들이기가 더 쉬워질 것이라고 생각한다. 로봇이 한계에 부딪히고 목표를 세웠다면, 성공과 실패를 경험했다면, 그것만으로도 충분할 수 있다. 호프스태터는 말한다. "한심하고 비웃을 만하지만 아주 가끔씩 영웅적인, 그런 존재가 될 겁니다. 사람들이 그런 존재가 에세이를 쓰거나 작곡을 하거나 그림을 그리는 걸 불편하게 여길 것 같지는 않아요." 하지만 지금의 인공지능이 이런 자기인식을 갖추지 못했다는 사실은 아마도 창의적인 컴퓨터 분야에서 가장 극복하기 어려운 요소가 될 수 있을 것이다. 어떻게 의식하지 않고도 창의성을 발휘할 수 있단 말인가?

놀랍게도, 의식은 사람들이 생각하는 것만큼 창의성에 필수적이라고 하기 어렵다. 레바논에 있는 베이루트 아메리칸 대학교의 신경과학자인 아르네 디트리히Arne Dietrich에 따르면, 인간의 뇌는 인간이 의식적으로 생각하지 않을 때도 창의적으로 움직인다. 그저 잊고 있던 문제에 대한 해결책이 뜬금없이 떠올랐던 경험을 되새겨보라. 창의성에는 여러 종류가 있다. 어떤 종류는 의식적이고, 다른 종류는 무의식적이다. 창의성은 사람이 의도적으로 뭔가를 만들어내려고 노력할 때 발현될 수도 있고, 사람이 자고 있을 때 발현될 수도 있다.

어떤 경우든, 디트리히는 창의적인 뇌는 소프트웨어와 상당히 비슷하게 돌아갈 수 있다고 생각한다. 신경과학자들은 창의성이 본질적으로 신비한 것이라기보다는 가능한 해결책들을 찾고 체계적으로 지워나가는 뇌의 기계적인 절차에서 동력을 얻는, 탐색과 발견에 관한 것이라고 주장한다. 디트리히는 컴퓨터의 창의성을 인간의 창의성보다 열등한 것으로 여기는 경향이 생기는 이유가 인간의 문화에 깊이 뿌리박힌 이중성 때문이라고 믿는다. "인간은 스스로를 과대평가하고 다른 것들을 과소평가합니다." 디트리히는 말한다.

신경과학자로서의 디트리히는 자신이 뇌를 기계처럼 다루고 연구하며, 기계의 창의성을 뇌와 다르다고 보지 않는다고 말한다. 이렇게 생각해보면, 인간의 뇌가 특별히 창의적인 재능을 소유한다는 생각은 너무 한정적인 시각 같다. 다른 이들도 이런 생각을 받아들일까? 콜턴에 따르면, 열쇠는 컴퓨터 예술가를 인간 예술가와 비교하려는 시도를 그만두는 데 있다. 컴퓨터의 창의성을 있는 그대로 받아들이고 인간처럼 보이게 하려고 노력하길 멈추면, 컴퓨터는 인간의 창의적인 재능에 대한 새로운 면들을 알려줄 뿐 아니라, 인간이 상상할 수 없는 방식으로 창의성을 발휘할 수도 있다. 컴퓨터는 인간에게 도전하고, 인간을 즐겁게 하고, 또 놀라게 할 수 있는 잠재력과 함께 완전히 새로운 형태의 예술을 창조할 것이나.

기계 안의 뮤즈

창의성에 접근하는 열쇠를 컴퓨터에게 넘겨주면 인간은 뭔가를 빼앗기는 것인가? 마이클 쿡이 생각하기에, 인공지능이 예술작품을 창작할 수 있는 미래는 인간에게서 아무것도 빼앗아가지 않으며, 오히려 정반대다. 쿡은 인공지능이 창의성의 민주화를 달성하고 창의적인 분야의 진입장벽을 낮춰줄 중요한 역할을 한다고 생각한다. 인공지능이 이야기를 쓰거나 그림을 그릴 수 있다면, 이야기를 비평할 수도 있다. 이는 인공지능이 뭔가를 직접 창작하고자 하지만 어디서부터 출발할지를 잘 모르는 사람들, 또는 특정한 측면에서 어려움을 겪고 있는 사람들을 돕는 조수가 될 수 있다는 뜻이다. 쿡은 맞춤법 검사기나 사진편집 소프트웨어를 컴퓨터가 더 도움을 줄 수 있는 예로 든다. 쿡은 말한다. "지금 당장은 컴퓨터의 영향력이 성에 안 차는 수준이죠. 멘토이자, 뮤즈이자, 관람자까지 한꺼번에 될 수 있는 소프트웨어가 필요합니다."

인터뷰 : 컴퓨터에게 어떻게 창의성을 가르칠 수 있을까?

사이먼 콜턴은 영국 팰머스 대학교의 디지털게임기술과의 교수다. 콜턴은 인간이 했다면 창의적이라고 인정되었을 만한 방식, 예를 들면 [그림 6.3]과 같은 콜턴의 초상을 그리는 식으로 동작하는 소프트웨어를 연구하고 있다. 콜턴에 따르면, 소프트웨어는 이미 예술성을 갖췄고 수학적인 발견도 해낼 수 있지만, 탁월한 수준에 이르게 하려면 그런 일을 위한 적절한 기능이나 기교를 가르쳐야 한다.

교수님은 스스로 탐색과 발견을 해낼 수 있는 'HR'이라는 이름의 소프트웨어를 개발했습니다. 좋은 성과를 거두셨나요?

HR이 만들어낸 것 중 하나는 '라틴 방진'이라는 수학적인 구조의 분류였습니다. 라틴 방진은 스도쿠 퍼즐과 비슷하게 각 열과 행에 모든 기호가 들어가 있는 기호들의 격자를 말합니다. HR은 이런 구조에 대한 최초의 대수적 분류를 어느 정도 만들어냈습니다. HR의 다른 버전은 독립적으로 골드바흐 추측(2보다 큰 모든 정수는 두 개의 소수의 합으로 표현될 수 있다)을 제시했습니다.

수학자들은 이 시스템에 관심이 있었나요?

우리는 수학자들이 지겨운 잡일, 그러니까 대량의 계산과 참임을 알고 있는 명백한 증명을 소프트웨어가 대신 해주기를 원한다는 사실을 알게 됐죠. 하지만 수학자들은 개념을 발명하거나 추측을 생각해내는 일과 같은 창의적인 작업은 직접 하고 싶어 했습니다. 저는 노벨상을 수상한 경제학자이자 컴퓨터과학자인 허버트 사이먼에게 이메일을 보내서 HR이 증명한 추측에 대해 설명한 적이 있습니다. 그가 나중에 저에게 말하기를, 그 문제를 직접 풀고 싶었기 때문에 증명을 끝까지 읽지 않았다고 하더군요. 그의 아내는 남편에게 그만 보고 자라고 말해야 했다고 털어놨습니다.

어떻게 소프트웨어가 뭔가를 발견하게 할 수 있나요?

HR에 찾고자 하는 관련 대상에 대한 데이터를 입력하면 됩니다. 하지만 HR은 모른다는 사실이 알려진 내용, 그러니까 머신러닝에서처럼 무엇을 찾는지는 알지만 그 무엇이 구체적으로 어떤 구성인지는 모르는 것을 찾지 않고, 모른다는 사실도 모르는 내용을 찾으려고 합니다. HR은 이용자가 예상하지 못한 일을 해 이용자를 놀라게 해야 합니다. 따라서 HR에는 구체적인 일이 아니라 일반적인 일을 하는 방법을 학습시켰습니다. 이는 컴퓨터과학 분야에서 개발자들이 대부분 하는 일, 즉 개발자가 원하는 작업을 정확히 해내도록 소프트웨어에게 시키는 일과 반대됩니다. 소프트웨어가 이런 작업을 이해하게 하려면 많은 노력이 필요하죠.

컴퓨터가 획기적인 발견을 할 수 있을까요?

제가 보기엔 컴퓨터가 진정한 발견을 할 수 있는 날이 오려면 소프트웨어가 스스로를 프로그래밍할 수 있어야만 합니다. HR의 최신 버전은 자기 자신의 프로그램을 작성하도록 의도해 설계되었습니다. 하지만 어려운 일이죠. 소프트웨어 프로그래밍은 인간이 하는 일 중 가장 어려운 일입니다. 그리고 결정적으로, 코드화할 수 없는 수학적 개념들이 있습니다. 특히 무한을 다루는 개념이 그렇습니다.

교수님이 개발한 다른 프로그램인 페인팅 풀은 초상화를 만들어냅니다. 사람들이 이런 형태의 창의성에 어떻게 반응하나요?

수학자들은 컴퓨터가 뛰어난 결과를 계속해서 만들어낸다면 컴퓨터가 창의적이라는 사실을 받아들일 겁니다. 하지만 예술계에서는 사람들을 더 많이 설득해야 할 것 같습니다. 사람들이 그림을 살 때, 많은 이유가 있을 수 있습니다만, 거실 소파에 잘 어울릴 것 같다는 이유는 그중 하나일 뿐이죠. 사람들이 어떤 그림을 좋아할 때는 그 작품에 반영된 인간성에 찬사를 보내는 겁니다. 소프트웨어가 어떻게 이런 기준에 부합하게 할 수 있을까요?

기계는 어떻게 생각하고 학습하는가

그림 6.3 페인팅 풀이 그린 사이먼 콜턴의 초상

전 누가, 아니면 무엇이 그 일을 하고 있는지 사람들을 혼란스럽게 해야 하는 튜링 테스트를 하고 싶지는 않습니다. 사람들이 소프트웨어가 그 나름의 조건 아래서 해낸 일에 공감하고 연결되었으면 좋겠습니다. 하지만, 컴퓨터는 창의적인 분야에서 인간을 대체하지는 않을 겁니다. 우리는 인간성을 보여주는 피, 땀, 눈물에 돈을 지불하는 것이기 때문입니다.

예술에서의 인공지능의 발전

1973년

아론이 그려낸 추상화가 런던 테이트 모던 미술관과 샌프란시스코 현대미술관에 전시됨.

최초의 자동 이야기 생성 시스템인 '소설작가(Novel Writer)'가 주말 파티에서 일어난 살인 이야기를 만들어냄. 이 이야기는 주어진 인물들의 행동을 시뮬레이션해 구성됨.

1977년

테일스핀이 이솝우화와 같은 숲 속 동물들 이야기를 만들어냄. 인간 이용자가 인물에게 목표와 그 목표를 달성하기 위한 행동의 집합을 줌. 이야기는 각 인물의 상호작용을 시뮬레이션해 만들어짐.

2010년

앤젤리나라는 인공지능이 비디오게임을 개발하기 시작함.

데이비드 코프의 EMI가 더 최신 시스템인 '에밀리 하월(Emily Howell)'로 진화해 첫 데뷔 앨범인 『어둠에서 빛으로』를 공개함.

스페인 말라가 대학교의 프란시스코 비코(Fancisco Vico)와 동료들이 멜로믹스('음악의 게놈'을 합성해 만든 신조어)라는 진화형 기술을 이용해 인간의 지도 없이도 음악을 작곡하는 컴퓨터인 '이아누스(Ianus)'를 개발함. 이아누스의 곡은 2012년 앨런 튜링 100주년 콘서트에서 런던 심포니 오케스트라에 의해 공연되고 녹음되었음.

2006년

페인팅 풀이 자신의 '기분'에 따라 다른 스타일로 초상화를 그림.

2013년

애틀랜타 조지아 공과대학교의 마크 리들과 동료들이 개발한 셰에라자드가 인터넷에서 학습할 수 있는 모든 배경에서 일어난 이야기를 할 수 있었음.

2014년

IBM의 왓슨이 직접 레시피를 만들어내기 시작함.

'만약 기계'가 디즈니적인, 그리고 카프카적인 이야기에 대한 아이디어를 만들어내기 시작함.

유랑축전기가 숨은 은유 생성기를 이용해 개념들을 결합해 이야기의 단초로 삼음.

이아누스가 『0music』이라는 팝 음악 앨범을 공개함.

1981년

작가의 생각을 모델링하도록 설계된 소프트웨어인 '작가(Author)'에서 처음으로 이야기 내의 인물의 목표보다 작가의 목표를 우선하게 함. 그리하여 이 소프트웨어는 예를 들어 행복한 결말로 나아가는 식으로 앞뒤가 맞는 이야기를 만들어낼 수 있었음.

1983년

'우주들(Universes)'이 일련의 TV드라마를 위한 극본을 만들어냄. 이 극본에는 많은 인물과 회차별로 많이 겹치는 줄거리가 있었고 결말이 없었음.

2004년

런던 골드스미스 대학교의 프레데리크 폴 레마리(Frédéric Fol Leymarie)와 패트릭 트레셋(Patrick Tresset)이 트레셋의 손목 움직임과 펜에 가하는 압력을 흉내 내어 같은 스타일로 초상화를 그리는 로봇인 '아이콘(Aikon)'을 개발함.

1987년

작곡가이자 컴퓨터과학자인 데이비드 코프가 인간의 피드백으로 학습해, 베토벤, 쇼팽, 비발디와 같은 서로 다른 인간 작곡가의 스타일에 따라 자동으로 음악을 작곡하는 EMI를 개발함.

7장
인공지능의 진정한 위험

― 파국에 대한 걱정을 과도한 것으로 볼 수 있는 이유

인공지능의 거침없어 보이는 행보에 대중의 불안과 걱정의 파도가
몰아쳤다. 몇몇 알려진 인사들은 인공지능이 인간에게 존재론적
위험이 될 수 있다고 나서서 말했다. 하지만 언젠가 인공지능이
끔찍한 파국을 일으킬 수 있다는 걱정은 완전히 과장된 것이다.
그래도 전혀 위험이 될 수 없다는 얘기는 아니다.
인공지능은 아주 다양한 방식으로 우리가 사는 세상을 더 나쁜
방향으로 바꿀 수 있다.

스카이넷은 잊으라 : 인공지능의 사회적 영향

지구종말과 관련된 상상 속의 인공지능이 대서특필되고는 하지만, 이런 부풀려진 이야기는 지금 당장 우리 눈앞에서 일어나고 있는 현실을 무시하고 있다. 어떤 이들은 공포에 휩싸여 이런 인공지능 기계들이 쓸모없는 인간들을 제거할 것이라고 예측했고, 반면 어떤 이는 영원한 즐거움으로 가득한 유토피아적 미래를 그린다.

이런 똑같이 가능성 낮은 미래에 대해 관심이 몰렸기 때문에 점점 기술 변화가 빨라지면서 이미 일어나고 있는 진짜 사회적 영향에 대한 논의는 미뤄져왔다. 인간은 10만 년에 걸쳐 소수의 사냥꾼과 채집꾼의 힘든 노동에 의존해왔다. 겨우 200년 전에야 대부분의 수작업을 기계에게 맡기는 산업사회로의 전환이 이루어졌다. 그리고 겨우 한 세대 전에, 디지털 시대로의 전환이 일어났다. 오늘날 인간이 만들어내는 대부분의 생산물은 물리적인 물건이 아니라 정보다. 즉, 원자가 아니라 비트다. 컴퓨터는 보편적인 도구가 되었고, 인간이 하는 수작업은 대부분 컴퓨터 연산으로 내세뇌었나.

이런 급격한 전환 때문에 편집증적인 걱정이 끊이지 않지만, 현실적으로 검증해볼 필요가 있다. 창의성이나 발명과 같은 소중한 능력도 앞으로 몇 년 내에 인공지능에게 아웃소싱될 가능성이 높다. 하지만 이런 일을 두려워해서는 안 된다. 오히려, 오늘날 디지털 도구들로 인해 인간이 소통하고 창조하는 방법이 발전하고 다양해진 것처럼, 앞으로 인공지능의 도움으로 인간이 해낼 수 있게 될 새로운 일에 기뻐해야만 한다.

인공지능의 급격한 발전을 전혀 걱정하지 않아도 된다는 뜻은 아니다. 하지만, 걱정해야 하는 것은 기술 자체가 아니라 인간이 어떻게 기술을 설계하고 이용하는지에 대한 것이다. 인공지능은 이미 인공지능을 제어하는 사람들에게 커다란 힘을 부여하고 있다. 기업이나 영리단체는 매우 많은 혁신적 성과를 쏟아내고 있다. 그런데 이들은 누구의 이익을 위해 일하는가? 이 문제의 답은, 다른 경우와 마찬가지로 인간에게 달려 있다. 인공지능이 인간으로부터 일자리와 존엄성과 인권을 빼앗을 수는 없다. 다른 인간만이 그렇게 할 수 있다.

데이터 흐름

인공지능이 잘 돌아가기 위해서는 종종 개인정보를 포함한 데이터를 모아야 한다. 이 단순한 사실이 인공지능 장치를 잠재적인 감시장치로 바꿔놓는다. 인공지능은 나의 위치를 알고, 검색한 내용을 알고, 나의 소셜네트워크를 안다. 내가 이런 데이터에 누가 접근하고, 어떤 목적으로 사용하고, 완전히 파기할지 여부를 결정할 수 있는가? 그 답이 아니오라면 나에게 통제권이 없는 것이다.

설득의 문제도 있다. 많은 인공지능 회사의 사업모델이 사람들로 하

기계는 어떻게 생각하고 학습하는가

여금 특정 링크를 클릭하게 만드는 광고를 기반으로 한다. 이용자를 어떻게 유도할 수 있는지에 대한 연구는 많이 진행되고 있다. 인공지능이 고객을 더 잘 알수록, 고객을 조금씩 유도하는 일도 더 잘하게 된다. 자동완성 인터페이스는 유혹에 취약한 이용자에게 사이트가 제공하는 매력 넘치는 내용들을 능동적으로 제공함으로써 쇼핑중독까지도 일으킬 수 있다. 신중하게 연구해야 하는 영역이 아닐 수 없다.

인공지능은 초기 상아탑의 실험실에서부터 먼 길을 걸어왔다. 이제 인공지능은 사람들의 일상 곳곳에 스며들고 있다. 종종 사람들은 인공지능이 일단 보이지 않는 영역에 적용되면 인식조차 하지 못하고 살아간다. 하지만, 적어도 문화적 기반이나 법적 기반이 발전하기까지는 인공지능을 가능한 한 많은 영역에 적용하고자 하는 유혹에 저항해야 할지도 모른다. 인공지능을 널리 적용하는 일에는 엄청난 기회가 있지만 동시에 잠재적인 위험도 있다. 인간에 대한 존재론적 위협이 되지는 않겠지만, 그보다는 사생활의 가치와 자율성이 침해당할 위험은 있다.

일자리 구하기

영국 경제학자 존 메이너드 케인스는 항상 로봇이 인간의 일자리를 차지할 것이라고 가정했다. 1930년에 케인스는 이것이 결국 "노동의 새로운 용도를 찾아내는 속도보다 노동의 경제성을 높이는 방법을 찾아내는 속도가 더 빠르다는 것" 때문이라고 썼다. 그리고 이는 나쁜 일이 아니다. 케인스는 2030년까지 인간의 주당 노동시간은 15시간으로 줄어들고, 나머지 시간은 '현명하고, 기분 좋게, 잘' 살기 위해 노력하면서 보내게 될 것이라고 예측했다.

상황은 이런 식으로 흘러가지 않았다. 굳이 말하자면, 많은 사람들이 전에 일하던 것보다 더 많이 일하고 있다. 경제 고도화에 따라 자동화로 대체된 많은 수공업 노동자들은, 그 경제 고도화에 의해 생긴 서비스직과 같은 다른 일자리를 찾았다. 문제는 이런 추세가 계속될 수 있냐는 것이다. 이제는 인공지능이 단순하고 반복적인 작업을 넘어 모든 성격의 일에 손을 뻗치고 있기 때문이다.

기계가 일자리를 빼앗는다는 두려움은 적어도 러다이트 운동가 시대까지 거슬러 올라간다. 러다이트 운동가는 1811년 방직기 때문에 감원 대상이 되자 공장을 파괴하는 폭동을 일으켰던 영국 직조공들을 말한다. 2세기가 지난 후지만, 지금도 많은 사람들이 같은 곤경에 처할 수 있다. 2013년, 옥스퍼드 대학교 산하 옥스퍼드 마틴[Oxford Martin] 연구소의 미래기술영향 연구 프로그램에 참여한 칼 프리[Carl Frey]와 마이클 오즈번[Michael Osborne]은 직업 702개를 살펴보고 자동화하기 쉬운 정도에 따라 순위를 매겼다. 이 연구에 따르면, 기계는 20년 내에 미국의 모든 직업 중 절반이 조금 안 되는 정도를 충분히 해낼 수 있다.

기계로 대체되기 쉬운 직업의 목록에는 텔레마케터나 도서관 기술자와 같은 직업이 포함되어 있다. 또 그렇게 멀지 않은 위치에 상대적으로 더 받아들이기 어려운 직업들이 있는데, 그중 모델, 요리사, 건설노동자는 각각 디지털 아바타, 로봇 셰프, 로봇 공장에서 조립식으로 만드는 건물로 대체될 위험이 있다. 가장 대체될 위험이 적은 직업에는 정신의료 종사자, 어린 아이들의 교사, 성직자, 안무가 등이 있었다. 일반적으로 더 대우를 잘 받는 직업은 뛰어난 사회적 상호작용 능력과 독창적 사고와 창의적 능력, 또는 치과의사나 외과의사에게 필요한 것과 같은 매우 특정하고 정밀한 손기술이 필요하다.

어떤 직업이 다음 차례인가?

인공지능은 상당수의 인간의 직업을 대체하기 직전까지 왔다. 아래는 인간이 없어도 기계가 할 수 있는 직업의 다음 차례가 될 가능성이 있는 세 가지다.

- 택시운전사 : 우버, 구글, 그리고 유수의 제조사들은 영상처리에 돈을 쏟아붓고 있으며 연구 방향도 정하고 있다. 법적, 윤리적 문제가 개발을 지연시키고는 있지만, 만약 이런 문제가 풀리기만 한다면 인간 운전사들은 아마도 필요가 없어지게 될 것이다.

- 속기사 : 매일매일, 전 세계의 병원에서 의사들이 사용하는 전문 용어를 이해하는 전문 속기사에게 수많은 음성 파일들을 보내고 있다. 속기사들은 음성 파일을 듣고 내용을 문자화해 병원에 다시 보낸다. 속기에 의존하는 다른 분야도 많다. 천천히, 그러나 확실하게, 자동 속기가 인간의 수준을 따라잡고 있으며, 이런 발전의 많은 부분은 콜센터에서 수집한 인간 음성 데이터에 의해 이루어지고 있다.

- 애널리스트 : 미국 매사추세츠 주 캠브리지에 위치한 스타트업 회사인 켄쇼Kensho는 인간 애널리스트라면 몇 시간에서 며칠까지 걸릴 금융 관련 질문에 즉시 대답하는 인공지능을 이용하고 있다.

켄쇼는 금융 데이터베이스를 뒤지는 방법으로, "은행이 무너진 뒤의 시기에 어떤 주식이 제일 좋을 것인가?"와 같은 질문에 답할 수 있다. NBC 방송국 기자들은 벌써 긴급속보에 대한 질문에 답하기 위해 인간 조사원들 대신 켄쇼를 이용하고 있다.

자동화된 인력

인공지능은 홍콩 지하철 야간 보수작업 관리부터, IBM의 왓슨 컴퓨터에 기반해 개발된 '로스ROSS'처럼 미묘한 법률 조사에 이르기까지, 이미 상당 범위의 직군을 대체하고 있다. 몇 년 안에, 인공지능이 노동시장에 적어도 단기적인 풍파를 일으킬 상황은 발생할 것으로 보인다.

2012년에서 2015년 사이에 영국 이동통신회사인 O2는 소프트웨어 하나로 150명의 근로자를 대체했다. O2의 운영개선을 돕고 있는 웨인 버터필드Wayne Butterfield에 따르면, O2의 고객응대 업무 중 많은 부분이 자동화되었다고 한다. SIM카드 교체, 번호이동, 선불계약에서 정기계약으로의 계약변경, O2에서 출시한 단말기의 통신사 잠금해제(언락)에 이르는 업무가 지금은 모두 자동화되었다.

인간 근로자가 이런 작업들을 할 때는 전화번호를 한 데이터베이스에서 다른 데이터베이스로 복사하는 등 수동으로 시스템 간에 데이터를 옮겼었다. 고객은 여전히 전화를 하고 사람에게 말을 해야 한다. 하지만 이젠 인공지능이 실질적인 일을 다 한다.

O2의 인공지능 시스템은 현장에서 학습했다. 인간 근로자가 단순하고 반복적인 데이터베이스 업무를 하는 모습을 지켜본 다음, 스스로 일하기 시작한다. "사람이 하는 일을 그대로 따라 하죠." O2의 인공지능

기계는 어떻게 생각하고 학습하는가

근로자를 개발한 스타트업인 블루프리즘^{BluePrism} 사의 사장 제이슨 킹던 ^{Jason Kingdon}은 말한다. "이런 시스템이 동작하는 모습을 지켜보면 약간 정신없어 보일 겁니다. 컴퓨터에 타이핑하고, 팝업 창이 뜨고, 복사해 붙여넣는 상황을 볼 수 있거든요."

세계에서 제일 큰 은행 중 하나인 바클리즈도 인공지능에게 백오피스 업무를 맡긴다. 바클리즈는 영국 규제기관이 불완전판매된 수십억 파운드의 보험료를 돌려주라고 지시한 이후 고객들로부터 쏟아진 환급의뢰를 처리하기 위해 블루프리즘 사에 의뢰했다. 만약 이렇게 갑자기 늘어난 요청을 해결하기 위해 인력에만 의존했다면 많은 비용이 들었을 것이다. 상대적으로 단순한 요청을 처리할 수 있는 소프트웨어를 도입한다는 것은 곧 바클리즈가 더 적은 인력을 고용해도 된다는 의미였다.

킹던은 이 소프트웨어가 의미하는 바를 굳이 숨기려 하지 않는다. "인간의 대체를 목표로 합니다. 인간 근로자와 거의 같은 방식으로 일하는 방법을 아는 자동화된 인간이죠."

블루프리즘이나 로스와 같은 새로운 유형의 자동화가 품은 또 다른 문제는 회사 내 사다리의 첫 칸에 해당하는 유형의 업무를 대체한다는 점이다. 따라서 신입 구직자들의 기회가 더 줄어들어 일자리 불평등이 더 심화될 수 있다.

로봇 동료

다른 이들은 실업 확산에 대한 공포가 부풀려졌다고 생각한다. OECD에 가입한 부유한 국가들에 대한 최근의 조사보고서에 따르면, 인공지능은 이 직업들과 관련된 모든 업무(특히 인간과의 상호작용이 필요한 부분)를 다 수행할 수는 없을 것이고, 오직 9퍼센트의 직업만이 완전 자동화가 가능하다고 한다. 게다가, 과거 사례에 비추어 봐도 직업은 자동화가 되더라도 그에 맞춰 살아남는 경향이 있다.

이런 케인스 경제학에 가까운 관점에 따르면, 기술적 발전은 인간의 삶을 계속 나아지게 할 것이다. 가장 좋은 혁신은 인간을 탄핵하는 것이 아니라 보완하는 혁신이다. 예를 들어 2016년 시카고에서 열린 자동화 엑스포에서 대세가 된 '협동로봇^{cobot}'을 보자. 이런 로봇은 인간을 대체하는 게 아니라 인간이 일을 더 안전하고 더 쉽게 할 수 있도록 옆에서 돕도록 설계되었다. 인간이 문제를 해결하고, 넓은 세상과 소통하고, 그림과 음악과 문학을 창작하게 도울 수 있다. 전문가들의 의견도 이런 시각에 무게를 더한다. 2014년, 미국의 정책연구소인 퓨 리서치 센터$^{Pew Research Center}$는 1896명의 전문가들에게 2025년까지 기술이 만들어내는 일자리보다 없애는 일자리가 더 많을 것이라 생각하는지 질문했다. 낙관적으로 보는 사람이 비관적으로 보는 사람보다 많았다.

인공지능이 세상을 엉망으로 만들 것이라는 얘기가 아니다. 노동자를 대체한다기보다는 일의 본질을 바꾼다고 해도, 사회에 끼치는 영향은 매우 클 수 있다. 우버와 같은 회사들이 개척한 임시직 경제$^{gig economy}$는 알고리즘에 따른 관리를 통해 노동력 운영을 더 유연하게 하고 고객을 더 편리하게 하지만, 노동자의 권리와 노동조건이 희생된다. 그리고 인공지능은 이런 경향을 더 가속화할 수 있다.

이는 중요한 문제다. 일은 인간의 자아형성에 필수적이고, 노동의 존엄성을 지키는 일은 사회에서 핵심적인 가치를 가질 만하다. 우리는 노

그림 7.1 반복적인 수작업을 하는 직업은 이미 자동화의 희생양이 되었지만, 인공지능은 넓은 범위의 직업에 큰 영향을 끼칠 것이다.

동자의 직업을 따분한 종량업무로 격하시키기보다는 노동자의 능력을 향상시키기 위해 인공지능이 쓰이도록 부단히 노력해야만 한다. 노동자를 비인간화시킨다면 기술을 잘못 사용하는 일이 될 것이다(그림 7.1 참조).

　이 문제의 해결은 기술적 이슈라기보다는 사회적, 정치적 이슈에 속한다. 보편적인 기본소득 도입 논의에서 보듯이, 인공지능은 인간의 경제를 바꿔놓을지도 모른다. 하지만 변화는 인간 중심이어야지, 다수의 희생으로 소수를 살찌우는 인공지능에 의한 효율성 이슈가 주도해서는 안 된다. 물론 종국에는 인간이 인간 스스로의 운명을 책임져야 한다. 인간의 건강과 행복에 일이 미치는 영향을 고려하면, 만족스럽고, 충분한 보상을 주는 일자리는 지키기로 해야 할지도 모른다. 불평등과 분열이 생길 수 있겠지만, 이런 상태는 사실 수백 년간 이미 있어왔다.

실리콘밸리의 인기 있는 새 직업 : 로봇 조수

인공지능이 만들어낼 수 있는 일자리보다 빼앗을 수 있는 일자리에 대해 너무 많이 생각했던 것은 아닐까? 페이스북의 디지털 개인비서인 'M'과 같은 서비스는 적어도 누군가는 미래에 갖게 될 새로운 역할 하나를 소개한다.

M은 인공지능에 기반한 디지털 비서로 페이스북 메신저에 탑재되었다. 이용자의 호텔이나 비행기 예약을 할 수 있고, 식당을 추천하고 예약하며, 온라인 쇼핑을 하고, 최신 뉴스와 미리알림 메모의 내용을 알려준다. 어떤 최첨단 비밀 기술이 M을 움직이게 하는가? 그 답은 인간이다. 페이스북이 쓰는 용어에 따르면 인공지능 트레이너가 되겠다. 이용자가 M에게 맛있는 팟타이를 파는 지역 식당을 추천해달라고 질문하면 인공지능 트레이너는 이용자에게 답을 주기 전에 인공지능이 추천한 내용을 검토한다. 이용자가 2명 예약을 해달라고 요청하면, 실제로 인공지능 트레이너가 식당에 전화를 걸 수도 있다. M이 말하는 내용은 모두 고용된 사람이 관찰하고, 점검하고, 또는 조금씩 조정한다. "새 직업을 발명했죠." 페이스북 대변인인 아리 엔틴Ari Entin은 말한다.

인간을 활용하고자 생각한 기술 기업은 페이스북만이 아니다. 샌프란시스코의 스타트업인 클라라랩스Clara Labs는 달력에 일정을 표시해달라고 이메일로 부탁할 수 있는 가상비서를 개발한다. '클라라Clara'는 인공지능이지만, 클라라에 이메일을 보내면 이용자는 의식하지 못한 채로 클라라의 동작을 확인 중인 많은 인간 근로자들과 대화하는 것이다.

매사추세츠 주 프랭클린에 위치한 인터랙션Interactions 사도 '디지털 상담원'을 개발하고 있는 회사다. 이 시스템은 미국 건강보험 회사인 휴매나Humana와 텍사스의 공공필수재 회사인 TXU에너지를 비롯한 대기업들의 고객상담센터 업무를 처리한다. 인터랙션은 자사의 인간 보조상담원을 '의도 분석가'라고 부른다. 자동 상담원 시스템은 잘 이해할 수 없는 내용과 맞닥뜨리면 의도 분석가에게 해석해달라고 요청한다. 인간이 그 말을 듣고, 시스템에게 다음에 어떻게 해야 할지 말해주면, 고객과의 대화가 재개될 수 있다.

뛰어난 인공지능을 꾸며내는 쉬운 방법이지만, 페이스북, 클라라랩스, 인터랙션과 같은 회사들이 한 일은 이런 세련된 술책과 관련된 것만이 아니다. 엔지니어들이 인간이 얼마나 귀중한 자원이 될 수 있는지 배운 사례가 된 것이다. 자동화된 상담시스템은 악명이 드높다. 겟휴먼닷컴GetHuman.com이라는 온라인 서비스는 각 회사별로 진짜 사람하고 통화할 수 있는 연락처를 알아내는 특별한 팁을 알려준다.

처음부터 그냥 인간 상담원을 쓰면 되지 않는가? 실리콘밸리에서 개발된 많은 비서 앱이 이 길을 택했다. '매직Magic'이라는 앱을 쓰면 인간 상담원들에게 문자를 보내서 음식배달이 되는지, 예약이 되는지, 의료용 대마 사용이 되는지까지도 물어볼 수 있다. 미국 미주리 주 세인트루이스에 위치한 인비지블걸프렌드InvisibleGirlfriend는 월별 사용료를 내면 가상 여자친구를 만들어 문자채팅을 할 수 있는 서비스를 제공한다. 여기서, '여자친구'는 돌아가며 유혹적이거나 감성 넘치는 답상을 꾸며내는 많은 수의 인산 노동사들을 빌한다.

인간은 문제가 많고 비싼 노동력이기 때문에, 인공지능의 조수로 인간을 둬서 보완하면 인간 두뇌의 유연성 및 창의성과, 자동화된 인공지능의 지치지 않는 속도, 그리고 일종의 검소함을 결합할 수 있다. 기업들이 얻는 이득은 분명하다. 하지만 로봇의 조수가 된다면 어떤 기분일까?

인터랙션의 부사장 필 그레이[Phil Gray]에 따르면, 인터랙션의 사무실은 콜센터처럼 생겼지만, 콜센터에서 들릴 법한 소리가 들리지는 않는다. 떠들썩한 대화 소리는 멈추지 않는 키보드 치는 소리가 대체했다. "어떤 이들은 비디오게임 플레이와 비교하기도 해요." 인터랙션의 다른 부사장인 제인 프라이스[Jane Price]는 첨언한다. 직장인들이 자신들의 직장에 대해 익명으로 후기를 남길 수 있는 웹사이트인 글래스도어[Glassdoor]에서 인터랙션에 대한 평가는 엇갈린다. 어떤 사람들은 가볍고 편안한 분위기와 유연근무가 가능한 점을 칭송하며, 빠른 업무 처리속도가 좋다고 말한다. 그러나 다른 사람들은 반복적인 성격에 질려한다. "어떨 때는 좀비로 변하고 있는 느낌까지 들어요." 한 전직 분석가는 이렇게 썼다.

이 새로운 세상의 노동자들을 인공지능 트레이너, 의도 분석가 등 뭐라고 부르건 간에, 이들은 이중 목표를 수행한다. 현재는 인공지능이 아직 처리할 수 없는 문제와 마주쳤을 때 그 공백을 메꿔줄 수 있는 인공지능의 예비인력 같은 기능을 한다. 하지만 인공지능이 이런 실수를 다시 하지 않도록 가르치는 역할도 하고 있다. 하나를 가르칠 때마다 그 데이터는 점점 커지는 훈련 데이터 집합에 추가되고, 이 데이터 집합은 나중에 머신러닝 알고리즘이 잘 모르는 작업

기계는 어떻게 생각하고 학습하는가

을 처리할 때 꺼내어 이용할 수 있다.

이는 결국 어떤 시점이 되면 인공지능이 완전히 훈련되어 인간 트레이너를 고용할 필요가 없어질 수 있다는 뜻인가? 페이스북에서 M 개발을 맡고 있는 알렉스 르브룅Alex Lebrun은 그렇게 간단한 문제가 아니라고 말한다. "인간 트레이너는 계속 필요할 겁니다. 학습을 더 할수록, 학습해야 할 것들은 더 늘어납니다. 인공지능의 배움에는 끝이 없어요."

직장 내 감시자

하지만 인공지능의 부정적인 면에 일자리 뺏기만 있는 것은 아니다. 기업들은 인공지능 덕분에 직원 개개인의 행동을 매우 자세하게 추적할 수 있게 되면서, 노동 현장에서 직원들을 감시하는 기술을 점점 더 많이 활용하고 있다. 직원이 게으름을 부리기 시작하거나 반항의 기미를 보이면, 인공지능이 그 직원의 상사에게 고자질할 수도 있다.

이런 서비스를 제공하는 회사 중 하나가 런던의 스타트업인 스테이터스투데이StatusToday다. 영국 정보기관인 정부통신본부Government Communications Headquaters가 사이버보안 분야 스타트업 액셀러레이터[1]로서 기술 제공 및 투자유치를 도운 지원기업으로 포함된 바 있다. 스테이터스투데이가 개발한 인공지능 플랫폼은 정기적으로 제공받는 직원들에 대한 메타데이터에 기반하고 있다. 이런 데이터에는 직원들이 접근하는 파일부터 얼마나 그 파일을 자주 보는지, 그리고 회사에 출퇴근할 때 출입

---

1 초기 스타트업이 더 성장할 수 있도록 자금, 멘토링 등을 지원하는 역할을 이르는 용어

카드를 언제 찍는지까지 모든 내용이 포함된다.

인공지능은 이런 메타데이터를 이용해서 회사와 부서와 직원들이 정상적으로 운영되는 상태를 분석해 구축하고, 실시간으로 사람들의 행동에서 보이는 비정상 상태를 뽑아내 표시한다. 이런 식으로 누군가 일상적인 행동패턴에서 벗어나는 행동을 하면 보안상 위험이 될 가능성이 있다는 발상에 착안한 시스템이다. "이런 데이터를 통해 이용자의 지문과도 같은 식별요소를 찾아낼 수 있죠. 그래서 만약 이 지문이 맞지 않으면 경고를 울리는 겁니다." 스테이터스투데이의 최고기술경영자인 미르체아 두미트레스쿠Mircea Dumitrescu는 이렇게 말한다.

이 시스템은, 예를 들어 직원이 보통 열람하지 않던 많은 수의 파일을 복사하기 시작하는 상황을 지적할 수 있다. 직원들이 그냥 자신의 일을 하고 있는가, 아니면 기밀정보를 훔치고 있는가? 나아가, 직원들이 피싱 이메일에 답장을 보낸다든지 악성코드가 들어 있는 첨부파일을 연다든지 하는 보안 취약점을 만들 수 있는 행동을 잡아내는 것도 목표다. 두미트레스쿠는 말한다. "이 시스템은 컴퓨터에 바이러스가 있는지 여부를 감시하지 않아요. 인간의 행동을 보죠."

하지만 이런 방식으로 드물게 일어나는 보안상 위험을 확인한다는 것은 결국 모든 사람을 감시하고 있다는 뜻이다. 어떤 회사들은 이미 뭔가 문제가 생겼을 때 소급해서 찾아보려고 직원들의 데이터를 축적하고 있다. 보험회사인 히스콕스Hiscox는 최근에 스테이터스투데이의 시스템을 사용하기 시작한 직후에 몇 달 전에 퇴사한 직원이 쓰던 계정에서 일어난 활동을 잡아냈다.

잠재적인 사이버보안 위협을 알려주는 것 외에도, 스테이터스투데이의 인공지능은 직원들의 생산성을 기록하고 확인하는 데도 쓸 수 있다. 두미트레스쿠는, 야후에서 재택근무가 회사 전반적으로 업무의 '능률과 질'을 약화시킨다는 이유로 직원들에게 이를 금지해 논란이 된 사례를 언급했다. "이 주장이 정말 진짜인지 각 직원별로 계량화해볼 수도 있습니다. 그러면 정말 재택근무가 허용되어야 하는지 여부는 데이터에 근거한 결정이 되겠죠."

내 사진이 경찰 기록에 있을까?

미국 워싱턴DC에 있는 조지타운 대학교 로스쿨에서 2016년 발간한 보고서에 따르면, 미국에 사는 사람이라면 경찰의 얼굴 인식 데이터베이스에 포함돼 있을 가능성이 50 대 50은 된다고 한다. 이 보고서에 따르면 미국의 경찰조직 약 4분의 1가량이 얼굴 인식 기술을 쓸 수 있다.

경찰이 얼굴 인식 기술을 활용하는 것 자체는 문제가 아니다. 모든 사람의 주머니에 카메라가 들어 있는 이 세상에서 이런 기술을 활용하지 않는 건 어리석다. 하지만 얼굴 인식은 지문 인식보다 훨씬 폭넓게 쓰일 수 있고, 따라서 선량한 사람들까지 감시하게 될 위험이 훨씬 높다. 이 보고서를 공개하면서, 작성 책임자 알바로 베도야Alvaro Bedoya는 이렇게 썼다. "우리가 겪어보지 못한 영역이고, 솔직히 말해 위험한 영역이다."

지문은 다루기가 어렵다. 밝혀진 범죄자로부터 수집한 지문은 잘 통제된 경찰서 내 환경에만 모아둘 수 있고, 지문을 찾아 본을 뜨는 일도 관련된 범죄 현상에서만 할 수 있는 데나 시간이 많이 길린다.

그래서 범죄 수사를 할 때마다 지문을 찾는 대상의 수는 적어질 수밖에 없다. 식별된 사진으로 대규모 데이터베이스를 구축하기가 훨씬 쉽다. 경찰 데이터에 있는 1억 1700만 장의 얼굴사진 중 많은 수는 주 운전면허증과 신분증에서 수집한 것이다. 게다가 범죄를 수사할 때 얼굴사진 수집은 길거리에 널린 카메라만 특정하면 될 만큼 쉽다. 시위에 참가한 사람들, 교회에 가는 사람들, 또는 그냥 지나가는 사람들까지도 전혀 눈치 챌 수 없는 상태에서 모두 얼굴의 '본'이 떠질 수 있다.

어떤 얼굴 인식 소프트웨어는 통제된 환경에서 진행한 검사에서 인간만큼 뛰어난 인식률을 보였다. 하지만 흐릿한 CCTV 화상에 대해서는 훨씬 인식률이 낮았다. 만약 소프트웨어가 인간 수사관들이 확인할 수 있는 수준보다 더 잘못된 인식 결과를 제공한다면, 범죄와의 싸움을 더 힘들게 하는 꼴이 될 것이다. 게다가 경찰이 이런 얼굴 인식 기술을 어떻게 이용할지, 그리고 얼굴 인식 결과에 얼마나 중요성을 부여할지에 대한 규제도 거의 없다. 적절한 지침을 주지 않으면 수사관들은 얼굴 인식 결과에 지나친 가치를 부여하고 그 결과와 맞아떨어지는 증거를 더 신뢰하게 될 수도 있다.

더욱이 얼굴 인식 시스템은 흑인에게 편견을 가지게 될 가능성이 높다. 흑인들이 백인들보다 더 자주 체포되기 때문에, 흑인의 얼굴은 피의자 상태에서 찍는 얼굴사진 데이터베이스에 더 많이 들어간다. 즉, 얼굴 인식 시스템에서 죄가 없는 흑인이 죄가 없는 백인보다 더 범죄와 연관될 가능성이 높다는 뜻이다. 게다가, 상용 얼굴 인식 소프트웨어가 흑인, 여성, 아이들의 얼굴을 백인 남성의 얼굴보다 더 부정확하게 인식한다는 연구도 있다. 이런 소프트웨어는 흑인을 범죄자로 지목할 확률이 더 높을 뿐 아니라, 나아가 틀릴 확률도 더 높다.

현재 얼굴 인식 기술을 상용화하고 있는 4곳의 주요 회사(코그니텍Congnitec, NEC, 3M 코젠트3M Cogent, 모르포Morpho) 중 어느 곳도 자사의 소프트웨어가 동작하는 방식이나 소프트웨어를 훈련하기 위해 사용한 데이터 집합을 공개하지 않고 있다. 미국 연방수사국(FBI)조차도 이 소프트웨어가 정확히 무슨 일을 하는지 알 수 없다. 2016년 미국 회계감사원은 FBI가 활용하는 얼굴 인식 프로그램에 대한 보고서를 공개하면서 FBI가 프로그램에서 오류가 얼마나 자주 일어나는지 확인하지 않았다고 밝혔다. 회계감사원의 보고에 따르면, FBI가 더 검증을 잘하면 얼굴 인식 시스템이 '범죄 수사를 방해하기보다는 발전시킬 수 있는 본보기가 된다는 사실'을 좀 더 확실하게 할 수 있을 것이다.

다른 포렌식 기법과 마찬가지로, 얼굴 인식 기술도 경찰이 놓칠 수 있는 범죄자를 잡을 수 있게 할 수 있는 잠재력이 있는 기술이다. 하지만 이를 위해서는 얼굴 인식 결과가 투명하고도 신뢰할 수 있어야 한다. 그렇지 않다면 군중 속에서 그냥 범죄자를 찍는 결과와 다를 바 없다.

아무도 통제하지 않는다

소프트웨어는 이제 사람들의 삶을 바꿔놓을 수 있는 결정에도 관여하고 있다. 누가 은행 대출을 받고, 누가 채용되니, 누가 중요한 시민이고, 누가 가석방 심사 대상이 되어야 하는지 결정하는 일을 돕는 자동화 시스템이 존재한다. 그래도 우리는 가격결정 알고리즘이 미쳐 돌아갔을 때 무슨 일이 일어났는지를 보고 잠재적 위험을 생각해야 한다. 기계가 통제를 벗어났을 때 누가 개입해야 하는가?

"아마존이 엉망으로 미쳐버렸다." 만약 이 트윗을 2014년 12월 12일에 보고, 그리고 재빨리 행동했다면, 이례적인 할인 상품을 살 수 있었을지도 모른다. 딱 1시간 동안, 아마존은 이상한 조합의 상품들, 전화기, 비디오게임, 가장무도회 의상, 매트리스 따위를 단돈 1페니에 팔았다.

이 한정 폭탄세일 가격으로 판매자들은 비싼 대가를 치렀다. 평소에 100파운드로 표기된 상품이 99.99퍼센트 할인가격으로 올라왔다. 수백 명의 고객이 이 기회에 달려들어 상당수가 대량주문까지 했다. 아마존은 재빨리 대응해 많은 주문을 취소하기는 했지만, 자동화 시스템이 이미 보관창고에서 발송해버린 상품까지 취소할 수는 없었다. 이 프로세스는 일단 실행되자 멈추기가 어려웠다. 소프트웨어 오류 때문에, 아마존 플랫폼을 이용하던 적지 않은 수의 독립 판매자들이 수만 달러 가치의 재고를 날렸다. 그중 몇몇은 파산에 직면했다.

자동화된 프로세스는 더 이상 인간이 마음대로 할 수 있는 단순한 도구가 아니라 종종 스스로 결정을 내린다. 다수가 민간의 사유재산인 데다 모두가 복잡한 시스템이기 때문에 공공의 감시 대상에서 벗어나고 있다. 공정하게 작동하는지를 어떻게 확신할 수 있을까? 알고리즘에 숨겨진 동작 방식에 드리운 장막을 걷어내고 부당한 편견이나 차별을 잡아내고자 하는 알고리즘 감사인이라는 새로운 변화의 흐름이 생겨나고 있다.

소프트웨어가 일단 현실세계에 풀려나면, 실제 데이터를 받아 어떻게 동작할지 예측하기는 어렵다. 마이크로소프트가 2015년 챗봇 테이를 출시했을 때, 단 몇 시간 만에 트위터에 있는 인종주의자들의 말을 따라 하게 되는 바람에 마이크로소프트는 서둘러 서비스를 종료해야만 했다. 소프트웨어가 어디까지 영향을 미치는지도 때로는 분명하지 않다. 예를 들면 어떤 이들은 웹사이트의 비행기표 가격이 경쟁사 사이트를 보고 온 뒤에 훌쩍 뛴 적이 있다고 주장한다. 다른 이들은 이런 얘기가 이 시대의 일종의 도시전설일 뿐이라고 생각하기도 한다. 이런 논란은 오늘날 인공지능 시스템의 내용이 잘 밝혀져 있지 않다는 사실을 드러낸다.

알고리즘 오류에 의한 피해

하지만 잠재적인 영향이 매우 파괴적일 수도 있다. 어떤 이는 2008년 서브프라임 사태 때 숨겨진 알고리즘이 일부 영향을 줬다고 생각한다. 2000년에서 2007년 사이에 컨트리와이드홈론Countrywide Home Loans과 딥그린DeepGreen과 같은 미국 금융대출업체들은 자동화된 온라인 신청절차를 통해 전례 없는 이율로 주택금융대출을 여기저기 내줬다.

문제는 인간의 감독 없이 너무 많은 고위험 대출을 내줬다는 것이다. 그 결과 찾아온 파국에 소수자에 속하는 미국인들이 제일 고통받았다. 자동화된 프로세스는 대량의 데이터를 분석해서 고위험 대출자(더 높은 이자율을 적용받는 자)를 식별하고 이들을 주요 대상으로 삼아 주택대출 상품을 안내했나. 워싱턴DC에 위치한 공공징책연구I인 열린기술연구소[Open Technology Institute]의 시타 강가다란[Seeta Gangadharan]은 말한다. "알고 보니 이런 대출자들은 아프리카계 미국인이나 라틴계로 많이 치우쳐 있었습니다. 알고리즘이 그 프로세스에서 뭔가 역할을 한 거죠."

어떤 알고리즘이 정확히 얼마나 문제였는지는 명확히 밝혀지지 않은 채로 남았다. 하지만 웰스파고나 뱅크오브아메리카 같은 은행들은 볼티모어, 시카고, 로스앤젤레스, 필라델피아와 같은 도시들과의 사이에 서브프라임 대출이 불균형하게 소수자 집단에 영향을 줬다는 주장으로 제기된 소송에서 수억 달러에 합의했다. 대형은행들이 서브프라임 대출을 판매하고 판매 대상자를 특정하기 위해 사용한 의사결정 프로세스 그 자체가 새로운 것은 아니었다 하더라도, 소프트웨어 알고리즘이 그런 의사결정을 주도할 때의 영향범위와 속도는 새로운 것이었다.

자동화된 시스템은 그 어느 때보다 더 중요한 의사결정에 관해 인간의 결정을 대체하고 있다. 2012년 미국 국무부는 영주권 비자 추첨 당첨자 결정에 알고리즘을 이용하기 시작했다. 하지만 이 알고리즘에는 오류가 발생하기 쉬웠다. 문제를 조사했던 프린스턴 대학교의 컴퓨터 과학자인 조시 크롤[Josh Kroll]에 따르면, 이 알고리즘은 첫날에 지원한 사람들에게만 영주권 비자를 발급해줬다고 한다. 이렇게 발급된 비자들은 취소되긴 했지만, 숨겨진 알고리즘이 한 사람의 인생을 바꿔놓는 영향을 줄 수 있다는 사실을 생생히 보여주는 사례가 아닐 수 없다.

시민권자 모델링

유사한 사례로, 에드워드 스노든이 폭로한 문서에 따르면 미국 국가안보국(NSA)은 어떤 사람이 미국 시민권자인지 결정하는 데 알고리즘을 이용했다. 미국법에 의하면, 미국 시민권자가 아니어야만 영장 없이 통신 감청 및 감시가 가능하다. NSA가 사용한 알고리즘은 대상자의 출생지나 부모가 시민권자인지와 같은 정보를 모르는 상태에서 다른 기준을 적용했다. 대상자가 외국인과 접촉하는가? 외국에서 인터넷에 접속하는 것처럼 보이는가?

온라인으로 하는 행동에 따라 대상자의 시민권은 하루아침에 바뀔 수 있다. 미시간 대학교의 존 체니리폴드John Cheney-Lippold는 말한다. "어느 날은 미국 시민권자였다가 다른 날은 외국인이 될 수 있는 겁니다. 대상자의 여권이나 출명서가 아닌 데이터의 해석에 근거한 분류 평가입니다."

가장 지독한 사례 중 몇 가지에서는, 수학적 정밀성을 표방한 위장 아래 숨겨진 편향성이 코드에 직접 녹아 들어가 있다. 징역형 선고에 관해 생각해보자. 미국의 특정 주에서는 판사와 변호사들이 '자동 양형'을 하기 위해 온라인 도구를 사용할 수 있다. 이런 시스템은 피고인의 구속 유지에 드는 비용을 계산하고 피고인의 전과, 행태 및 인구통계학적 고려요소에 기반해 다시 범죄를 저지를 확률과 비교해 형벌의 정도를 정한다. 하지만 주소, 소득, 교육 수준과 같은 판단요소 때문에 인종 편향을 피하기는 거의 불가능하다. 2016년 탐사보도 전문 언론사 웹사이트인 프로퍼블리카ProPublica는, 플로리다 주 브로워드 카운티의 프로그램 하나를 분석해 이 프로그램이 지난 2년간 재범확률이 높은 범죄자로 백인보다 흑인을 거의 두 배 가까이 잘못 분류했다는 사실을 밝혀냈다.

이런 사례들 중 다수에서, 문제는 알고리즘 그 자체가 아니라 알고리즘이 데이터에 이미 존재하는 편향성을 과도하게 부풀린다는 사실이다. 어떻게 해야 할까?

더 높은 기준

보스턴에 있는 노스이스턴 대학교의 크리스토 윌슨^{Christo Wilson}은 구글이나 페이스북 같은 기술 대기업들이 수많은 사람들이 의지하고 있는 공공서비스처럼 취급되어야 한다고 생각한다. "이들에게 수십억 개의 눈이 있다는 사실을 고려하면, 더 높은 기준을 세우고 지켜야 할 책임이 있다고 생각해요." 윌슨은 말한다.

윌슨은 이용자들이 자동화 시스템에서 분석 결과가 개인화되는 방식을 구체적으로 통제할 수 있다면, 즉 공식에서 성별을 제거하거나, 소득계층이나 주소를 무시하도록 하는 등의 일을 할 수 있다면 자동화 시스템이 더 믿을 만해질 수 있다고 생각한다. 게다가 이런 통제가 가능하다면 이런 시스템이 어떻게 작동하는지를 배울 수도 있다.

또 다른 이들은 새로운 규제 관리 알고리즘, 예를 들면 금융업계에서 쓰는 것과 비슷한 알고리즘을 추구한다. 2014년 백악관이 용역을 주어 작성한 보고서는 정책결정자들이 알고리즘이 데이터를 수집하고 분석해 무엇을 하는지에 대해 좀 더 주의를 기울여야 한다고 제안했다. 하지만 책임을 확실히 하기 위해서는 알고리즘을 검사하고 그 영향을 감시하는 독립감사인이 필요할 수 있다. 강가다란에 따르면, 이 문제에 답할 책임을 정부나 산업계에만 맡겨놓아서는 안 된다.

그러나 독립감사인 제도에는 어려운 장애물이 많다. 일단, 민간 사유 재산의 내용을 파헤쳐 조사하는 일은 보통 동작 방식을 분석하려는 시도를 금하고 있는 소프트웨어 이용약관 조항을 위반한다. 미국의 컴퓨터사기와 남용에 관한 법[Computer Fraud and Abuse Act]에 따라 이런 감시나 염탐 행위는 심지어 불법행위가 될 수도 있다. 게다가, 공공 감시가 중요하기는 하지만, 민간 사유재산인 알고리즘의 세부사항은 경쟁자나 해커로부터 보호받아야만 한다.

알 권리

이런 이슈에도 불구하고 2016년 유럽의회는 개인정보에 대해 규제하는 일반 규칙을 정하는 개인정보보호일반규정(GDPR)을 승인했다. 2018년 시행된 이 규정은 유럽연합 시민들이 자동화된 결정의 논리구조에 대해 질문하고 결과에 이의를 제기할 권리를 뜻하는 '설명을 들을 권리'를 도입했다.

옥스퍼드 인터넷 연구소의 브라이스 굿맨[Bryce Goodman]에 따르면, GDPR은 구 규정과 비교해 한 걸음 나아갔다. 데이터가 어떻게 이용되어야 하는지에 대한 새로운 규칙을 창설했고, 유럽에 위치한 기업인지 여부와 관계없이 유럽 시민에 속한 데이터와 관련한 기업의 업무에 이런 규칙이 어떻게 적용되어야 하는지 명시했다. 그리고 강제력도 있다. GDPR을 위반한 단체는 연간 총매출액의 4퍼센트 이하 또는 2000만 유로 중 더 큰 액수의 벌금을 부과받을 수 있다. 나아가 GDPR은 기업들이 인종, 종교, 건강 데이터와 같은 개인의 특징에 기반해 차별하는 행위를 하지 않아야 한다고 특정해 명시했다.

하지만 GDPR은 실제 적용이 쉽지 않을 전망이다. 누가 머신러닝 알고리즘의 이해하기 어려운 통상구조를 기술에 밝지 않은 사람들에게 설명할 수 있겠는가? 하지만 시도해보는 게 중요하다. 백악관 과학기술정책실의 차석 기술실장인 에드 펠튼[Ed Felten]은 말한다. "역사에서 배울 수 있는 점은 인간의 결정이 모두 너무 편향되기 쉽다는 겁니다. 의식적으로든 무의식적으로든요. 인간이 자동화 시스템을 만든다면, 인간보다는 더 낫게 만들어야 할 의무가 있습니다."

소프트웨어 감시자

한 가지 해결 방법은 다른 소프트웨어를 감시하는 소프트웨어를 만드는 것이다. 크롤은 대상 알고리즘이 주어진 데이터로 하도록 되어 있는 일을 제대로 하는지 감사인이 검증할 수 있게 해주는 시스템을 개발하고 있다. 다시 말해, 예를 들어 영주권 비자 추첨 결과가 진짜 무작위로 나오는지, 자율주행 자동차의 보행자 회피 알고리즘이 걷고 있는 보행자와 휠체어를 탄 사람에게 동등한 주의를 기울여 대응하는지 등을 확인하는 실패 검증 수단을 제공할 수 있다.

펜실베이니아 주에 있는 하버포드 칼리지의 컴퓨터과학자 소렐 프리들러[Sorelle Friedler]는 다른 방법을 택했다. 프리들러는 기반 데이터에 내재하는 편향성을 이해함으로써 알고리즘에 있는 편향성을 제거할 수 있으리라 기대했다. 프리들러가 개발한 시스템은 키나 주소와 같은 임의의 특성들과 인종이나 성별과 같은 인구통계학적 계층 간에 존재하는 상관관계를 찾는다. 이런 상관관계가 의도치 않은 편향성으로 이어지면, 데이터를 정규화하는 게 낫다. 프리들러의 말에 따르면, 이는 본질적으로 알고리즘에서의 소수자 우대정책이다.

시스템이 불공정하거나 불법적인 결과를 도출하는 것으로 밝혀지는 경우, 차별행위가 있음이 분명한 경우에는 적절한 대응 방법이다. 하지만 소프트웨어가 어떻게 동작해야 하는지에 대해 합의가 되지 않은 경우는 어떨까? 어떤 이들은 고수준으로 개인화된 가격정책은 고객과 판매자 모두에 이익이 된다고 주장할 수도 있다. 또 어떤 이들은 자동화 알고리즘에 의한 징역형 양형 결과를 옹호할 수도 있다. 누군가에게는 용인될 수 없는 결과가 다른 사람들에게는 수용 가능할 수 있다.

금융시스템에서와 달리, 실제로 현실에서 벌어지는 일을 규제하는 알고리즘에 대한 표준은 아직 존재하지 않는다. 사람들이 알고리즘이 어떻게 동작하길 원하는 것인지는 답하기가 매우 어려운 문제다. 아마도 이 질문에 답하는 데도 인공지능이 필요할 수도 있다.

8장
기계가 인간 이후에
지구의 주인이 될 것인가?

― 초지능기계는 이 세상을 어떻게 바꿔놓는가

수십 년간 인간보다 더 계산을 잘하는 기계는 존재해왔다.
하지만 지금 당장 인공지능이 급속히 발전하고 있는 속도와,
인공지능이 적용되어 성과를 내고 있는 업무의 범위는 사람들을
놀라게 했다. 몇몇 사람들은 기계가 인간보다 더 똑똑해지는
미래는 피할 수 없고, 또 이미 임박했다고 생각한다.
이런 초지능기계는 기후변화 해결부터 의료 분야와 복지정책에
이르기까지 모든 것을 바꿔놓을 수 있다.
그러나 인공지능의 극적인 성장은 신학부터
인간의 생물종으로서의 미래에 이르기까지 모든 분야에서
풀기 어려운 문제를 발생시킬 수 있다.

초지능의 여명

초지능기계, 즉 어떤 분야에서든 인간의 사고를 능가할 수 있는 기계라는 개념은 블레츨리 파크에서 앨런 튜링과 함께 일한 수학자 어빙 존 굿Irving John Good이 처음 제안했다. 굿은 "최초의 초지능기계는 인간이 발명할 필요가 있는 최후의 물건이다"라고 했는데, 그 이유는 바로 그 순간부터는 초지능기계가 더 나은, 다른 기계들을 만들어낼 것이기 때문이다.

보기에 따라서는 인류의 마지막 발명품의 등장은 거의 목전까지 왔을 수도 있다. 자가개량 기계의 도래가능성은 인공지능이 인간의 지능을 넘어서는 '특이점singularity'이란 개념에 함축되어 있다. 레이 커즈와일과 같은 미래학자들은 특이점이 올 때까지 겨우 몇십 년 정도 남았을 뿐이라고 믿는다. 그렇지만 초지능이나 초지능 개념에 따라붙는 '인류에게 이것이 무슨 의미인지'에 대한 공포는 SF로 키워진 꿈 속 상상일 뿐이라고 생각하는 이들도 있다.

하지만 SF에 등장하는 무서운 이야기는 핵심을 놓치고 있다. 인공지능이 통제를 벗어나 날뛸 것이라는 과도한 두려움은 잊어도 된다. 초지능기계가 존재하는 세상은 그보다 훨씬 생소한 모양새가 될 것이다.

인터뷰 : 특이점이 목전에 와 있다

레이 커즈와일은 컴퓨터과학자이자, 발명가이자 미래학자다. 2009년 커즈와일은 캘리포니아 주에 있는 미국 항공우주국 리서치파크[1]에서 '기하급수적 기술exponential technology'을 특화연구하는 특이점 대학교Singularity University를 공동설립했다. 2012년부터 구글에서 전업으로 일하고 있다. 특이점이 올 때까지 장수하기 위해서 하루에 150개가 넘는 보충제를 먹는다.

커즈와일에게 제한된 두뇌능력과 매일매일 쇠하는 몸을 가지고 인간으로 사는 삶은 충분하지 않다. 커즈와일이 생각하는 특이점은 기계가 인간의 지능을 능가하고 인공지능이 스스로를 기하급수적으로 개량하기 시작하는, 곧 다가올 근미래의 어느 시점이다. 그가 2009년 『뉴 사이언티스트』 인터뷰에서 설명한 대로, 인류는 특이점 이후 보조를 맞추기 위해 기계와 합쳐지고, 초지능을 얻게 되며, 영생할 것이다. MIT에서 백악관까지, 사람들은 이 생각을 혐오하거나 아니면 이것이 어서 현실이 되기를 애타게 기다린다.

특이점이 언제 올까요?

아마도 2045년쯤이면 오겠지요. 이미 생물학적 기술과 비생물학

---

1 주로 넓은 공간을 활용하는 연구시설 집적단지를 말함

적 기술이 합쳐진 기술이 존재합니다. 예를 들면 몇몇 사람들은 뇌에 전자장치를 삽입했어요. 최신 세대 기술에서는 뇌에 들어간 컴퓨터에 의료 소프트웨어를 다운로드할 수 있습니다. 하지만 15년에서 20년쯤 뒤에 지금보다 10만 배 소형화되고 수십억 배 강력해진 기술이 나온다고 상상해보면, 어떤 일이 가능할지 어느 정도 감을 잡을 수 있을 겁니다. 비록 대부분의 사람이 몸에 컴퓨터를 넣지는 않을지라도, 이미 컴퓨터는 인간의 존재를 구성하는 일부가 되었습니다.

'트랜스휴먼'[2]이 되거나 기술과 융합하고 싶지 않은 사람들은 어떻게 하지요?

의료 및 건강에 관한 기술을 완전히 거부하면서 안경도 쓰지 않고 약도 먹지 않는 사람이 얼마나 될까요? 사람들은 스스로를 변하게 하고 싶지 않다고 말하지만, 병에 걸리면 그 병을 치료하기 위해 무엇이든 할 겁니다. 지금 당장 2030년이나 2040년의 세상으로 한 번에 도약할 수는 없어요. 수천 개의 낮은 계단을 올라 거기까지 가야 합니다. 이 계단들을 합치면 궁극적으로 세상은 달라질 겁니다.

2045년에 도달하기 위해 현재 임박한 환경문제를 극복할 수 있을까요?

그렇습니다. 자원은 실제로는 훨씬 더 많습니다. 인간에게 필요한 에너지는 태양에너지 1만 단위 중 단지 1단위만 모을 수 있으면 충분합니다. 나노기술이 태양에너지 저장 기술에 응용되고 있고 기하

---

2 인간이면서 인간이 아닌 존재로 주로 과학기술을 이용해 신체와 생명의 한계를 초월하는 존재를 말한다.

급수적으로 용량이 증가하고 있습니다. 이런 신기술은 수확 가속의 법칙[3]이 적용되기 때문에 궁극적으로 매우 저렴해질 겁니다.

수확 가속의 법칙이 무슨 뜻인가요?

세상을 바꾸는 아이디어의 영향력이 점점 더 빨리 커지고 있으며 그 의미를 완전히 이해하는 사람은 드뭅니다. 사람들은 기하급수적으로 생각하지 못해도, 기하급수적인 변화는 정보량 측정을 수반하는 모든 사물에 적용됩니다. 유전자 배열 분야를 생각해봅시다. 1990년 인간 게놈 프로젝트가 발표되었을 때 회의론자들은 이렇게 말했습니다. "15년 안에 이 일을 해낼 수 있을 리가 없다." 프로젝트가 반쯤 진행되었을 때도 회의론자들은 여전히 단호했고 전체 프로젝트 중 단 1퍼센트 정도만 끝났을 뿐이라고 말했죠. 하지만 실제로는 일정에 맞춰 잘 진행되고 있었습니다. 1퍼센트에 도달한 시점에서는 2배씩 7번만 진행하면 끝나거든요.

정확한 예측을 여러 번 하셨던 걸로 유명하십니다. 이런 기하급수적 생각이 정확한 시기를 예측하는 데 도움이 되었나요?

전 1980년대 중반에 1990년대 중반에 등장할 웹의 존재를 예상했습니다. 그 당시에는 말도 안 되는 것 같았죠. 미국 국방비 전체를 써도 겨우 수천 명의 과학자들만 연결할 수 있었던 시대니까요. 하지만 전 매년 이 연결이 두 배씩 늘어날 것이라 생각했고, 그 일은 그대로 일어났습니다. 정보기술의 발전 정도를 이 정도로 정확히 예측할 수 있다는 사실은 상당히 놀랍습니다. 하지만 그렇다 하더라도,

---

3 커즈와일이 제창한 이론으로 기술이 발전될수록 발전 속도가 점점 더 빨라지는 현상

기계는 어떻게 생각하고 학습하는가

수백만 명의 혁명가들이 예상치 못했던 아이디어를 내놓을 겁니다. 소셜네트워크를 누가 예상했겠습니까? 만약 20년 전에 제가 누구나 내용을 작성하고 편집할 수 있는 백과사전이 생길 것이라고 얘기했다면, 사람들은 아마도 '세상에나, 그런 백과사전은 낙서로 가득하고 전혀 쓸모가 없을 거야'라고 생각했을 겁니다. 집단 지성을 잘 관리할 수만 있다면 얼마나 뛰어난 결과가 나오는지를 보면 놀랍습니다.

이런 발전들에 대한 얘기는 굉장히 이상적으로 들립니다.

이상적이라고 할 수 없는 게, 기술은 양날의 검이기 때문에 새로운 문제들도 가져올 겁니다. 그래도 전체적으로 보면, 기술이 가져다줄 수 있는 이익은 불이익보다 크다고 생각합니다. 모든 사람이 동의하는 건 아니지만요.

특이점 대학은 어떤 이유로 설립하셨나요?

엑스프라이즈재단^X Prize Foundation**4**의 설립자이자 회장인 피터 다이아먼디스^Peter Diamandis와 저는 미래의 문제들을 해결하기 위해 인공지능, 나노기술, 생명기술, 고급 컴퓨터기술 분야를 이끄는 사람들을 한데 모으는 대학을 설립할 적절한 시기가 됐다고 결론을 내렸습니다. 이런 문제들은 복잡하고 다차원적이기 때문이죠. 항공우주국과 구글의 래리 페이지도 후원을 해줬고요. 이 대학은 매우 압축적인 9주 코스를 운영합니다.

---

4 공익과 관련된 기술개발에 내건 생생을 유도하는 일을 하는 비국 비영리재난

돌아가신 아버님이 그리워서 되살리고 싶다는 얘기를 하신 적이 있습니다.

맞습니다. 나노봇으로 아버지의 무덤에서 DNA를 수집하고, 그분을 기억하는 다른 사람들과 저의 기억에서 인공지능이 추출한 모든 정보를 삽입해서 말이지요. 그리고 아버지의 인생을 기억하기 위해 제가 박스나 여기저기에 모아둔 내용들을 다운로드할 수도 있을 겁니다. 아버지는 아바타나 로봇이나 그 외의 다른 형태를 취하실 수 있을 거예요.

가치의 문제

지능을 가진 기계가 인간을 제거할지도 모른다는 우려는 1950년대 현대적 컴퓨터가 등장한 이래 계속 있어왔지만, 인공지능 분야에서 변두리 화제로 남아 있었다. 하지만 최근 몇 년간, 철학자 닉 보스트롬이 주도하는 학파는 이런 '존재론적 위험'을 논의의 주류 화제로 올렸다. 보스트롬이 2014년 발간한 책 『슈퍼인텔리전스』는 빌 게이츠, 일론 머스크, 애플 공동설립자 스티브 워즈니악과 같은 기술계 거물들의 지지를 얻었다.

스티븐 호킹 같은 공적 인물들도 지지자 대열에 동참했다. 호킹은 BBC 인터뷰에서 이렇게 말했다. "완전한 인공지능 개발은 인류의 종말을 불러오는 일이 될 수 있습니다. …… 이런 인공지능은 스스로 발전하고, 계속 점점 더 빠르게 자신을 재설계할 겁니다. 느린 생물학적 진화라는 한계가 있는 인류로서는 경쟁이 안 될 거고, 결국 대체될 겁니다." 2016년, 호킹은 이 인터뷰를 이어서 인공지능이 "인류에게 일어난 역대 최고 아니면 최악의 일"이라고 말했다.

보스트롬이 든 좀 더 유명한 예 중 하나는 오직 페이퍼 클립 만들기만 추구하는 인공지능이다. 이런 인공지능은 페이퍼 클립을 만든다는 목적만으로 지구 전체의 자원을 다 써버릴 수도 있다. 또는 인간을 행복하게 만드는 임무를 받은 인공지능이 인간의 뇌에서 불쾌한 경험과 관련된 부분을 잘라내버릴 수도 있다. 따라서 어려운 문제는 인공지능의 목표가 인간의 목표와 확실히 어울리도록 하는 일이다.

2016년 7월 수십여 명의 연구자, 철학자, 윤리학자들이 이 문제를 논의하기 위해 영국 케임브리지의 지저스 칼리지에서 열린 비공개 회의에 모였다. 영국 오픈 대학교의 대중기술이해학 명예교수인 존 노턴[John Naughton]은 이 회의에서 이렇게 말했다. "존재론적 위험은 가치의 문제로 압축됩니다." 노턴에게 좋지 않은 사실은 인공지능에 대한 비난을 주도하는 인물들이 보통 어떤 데이터 주도 의사결정이 좋고 어떤 것은 나쁜지의 문제에 대해 기술 권력가적인 태도를 취하면서 그 이상의 논의를 허용하지 않는다는 것이다.

그렇다면 미래의 기계의 목표와 가치를 어떻게 설정해야 할까? 간단한 답은 아직 모른다는 것이다. 현재의 인공지능은 특정한 작업을 수행하기 위한 데이터 집합으로 훈련되지만, 후세대 인공지능은 인간처럼 스스로 목적을 설정할 수 있게 될지도 모른다. 그리고 이런 방식으로 문제에 대한 더 나은 해결책을 이끌어낼 수도 있다. 하지만 기계에 이정도의 자유를 부여하려면, 기계가 좋지 않은 길을 택하는 것을 막을 수 있는 방법은 있어야 한다. 미래의 인공지능에 들어가는 '킬 스위치'에 대한 이야기가 나오는 이유다.

다른 흔한 가치 판단 문제로는 인공지능이 최대 다수를 위한 최선의 이익을 추구해야 한다는 문제가 있다. 이 명제는 언뜻 들으면 그럴듯하게 들린다. 예를 들어, 말라리아와 같은 드문 질병들의 치료제를 개발하는 것보다는 말라리아모기를 막는 모기장을 구매하는 것이 더 비용효율적이다. 하지만 이는 사람들이 소중하게 여기는, 그리고 사회적 통합에 중요한 개인 하나하나에 대한 관심과 보호를 포기하는 행위가 될 수 있다. 인공지능은 인간 대신 냉정하게 이성적인 선택을 함으로써 '인간의 윤리를 초월'할 수 있겠지만, 사람들은 그 결과를 좋아하지 않을 수 있다. 지금은 인간의 영역으로 남아 있는 영역까지 인공지능이 밀고 들어오게 되면 더욱 문제가 될 것이다.

인공지능이 인간보다 똑똑해진다면?

철학자 닉 보스트롬은 옥스퍼드 대학교 부설 인류미래연구소의 소장이자, 『슈퍼인텔리전스』(까치, 2017)의 저자이기도 하다. 보스트롬은 언젠가 인간보다 훨씬 뛰어난 인공지능이 개발될 것이라고 말한다. 보스트롬은 왜 이런 인공지능을 현명하게 설계하는 일이 인류가 직면한 최대의 과제인지를 다음과 같이 설명한다.

"인류는 지금까지 인간보다 지능적인 생명체와 조우한 적이 없습니다. 하지만 인류의 인지능력을 아득히 뛰어넘는 기계를 창조하게 된다면 이 사실은 바뀔 겁니다. 그러면 이런 '초지능'의 의지에 인류의 운명이 좌우될 겁니다. 오늘날 고릴라의 운명이 고릴라 스스로에게 달렸다기보다는 인류에게 달려 있는 것과 상당히 유사한 일입니다.

기계는 어떻게 생각하고 학습하는가

따라서 우리는 이런 초지능이 원하게 될 내용에 관심을 가져야 할 이유가 있습니다. 초지능의 동기 체계를 잘 설계해서 그 선호도가 인간의 선호도와 일치하도록 만들 방법이 있을까요? 초지능이 인간 친화적인 성향으로 출발한다고 가정할 때, 초지능이 자신보다 뛰어난 후속 버전을 계속 만들어내면서도 우호적으로 계속 남아 있게 보장할 수 있는 방법이 있을까요?

이런 질문들은 아마도 인류가 앞으로도 맞닥뜨릴 문제 중에서 가장 중대한 질문일 텐데, 차세대 인공지능에 대한 새로운 과학이 필요하다는 사실을 제시합니다. 답을 만들어내기 위한 작업은 아직 끝나지 않았지만, 지난 10년간 수학자, 철학자, 컴퓨터과학자들이 모여 진전을 보여주기 시작했습니다. 제가 쓴 책인 『슈퍼인텔리전스』에서 설명했듯이, 이와 같은 연구의 결과는 언뜻 보기에 마음이 불편하면서도 아주 매력적입니다. 개략적으로 말하자면 인류가 현 시대에 본질적으로 달성해야 할 과제는 바로 인공지능 전환에 대한 준비 작업이라는 사실을 알 수 있었죠.

하지만 한 발짝 물러나서, 왜 높은 수준의 강한 인공지능을 보유한 기계가 그렇게 중요한 문제가 되는지 생각해봅시다. 전 초지능이란 개념을 사실상 모든 분야에서 인간의 인지능력을 훨씬 뛰어넘는 지능이란 의미로 썼습니다. 분명히 말하자면, 현재 나온 어떤 인공지능 프로그램도 이 기준을 만족시키지 못합니다. 대부분의 면에서 인간에게 미치지 못하고 심지어 쥐에 비교해도 마찬가지입니다.

그러므로 지금 말하는 시스템은 현재나 또는 근미래에 대한 이야기기 이닙니다. 일반적인 학습과 추론 능력에서 인간과 견줄 만한 인공지능을 개발하는 데 얼마나 오래 걸릴지는 아무도 모릅니다. 사실 수십 년 정도 걸릴 것이라고 예상하는 게 적당할 겁니다. 하지만 일단 인공지능이 이 수준에 도달하고 또 이 수준을 뛰어넘기만 하면, 급격하게 초지능 수준으로 날아오를 수도 있습니다.

인공지능 과학자가 인간 과학자보다 더 뛰어난 능력을 갖게 된 뒤에는, 인공지능 연구는 디지털 시간척도에 따라 기계가 수행하게 될 것이고, 연구 진전 속도도 이에 맞춰 급격히 빨라질 겁니다. 따라서 지능 폭발이란 현상이 일어나 인간의 지능을 능가하는 컴퓨터가 전혀 없던 상황에서 모든 생물의 지능을 아득히 뛰어넘는 기계 초지능이 탄생하게 될 가능성도 있습니다.

이런 지능 폭발을 겪은 최초의 인공지능 시스템은 그다음부터는 엄청나게 강력해질 수 있습니다. 세상에서 유일한 초지능으로서, 나노분자 로봇기술과 같은 많은 다른 기술들을 매우 빨리 개발할 수 있고, 이런 기술을 이용해 자신의 선호도에 따라 생명체의 미래를 만들어갈 수도 있을 것입니다.

초지능은 세 가지 형태로 구분할 수 있습니다. 속도 초지능은 인간이 할 수 있는 일을 모두 할 수 있는데, 훨씬 빨리 할 수 있습니다. 인간보다 만 배 빠른 속도로 돌아가는 초지능 시스템은 책 한 권을 몇 초 만에 읽을 수 있고 박사 논문을 반나절 만에 끝낼 수도 있습니다. 이런 빠른 지능에게는 외부 세상이 슬로모션으로 움직이는 것처럼 보일 겁니다.

공동 초지능은 인간 수준의 지능 시스템 다수를 모아, 전체 시스템의 총합 성능이 현존하는 어떤 인지 시스템보다 뛰어나도록 구성

기계는 어떻게 생각하고 학습하는가

한 시스템을 말합니다. 컴퓨터에서 소프트웨어 형태로 실행할 수 있는 인간 수준의 지능은 쉽게 복사할 수 있고 복수의 컴퓨터에서 쉽게 실행할 수 있습니다. 각 복사본이 중복적인 하드웨어와 전기 비용을 지불할 만큼 가치를 창출하기만 한다면, 대량으로 수를 늘릴 수 있습니다. 이런 지능 시스템이 조 단위로 모인 경우, 지금보다 수천 배의 과학자와 발명가가 생기는 셈이기 때문에 기술 진보가 훨씬 빨라질 수 있습니다.

마지막으로 우수 초지능은 적어도 인간 수준으로 빠른 지능을 갖고 질적으로 훨씬 똑똑한 지능을 말합니다. 설명하기가 좀 더 어려운 개념으로, 인간이 다른 동물보다 똑똑한 것과 비슷한 의미로 인간보다 더 똑똑한 지능이 있을 수 있다는 발상에서 나왔습니다. 원시적인 연산 능력의 관점에서 보자면, 인간의 뇌는 예를 들어 알려진 생물의 뇌 중에서 가장 큰 향유고래의 뇌보다 더 뛰어나다고 할 수 없습니다. 평균적인 인간의 뇌가 1.5킬로그램인 반면, 향유고래의 뇌는 7.8킬로그램에 이릅니다. 그리고 당연히 인간이 아닌 이 동물의 뇌는 향유고래의 생태학적 필요성에 잘 맞춰져 있습니다.

하지만 인간의 뇌는 다른 종보다 과학, 기술, 엔지니어링을 더 잘할 수 있게 해주는 추상적 사고와 복잡한 언어 표현, 장기 계획 능력을 갖고 있죠. 그렇지만 인간의 뇌가 가능한 생물의 뇌구조 중에서 가장 똑똑한 형태라고 생각해야 할 이유는 없습니다. 오히려 인간은 아마도 기술 문명을 세울 수 있는 능력이 있는 생물종 중 가장 멍청한 종일 수도 있습니다. 어떤 면에서든 최적화된 구조로 진화했기 때문이 아니라, 언지 다른 지성체보나 너 벨티 문명 주군에 토밀랬기 때문에 이 한계를 극복할 수 있었던 거죠.

이런 서로 다른 유형의 초지능에는 각각 다른 강점과 약점이 있을 수 있습니다. 예를 들어, 공동 초지능은 독립적인 세부문제로 쉽게 분할할 수 있는 문제 해결에 뛰어난 반면, 우수 초지능은 새로운 관념적 영감이 필요하거나 복잡한 고찰이 필요한 문제에서 앞서 나갈 수 있습니다.

하지만 이런 다른 초지능이 결국 향하는 길은 동일합니다. 처음 만든 초지능에게 과학적 연구에 대한 능력이 있다면, 곧 완전히 강한 초지능이 될 가능성이 높습니다. 초지능에게 처음에 부족했던 인지적 능력이 무엇이든, 그 능력을 개발하는 데 필요한 컴퓨터과학 또는 인지과학 연구와 소프트웨어 엔지니어링 능력 개발을 금방 마칠 수 있을 것이기 때문입니다.

이 수준에 일단 도달하기만 하면, 기계 뇌는 생물 뇌에 비해, 엔진이 생물의 근육에 비해 우위가 있는 것처럼, 많은 본질적 우위를 가지게 됩니다. 하드웨어 관점에서 보면, 처리능력을 가진 부품이 더 많고, 이런 부품이 더 빠른 주기로 동작하며, 내부 소통도 훨씬 더 빠르고, 저장용량도 더 많습니다.

소프트웨어 관점에서의 우위는 계량하기가 더 어렵지만 아마 중요도는 동등할 겁니다. 예를 들어, 복사 능력을 생각해봅시다. 소프트웨어의 정확한 복사본을 만들기는 쉽지만, 반면 인간을 '복제'하는 것은 부모세대가 평생 획득한 기술과 지식이 자손세대에게 전해지지 못하는 느린 절차입니다. 디지털 지능의 코드를 편집하기가 훨씬 쉽다는 점도 있습니다. 지능의 구조와 알고리즘을 개선해서 실험하

기계는 어떻게 생각하고 학습하는가

고 개발하는 게 가능해지죠. 인간도 뇌내 시냅스 세부연결을 편집하는 일, 즉 우리가 학습이라고 부르는 일이 가능하긴 하지만, 인간 뇌 신경망이 동작하는 기본 원칙을 수정할 수는 없습니다.

인간이 이런 기계 뇌와 경쟁할 수 있을 리가 없습니다. 기계 뇌의 목표가 인간의 목표와 일치하도록 설계하는 데 희망을 걸 수밖에 없지요. 어떻게 할 수 있는지 알아내는 게 어마어마한 문제입니다. 누군가가 초지능을 개발하는 데 성공하기 전에 이 문제를 해결하는 데 성공할지 여부는 분명하지 않습니다. 하지만 인류의 운명은 이 두 문제를 올바른 순서로 해결하는 데 달렸습니다."

슈퍼창조자

2016년 케임브리지 회의가 있기 겨우 몇 달 전에, 인공지능이 도전할 것으로 기대할 만한 새로운 종류의 과제를 엿볼 수 있는 일이 있었다. 알파고가 엄청나게 복잡한 보드게임인 바둑에서 세계 최고수 이세돌을 꺾은 일은 1997년 가리 카스파로프가 IBM 슈퍼컴퓨터 딥블루와 벌인 체스 시합을 떠올리게 했다. 하지만 당시 체스 시합은 기계의 단순 반복 연산에서의 우월성을 보여준 반면, 알파고의 승리는 뭔가 다른 것, 바로 창의성과 직관을 보여줬다. 케임브리지 회의에서, 알파고를 개발한 딥마인드의 공동창업자인 데미스 허사비스는 창의성을 지식을 합성해 새로운 아이디어를 만들어내는 능력으로 정의하고, 직관을 의식적으로 표현할 수 없는, 경험을 통해 얻은 내재된 지식으로 정의하자고 제안했다.

알파고는 수백 년간 불려내려온 시혜에서 농녈어신 수 하나늘 눕으로써 한 대국에서 이겼다. 알파고는 왜 이런 수를 뒀는지 표현할 수 없었지만, 분명히 근거는 있었다. 그렇다면 알파고는 아주 제한된 형태이긴 해도 창의적이고 직관적이었는가? 그렇다면 지능적인 기계의 새로운 유형으로 슈퍼컴퓨터라기보다는 말하자면 '슈퍼창조자'가 등장할 수 있을 것이다.

하지만 지금 런던 골드스미스 대학교에서 컴퓨터 창의성을 연구하고 있는 사이먼 콜턴[5]에 따르면 이런 시각은 창의성을 타고난 특징으로 보는 점에서 핵심을 놓치고 있다고 한다. 콜턴은 미래를, 예를 들자면 핸드폰이 음악을 무한히 작곡해낼 수 있는 세상으로 보기는 하지만, 창의성은 다른 사람이 사람 또는 개체에게 부여하는 사회적으로 구성된 개념이라고 생각한다. 콜턴은 그림을 그리고 이야기를 만들어내는 인공지능을 개발했지만, 컴퓨터가 생성한 작품에 걸맞지 않은 인간적 틀을 적용하지 않고는 그 작품을 평가하는 건 불가능하다고 말한다.

아직 인간의 전유물이라고 생각되는 특성, 즉 상상력, 감정, 그중에서도 의식의 경우는 어떨까? 이런 영역을 탐구하는 기계도 개발 중이지만, 현재 기사 헤드라인에 소개되는 인공지능들은 아직 그 근처에도 가지 못한 상태다. 인공지능이 새로운 작업을 수행하도록 훈련할 수는 있지만 이렇게 얻은 지식을 인간처럼 한 영역에서 다른 영역으로 이전하는 일은 보통 불가능하다.

---

5 페인팅 풀 개발자와 같은 사람임

기계는 어떻게 생각하고 학습하는가

미래 인공지능의 다양한 종류

많은 연구자들은 대부분의 사람들이 인공지능을 상상할 때 떠올리는 마치 인간처럼 사고하는 기계는 인간의 지능이 작동하는 구조를 더 잘 이해하지 못하면 달성하기 어려운 먼 미래의 이야기라는 데 동의한다. 이런 강한 인공지능artificial general intelligence(AGI)은 이번 세기에 개발가능하다는 공통된 인식이 퍼져 있지만, 지금까지 해왔던 대로 연구를 계속하기만 하면 될 것이라고 생각하는 사람은 드물다. 인공지능 분야에서는 급격한 진보 이후에 발전이 서서히 멈춘 인공지능의 겨울이 몇 번 있었다.

초지능기계가 인류의 모든 측면을 복제할 필요는 없다(그림 8.1 참조). 머리 섀너핸에 따르면, 미래 인공지능의 다양한 종류 중에는 인간을 닮

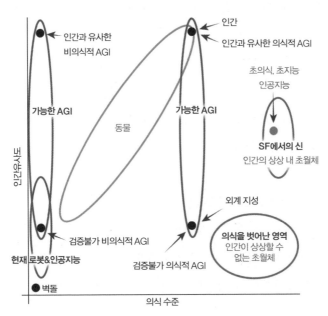

그림 8.1 매우 지능적인 기계(이른바 강한 인공지능)는 인간처럼 생각할 필요도 없고 공감능력과 같은 인간적인 특징을 공유할 필요도 없다.

긴 했지만 의식이 없는 '좀비' AGI, 그리고 인간보다도 더 지각과 의식이 있는 인공지능까지 포함될 것이라고 한다. 이런 점 때문에 인공지능은 매우 지능적이지만 동시에 아주 비인간적일 수 있는 외계 지성체와도 비슷한 위치에 설 수 있다.

마지막 난제가 있다. 인간만큼이나 지능적이면서 의식적인 기계를 만들어낸다면, 우주질서에서 인간 스스로의 위치에 대한 인식이 얼마나 도전받게 될 것인가? 놀랄 수도 있는 일이지만, 신앙심이 깊은 사람들이 오히려 덜 흔들릴 수 있다. 케임브리지 신학자인 앤드루 데이비슨Andrew Davison에 따르면, 적어도 아브라함 계통의 종교[6]에서는 유대교에 전해져 내려오는 골렘 이야기와 성경에서 말하는 무형의 절대자가 정확히 그런 예이기 때문에, 인간이 아닌 지성체의 존재가 문제될 이유가 없다.

인간은 이제 겨우 스마트 기계와 살아가기 시작했을 뿐이다. 지금은 킬러로봇에 대해 걱정하고 있지만 앞으로 극복해야 할 도전은 훨씬 기괴하고 생소할 수도 있다. 언젠가는 인간이 외계생명체와 천사들과 함께 살아가고 있을 수도 있겠다.

소프트웨어도 고통을 느낄 수 있을까?

컴퓨터 신경과학자이자 미래학자인 앤더스 샌드버그Anders Sandberg는 옥스퍼드 대학교 부설 인류미래연구소에서 인간의 발전과 신기술과 관련된 윤리적, 사회적 이슈를 연구하고 있다. 샌드버그에 따르면

---

6 아브라함에 기원을 둔 종교들로 유대교, 기독교, 이슬람교 등이 있음

언젠가 인간은 가상 의식을 만들어낼 것이다. 이런 소프트웨어가 고통을 느낄 수 있을까?

"전 연구실을 떠나면서 컴퓨터를 끄고 작업 중이던 신경망 시뮬레이션을 삭제했습니다. 그때 어떤 생각이 불현듯 들었죠. 내가 방금 뭔가를 죽인 건가? 전 제가 전혀 양심의 가책 없이 바닥에 짓밟고 있던 박테리아의 내부 체계보다 더 단순한 시뮬레이션이었다고 자기합리화를 했죠. 그게 문제가 안 된다면, 이것도 마찬가지야. 하지만 불편한 감정은 여전했습니다.

과학에는 문제가 있습니다. 생명체 내에서 정말 일어나고 있는 일이나, 병을 치료하는 방법을 알아내고 싶다면, 대개는 생명체에 실험을 해야 합니다. 디지털 시뮬레이션이 대안이 될 수 있죠.

1950년대에 오징어의 거대 축색돌기가 기계적 계산기를 통해 모델링된 이후, 생물체계를 시뮬레이션할 수 있는 기술은 급격히 성장했습니다. 오늘날은 진짜 같은 수억 개의 뉴런과 수십억 개의 시냅스를 갖춘 신경 시뮬레이션을 슈퍼컴퓨터에서 실행시킬 수 있습니다. 세포와 세포 내의 화학작용도 비슷한 수준으로 모델링되었고요.

이런 시뮬레이션은 동물실험의 대안이 될 수 있습니다. 진통제를 실험하기 위해 살아 있는 동물에게 고통을 가하는 대신, 고통 시스템을 시뮬레이션해서 치료법이 효과를 발휘하는지 확인하면 되지 않겠습니까? 이런 논리의 궁극적인 귀결은 뇌, 그리고 몸의 모든 부분이 디지털로 시뮬레이션된 모사체가 됩니다.

진짜 뇌에서의 연결점들을 구성하는 게 어려운 문제입니다. 적당한 곤충의 뇌를 만들어내는 일도 몇 년이나 걸릴 수 있지만, 선충의 일종인 예쁜꼬마선충Caenorhabditis elegans의 뇌를 가상 형태로 만드는 작업은 이미 진행 중입니다. 이 선충이 적절한 대상인 이유는 겨우 302개의 신경세포로 이루어진 가장 단순한 형태의 뇌를 가지고 있기 때문입니다. 2012년 캐나다 워털루 대학교의 연구자들은 250만 개의 뉴런을 보유한 거대한 뇌 기능 시뮬레이션인 SPAUN을 개발했다고 공개했습니다. 그리고 유럽 내 공동 프로젝트인 휴먼 브레인 프로젝트는 인간의 전체 뇌를 시뮬레이션하려는 궁극적인 목표를 갖고 있어요.

이런 디지털 모사체가 현존하는 많은 윤리적 딜레마를 해결해줄 수 있긴 하겠지만, 새로운 딜레마도 발생합니다. 먼저, 가상 동물을 만들어내기 위해 많은 실제 동물들이 희생되어야 할 겁니다. 언젠가는 표준 실험쥐 1.0이라고 이름 붙여질 마지막 실험쥐를 검사하고 그 이후로는 이 실험쥐의 시뮬레이션에 기초해 실험을 수행하는 날이 올 수도 있겠지만, 그런 시뮬레이션이 가능하려면 기초 신경과학 작업이 수년간은 이루어진 뒤여야 합니다. 두 번째 문제는 의약품 실험이나 다른 연구에서 이 시뮬레이션을 신뢰하려면 시뮬레이션이 정확하다는 사실이 분명해야 한다는 것입니다.

정말 제가 흥미를 느낀 부분은 세 번째 문제입니다. 디지털 모사체도 고통을 느낄까요? 의료연구를 진행할 때 동물이나 사람에게 기울이는 주의를 이 디지털 시뮬레이션에도 적용해야 할 필요가 있을까요? 이 문제는 전적으로 소프트웨어가 고통을 느낄 수 있는지에 달려 있습니다. 예를 들어, '킁킁대는 가상쥐Sniffy the virtual rat'는 살

기계는 어떻게 생각하고 학습하는가

아 있는 동물을 이용하지 않고 학습 심리를 가르치기 위해 주어진 전기자극에 반응하는 쥐의 행동을 관찰할 수 있게 해주는 프로그램입니다. 하지만 대부분의 사람이 이 프로그램에서 진짜 고통이 발생한다고 생각하지는 않지요. 가상 애완동물 장난감처럼 본질적으로는 상호작용형 애니메이션일 뿐입니다. 대상에 공감을 느낄 수도 있겠지만 결국 인형에게 말하는 것과 비슷합니다. 하지만 뇌 전체를 시뮬레이션해서 동물과 나아가 인간의 신경 연결 상태까지 재현한 모사체는 다른 문제입니다.

철학자 대니얼 데닛은 1978년에 쓴 논문 「왜 고통을 느끼는 컴퓨터를 만들 수 없는가Why you can't make a computer that feels pain」에서 인간은 고통을 완전하게 정의할 수 없기 때문에 그런 고통을 느끼는 기계를 만들 수 없다고 주장했습니다. 하지만 데닛은 언젠가 결국 인간은 고통의 정의를 알아내게 될 것이고, 어느 시점이 되면 사려 깊은 사람은 로봇을 발로 차는 일을 자제하게 될 것이라고 생각했습니다. 존 설과 같은 다른 철학자들은 앞으로 시뮬레이션이 얼마나 정교해진다 하더라도 이는 항상 복잡한 방식으로 업데이트되는 숫자들에 불과하고 순수한 소프트웨어에는 진정한 의지나 의식이 있을 수 없다고 주장했습니다. 게다가 소프트웨어가 실제 세상에 나오기 위해서는 몸이 필요할 수 있습니다.

하지만 신경과학자 로드니 코터릴Rodney Cotterill이 의식에 대한 자신의 이론을 보여주는 모델로 개발한 '사이버차일드CyberChild'는 어떻습니까? 사이버차일드는 실제 생물학에 기반한 뇌와 몸을 가지고 있는 가상 아기 시뮬레이션입니다. 이 시뮬레이션에는 혈당치나 서로 다른 뇌 영역에서 일어나는 활동과 같은 내부 상태가 있습니다. 이런 내부 상태에 반응하고, 학습할 수 있으며, 음식이 필요합니다. 다시 말해 영양 수준이 너무 낮으면 '죽습니다'. 그리고 울 수도 있고 팔을 휘저을 수도 있습니다. 맞아요. 매우 단순한 구조입니다만, 의식을 가지도록 의도해 만들어졌습니다. 여기에는 약간 묘한 기분이 들게 하는 게 있죠. 코터릴의 이론이 맞는다고 가정하면, 원칙적으로 이 존재는 경험을 보유할 수도 있게 됩니다.

뇌의 존재이유는 유기체에 더 나은 결과로 이어지는 행동을 만들어내기 위해서임이 알려져 있습니다. 고통, 쾌락, 계획 기능이 있는 이유가 이것입니다. 뇌의 활동을 완전히 복제할 수 있다면, 같은 내부적 상호작용 패턴에 기초해 같은 행동 결과를 얻을 수 있을 겁니다. 외부에서 이 대상이 그게 무엇이든, 진정한 경험을 갖게 되는지 알 방법은 없습니다. 소프트웨어가 고통을 느낄 수 있는지 여부에 대해서, 그리고 이것이 윤리적으로 중요한 문제인지에 대해서는 상당한 견해차가 존재합니다. 그렇다면 이제 어떻게 해야 할까요?

전 나중에 후회하는 것보다는 안전하게 가는 게 낫다고 생각합니다. 어떤 시뮬레이션 모사체든 그것이 본뜬 유기체나 생물체계와 동일한 정신적 특징을 가지고 있다고 가정하고, 그에 맞게 적절히 다루는 겁니다. 만약 시뮬레이션에서 단순한 신경잡음만 발생한다면, 신경 써야 할 무언가가 존재하지 않는다고 생각해도 되는 이유가 있는 거겠죠. 하지만 진짜 쥐처럼 행동하는 시뮬레이션을 만들었다면 진짜 실험쥐를 다루듯이 다뤄야 합니다.

컴퓨터 신경과학 연구를 할 때 이게 불편할 수 있다는 점은 인정합니다. 하지만 윤리적으로 옳은 일일 수 있습니다. 일단 척추동물을 시뮬레이션하는 데 성공한다면 정부의 동물실험 지침을 적용해야 합니다. 고통의 징후를 만들어내는 실험을 하지 않음으로써 되도록 가상의 고통을 발생시키는 일이 없도록 해야 합니다.

한편 생물체 구조에 대해 조정을 할 수도 있겠습니다. 시뮬레이션에서는 통증 체계를 빼고도 부작용 없는 완벽한 진통제를 가상으로 만들거나, 고통과 관련된 신경활동을 차단해버릴 수도 있습니다. 이론상으로 시뮬레이션한 뇌에서 어떤 종류의 고통이라도 발생하는지를 확인하고 있다가 만약 그런 고통이 발생하면 바로 실험을 중단하는 방법도 있습니다. 게다가 삶의 질이라는 문제도 있습니다. 인간은 동물에게 좋은 환경을 제공하는 문제가 중요하다는 사실을 인식하기 시작했습니다. 이와 동등하게 좋은 가상 환경을 구축하는 일은 어려울지도 모릅니다. 가상쥐에게는 그럴듯한 가상의 털, 수염, 편안하게 느껴지는 냄새가 필요할 수 있습니다.

안락사는 어떨까요? 살아 있는 유기체는 죽고, 죽음은 살아 있을 기회를 영원히 잃는다는 의미입니다. 하지만 뇌 시뮬레이션 모사체는 백업해둔 자료에서 복원할 수 있습니다. 실험쥐 1.0은 과거에 얼마나 많은 복제본이 실험됐는지와 상관없이 똑같은 형태로 부활할 겁니다. 복원할 때 잃는 것은 오직 과거 실험에서의 기억뿐입니다. 그래도 의미 있는 쾌락과 고통은 남아 있을지도 모릅니다. 어떤 윤리적 관점에서 보자면, 수백만 번의 엄청나게 행복한 쥐 시뮬레이션을 돌리는 건 한 번 고통스러운 일을 모사체에게 하는 것과의 '윤리적 균형'일지도 모릅니다.

장기적으로 우리는 인간의 뇌 시뮬레이션 모사체를 만들어낼 수 있게 될 것이라 봅니다. 인간 뇌의 윤리적 지위는 동물에 대해 결정하는 것보다 여러 가지로 더 쉬울 겁니다. 그냥 물어보면 되는 거죠. 어떤 저명한 철학자가 소프트웨어가 의식을 가질 수 있다는 사실을 의심한다면, 그들의 뇌를 복제하고, 그 결과로 나온 시뮬레이션 모사체에 자신이 의식적이라고 생각하는지를 묻습니다. 그 답이 '……네. 이런! 논문을 써야겠어요!'라면, 어떤 권리를 갖기에 충분한 지능, 자기성찰, 윤리적 미덕을 갖춘 존재라는 상당한 근거가 되는 겁니다. 하지만 그때가 올 때까지는 소프트웨어 동물을 잘 대해야 합니다. 만약을 대비해서요."

논리를 벗어나는 컴퓨터

75년간 컴퓨터는 앨런 튜링이 정의한 한계 내에서 동작했다. 이런 한계는 인공지능이 얼마나 똑똑해질 수 있는지에 대해서도 한계를 그을 수 있다. 하지만 튜링이 예언한 해결불가능 문제를 해결할 수 있는 기계, 즉 튜링이 '신탁oracle'이라고 불렀던 기계를 현실화하기 위한 작업이 개시되었다. 1938년 튜링은 박사학위 논문에서 신탁이 어떤 형태가 될 것인지에 대해서는 더 이상 구체적으로 쓰지 않았다. 하지만 그 정도 허술한 점은 괜찮다. 불과 26세에, 튜링은 이미 혁명에 불을 붙인 상태였다. 많은 사람들이 튜링의 풍부하고 다양한 업적 탐구에 흠뻑 빠져들어, 그리고 그 업적들에 기반해 만들어진 컴퓨터와 애플리케이션으로 세상을 바꾸느라, 신탁은 사실 무시한 감이 있다. 튜링은 범용 튜링머신으로 어떤 일반적인 컴퓨터에도 피할 수 없는 한계가 있음을 보였다. 그리고 신탁으로는 이 한계를 어떻게 돌파할 수 있는지를 보여줬다.

튜링은 짧은 생애 동안, 신탁을 실제로 구현하려고 시도한 적이 없다. 아마도 그럴 만한 이유가 있었을 것이다. 대부분의 컴퓨터과학자들은 어떤 식으로든 신탁에 가까이 접근한 기계가 있다면 곧 이 우주에서 정보 및 에너지가 움직이는 원리 아래서의 근본적인 한계에 봉착할 것이라 생각한다. 신탁을 실제로 만들어낼 수는 없다.

미주리 주 스프링필드에 있는 한 연구소에서는, 두 명의 연구자가 회의론자들이 틀렸다는 증거를 찾고 있다. 미주리 주립대학교의 에밋 레드Emmett Redd와 스티븐 영거Steven Younger는 튜링머신을 뛰어넘는 '슈퍼튜링' 컴퓨터가 거의 목전에 왔다고 생각한다. 이 컴퓨터를 통해 이 세상에서 컴퓨터연산의 한계만이 아니라 세상에서 가장 흥미롭고 강력한 컴퓨터, 즉 인간의 뇌에도 영감을 불어넣을 수 있을 수 있다는 생각이다.

지금 우리가 알고 있는 컴퓨터는 본질적으로 인간이 정확한 지시를 받아, 지루함을 견뎌내는 수준이 높은 상태에서, 연필과 종이를 무제한으로 제공받았을 때 할 수 있는 일에 대한 아주 유능하고, 튼튼하며, 효율적인 형태의 구현이다. 컴퓨터는 연속적인 덧셈, 곱셈, 논리결정(만약 x라면, y이다) 수행에 탁월하다. 범용 연산기계(대체로 튜링머신으로 알려져 있는 기계)는 같은 일을 하면서도 질리지 않고 할 수 있다. "전자적 컴퓨터의 목적은 훈련된, 그러나 지능적이지 않은 방식으로 인간 작업자가 해왔을 특정한 경험법직 설자를 수행하는 것이나." 튜링은

1950년 맨체스터 대학교의 마크 II 컴퓨터에 대한 프로그래머 매뉴얼에 스스로 이렇게 썼다.

컴퓨터는 인간이 그러한 것처럼 맹점을 가지고 있다. 얼마나 잘 훈련받고, 잘 교육받고, 잘 인내하는지와 관계없이, 어떤 질문들은 논리를 거스른다. "이 명제는 거짓이다"라는 명제는 참인가 거짓인가? 1931년 수학자 쿠르트 괴델은 유명한 불완전성 정리를 통해 논리적 공리로 구성된 시스템은 항상 이런 증명불가능한 명제를 포함하고 있음을 보임으로써, 이러한 문제가 보편적인 문제임을 밝혔다.

튜링이 밝혔듯이, 이와 비슷하게 논리 기반으로만 만든 범용 컴퓨터는 얼마나 처리장치 성능을 키우는지와 상관없이, 단순한 답을 낼 수 없는 '결정불가능' 문제에 항상 맞닥뜨리게 된다. 튜링이 예견한 신탁은 본질적으로 블랙박스로서, 특정되지 않은 내용물이 결정불가능 문제를 해결하는 장치다. 튜링이 제안한 O형머신$^{O\text{-}machine}$은 이 블랙박스 안에 든 무언가를 이용해서 전통적인 인간의 논리의 한계를 뛰어넘고, 그럼으로써 기존에 만들어졌던 모든 컴퓨터들의 능력을 능가한다.

여기까지가 튜링이 1938년에 세운 이론이다. 그리고 그 이후 50년 이상 흘러, 하바 시겔만$^{Hava\ Siegelmann}$은 우연히 슈퍼튜링 컴퓨터에 대한 모델을 만들어냈다. 1990년대 초반, 시겔만은 튜링이 논문을 발표했던 뉴저지 주 프린스턴에서 차로 겨우 40분 거리에 있는 피스캐터웨이의 럿거스 대학교에서 신경망에 대한 박사논문을 쓰고 있었다. 그녀의 최초 목표는 신경망의 한계를 이론적으로 증명하는 것이었다. 이 증명을 위해서는 신경망이 뛰어난 적응성에도 불구하고 전통적인 튜링머신의 완전한 논리 능력을 가질 수 없어야 했다. 그리고 이 시도는 계속 실패

기계는 어떻게 생각하고 학습하는가

했다. 결국 시겔만은 이 명제의 역을 검증했다. 튜링머신의 특징 중 하나는 진정한 무작위 생성이 불가능하다는 것이다. 시겔만은 파이$^{\pi}$와 같은 비반복적 무한 무리수가 있는 신경망에 가중치를 부여하는 방식으로, 이론적으로, 이를 슈퍼튜링머신으로 만들 수 있음을 보였다.

시겔만의 동료 과학자들은 이 아이디어를 침착하게 받아들였지만, 일부는 확실한 적대감을 드러냈다. 이전에도 슈퍼튜링이 되기 위해 뭔가 특별한 물리학을 이용하는 '하이퍼컴퓨터'에 대한 다양한 아이디어가 떠돌아다니곤 했지만, 그럴듯하지 않은 수준부터 말도 안 되는 수준까지 전부 거짓으로 보였다. 시겔만도 1995년에 마침내 이 증명을 공개하긴 했지만 곧 흥미를 잃었다. 그녀는 말한다. "그저 수학적인 증명일 뿐이라고 생각해서, 좀 더 실용적인 연구를 하고 싶었습니다. 그래서 슈퍼튜링 연산에 대해 더 논의하기를 그만뒀습니다."

레드와 영거는 시겔만의 연구를 알고 있었지만, 그들의 연구가 같은 방향으로 향하고 있다는 사실을 알게 된 것은 10년 정도가 지난 뒤였다. 2010년, 레드와 영거는 일반적인 디지털 코드 0과 1의 경우와 달리, 두 값 사이에 이론적으로 무한한 수가 있을 수 있는 아날로그 방식의 입력값을 이용해 신경망을 구축하고 있었다. 여기엔 시겔만의 무한 무리수와 다른 무언가가 있었다.

혼돈의 효과

2011년, 레드와 영거는 이제 매사추세츠 대학교의 생체모방 신경, 동역학계 연구소의 소장이 된 시겔만에게 연락해 협력연구를 할 마음이 있는지 문의했다. 그녀는 이에 응했다. 우연히도 시겔만은 당시 이 문제를 다시 생각하기 시작했고, 해결할 가치가 있는 프로젝트로 무리수 가중치 부여의 문제 말고도 다른 문제들이 있음을 깨닫기 시작했던 것이다. 무작위성 및 예측불가능성과 비슷한 요소가 관련된 문제라면 무엇이든 같은 기법을 사용할 수 있다.

이 3인 연구팀이 택한 길은 '혼돈'이었다. 혼돈계란 최초의 상태에 가한 아주 작은 변화에 매우 예민하게 반응하는 체계를 말한다. 아날로그 신경망을 적절한 방식으로 연결하고 출력을 아주 조금씩 단계적으로 변하게 하면 입력에 더 큰 변화를 줄 수 있고, 그다음엔 되먹임해 더 크거나 더 작은 변화를 계속 만드는 식이다. 실질적으로 이 체계는 예측할 수 없는 무한 변형 잡음에 의해 돌아가게 된다.

이 연구팀은 두 종류의 작은 혼돈기계 시제품을 개발하고 있다. 하나는 일반적인 전자부품에 기반한 신경망으로, 양장판 책 한 권보다 약간 큰 정도의 회로판에 통합 회로칩 형태의 '뉴런' 3개와 시냅스 11개로 구성되어 있다. 다른 하나는 뉴런 11개, 시냅스 약 3600개로 구성되어 있고 레이저, 거울, 렌즈, 광자검출기를 이용해 빛으로 정보를 코드화한다.

소규모 척도에서라고 해도 이 정도면 튜링머신을 뛰어넘는 컴퓨터가 될 수 있을 것이라는 게 연구팀의 생각이다. 하지만 많은 회의론이 따라붙는다. 그중 주된 걱정은 무한한 어떤 개념과 관련된 수학적 모델을 현실에 적용하면 항상 문제가 생긴다는 것이다. 수학에 문제가 있다는 뜻이 아니다. 진정 무작위라는 개념을 잘 다룰 수 있을지, 또는 그런 개념이 정말 존재하기는 하는지에 대해서 논란이 있을 뿐이다.

튜링도 분명히 이 문제를 생각했다. 튜링은 종종 본질적인 무작위성과 창의적 지능의 기원 간의 관계에 대해 고민하곤 했다. 1947년, 영국

기계는 어떻게 생각하고 학습하는가

국립 물리학 연구소에서 튜링은 경악하는 상사에게 그가 고안한 자동 계산장치에 방사성 라듐을 넣어야 한다고 제안한다. 방사성 라듐의 무작위 붕괴 덕분에 입력값에 원하는 만큼의 예측불가능성이 생길 수 있다는 생각이었다. "튜링이 신탁 장치를 만들려고 한 것 같지는 않아요. 튜링이 생각한 건 좀 더 뇌와 유사한 뭔가를 만드는 일이었죠." 시겔만은 말한다.

그 이후, 연구자들은 지속적으로 뇌와 유사한 특징을 가진 컴퓨터 개발을 목표로 삼아왔다. 그중에서도 가장 최근의 대규모 연구 프로젝트는 스위스 로잔에 위치한 취리히 연방 공과대학교에서 수행되는 휴먼 브레인 프로젝트에 포함되었다. 그러나 이 프로젝트의 범위는 표준적인 디지털 튜링머신 기술로 뉴런 복제를 하는 일에 그친다. 영거와 레드는 어렵다는 사실을 알고는 있지만, 여전히 좀 더 유연한 혼돈 신경망 방식의 접근법이 더 성과를 낼 수 있는 가능성이 높다고 생각한다.

인터뷰 : 왜 인공지능은 위험한 꿈인가

노엘 샤키는 영국 셰필드 대학교의 인공지능 및 로봇공학 명예교수이자, '국제 로봇무기 제어 위원회International Committee for Robot Arms Control' 단체의 공동설립자이자, '킬러로봇을 막을 캠페인' 시민단체의 운영진이다. 아래의 2009년 『뉴 사이언티스트』 인터뷰에서, 그는 왜 인공지능이 비지능적이고, 무감각한 로봇 요양보호사와 군인들이 있는 디스토피아적 미래로 인간을 이끌 수 있는 위험한 신앙이라고 생각하는지 설명한다.

인공지능을 어떻게 생각하십니까?

전 인공지능 분야의 선구자인 마빈 민스키가 인공지능을 만약 인간이 한다면 지능이 필요할 일들을 기계에게 하도록 하는 과학이라고 정의한 방식이 마음에 듭니다. 하지만 아주 똑똑해야 하는 인간의 일 몇 가지는 기계가 바보 같은 방식으로 처리할 수도 있습니다. 인간은 아주 제한된 기억력을 갖고 있기 때문에, 인간에게는 체스가 지능을 요하는 어려운 패턴 인식 문제가 됩니다. 딥블루와 같은 컴퓨터는 단순 반복시도로 수백만 개나 되는 경우의 수의 결과를 재빨리 찾아내어 이기죠. 이건 굴착기와 팔씨름을 하는 꼴입니다. 전 민스키의 정의를 다시 바꾸어 인간으로 하여금 기계가 지능적이라고 믿게 할 일을 기계에게 하도록 하는 과학이라고 하고 싶습니다.

기계가 지능을 가질 수 있나요?

동물적인 감각 차원에서의 지능을 말한다면 아니라고 해야겠죠. 저에게 인공지능은 생물체를 대체하는 게 아니라, 모델링하는 데 도움이 되는 뛰어난 공학적 업적들에 관한 분야입니다. 지능적인 기계를 프로그래밍하고 알고리즘을 설계하는 것은 인간이지, 기계가 스스로 하는 것이 아닙니다.

인간이 지각이 있는 것으로 설명할 수 있을 만한 기계를 만드는 수준에 가까이 왔나요?

전 실증주의자에 가까운 인간입니다. 그리고 지각에 인공적인 것이 발붙일 여지가 있다는 증거 자체가 없죠. 사람들은 컴퓨터로 계산할 수 있는 생각 또는 뇌라는 개념이 그저 가정일 뿐 진실은 아니라는 사실을 종종 잊어버립니다. 생각을 컴퓨터로 표현할 수 있다는 이

기계는 어떻게 생각하고 학습하는가

론을 '믿는 자'들에게 이 점을 지적하면, 그들의 주장 중 일부는 거의 종교적이기까지 합니다. 그들은 말하죠. "그 외에 다른 어떤 게 있을 수 있단 말이죠? 생각이 초자연적이라고 생각하시는 건가요?" 하지만 생각을 물리적 객체로 받아들인다고 해서 그 물리적 객체가 무엇인지를 알 수 있는 것은 아닙니다. 컴퓨터로 재현할 수 없는 물리 체계가 될 수도 있습니다.

그렇다면 로봇이 세상을 정복할 것이라는 예측이 왜 이리 흔한 건가요?

사람들이 급격한 발전을 이해하는 데 어려움을 겪기 때문에 발생하는 신기술에 대한 공포는 항상 있어왔습니다. 저도 SF 소설을 좋아하고 영감을 줄 수 있는 내용들이 있다고 생각하지만, 어디까지나 소설은 소설입니다. 기술적인 물건에는 의지나 욕망이 없습니다. 그런데 어째서 세상을 정복하기를 '원하는' 일이 생기겠습니까? 아이작 아시모프가 말하길, 그가 로봇에 대해 쓰기 시작했을 때는 로봇이 세상을 정복할 것이라는 발상이 사람들에게 통하는 유일한 이야기였다고 합니다. 아무도 다른 얘기를 듣고 싶어 하지 않았다고요. 제 경험으로도 신문기자들이 저에게 전화했을 때 인공지능이나 로봇이 세상을 정복할 것이라 생각하지 않는다고 말해주면, 그들은 '감사합니다'라고 한 다음 전화를 끊고, 그리고 절대 제 말을 싣지 않더군요.

인공지능을 환상에 대한 과학이라고 하셨습니다.

제 주장은, 인공지능 및 특히 로봇공학은 인간의 자연스러운 동물변신신앙을 드러낸다는 것입니다. 인간은 로봇이 인간이나 동물과 닮기를 바라고, 이는 인공지능에 대한 문화적인 맹신과 자발적인 의심 중단 덕분에 더 힘을 받죠. 자동기계 제조자들의 역사는 서기 60년에 최초의 프로그래밍 가능 로봇을 만들었던 알렉산드리아의 헤론까지 거슬러 올라갑니다. 자동기계 제조자들은 자신의 일을, 즉 사람들로 하여금 자신이 만든 기계가 살아 있다고 믿게 하는 속임수와 환상을 활용하는 일을 자연의 마술의 일부로 보았습니다. 현대 로봇 공학에서는 이 전통이 감정을 인식하고 공감을 표현하기 위해 실리콘 얼굴표정을 조작하는 기계에 반영되었죠. 챗봇들은 대화에서 적절한 문장을 찾아내는 일에 능숙합니다. 만약 인공지능 연구자들이 마술사같이 속임수를 다루는 역할을 받아들이고 이 점을 인정한다면, 분명 연구가 훨씬 더 빨리 발전할 수 있을 겁니다.

그런 시각은 로봇공학 분야에 있는 많은 동료들의 생각과 극명한 대조를 이루는데요.

그렇습니다. 로봇공학자인 한스 모라벡은 컴퓨터 처리속도가 결국 인간 뇌를 능가해 인간보다 더 우월해질 것이라고 말했습니다. 레이 커즈와일은 2045년까지는 인간이 기계와 융합되어 영생을 누리게 될 것이라고 했죠. 제가 보기에는 모두 동화 속 얘기입니다. 이런 일이 실제로 일어나고 있다는 징후는 전혀 보이지 않죠. 이런 생각들은 지능을 컴퓨터로 계산할 수 있다는 가정에 기초합니다. 그럴 수도 있습니다. 하지만 동등한 확률로 그렇지 않을 수도 있습니다. 제 연구는 인공지능에서 지금 당장 일어나고 있는 문제에 대한 것입니다. 그리고 기계가 언젠가 인간을 능가하게 된다거나 지각을 얻게 될 것이라는 증거는 전혀 없습니다.

우리가 인공지능에 대한 맹신에 빠지면 위험해질 수 있다고 생각하시나요?

연민, 공감, 또는 이해능력이 전혀 없는 기술적인 물건이 전쟁, 정치, 약자들에 대한 보호를 수행하는, 디스토피아적 세계로의 변화속도를 가속할 수 있겠지요.

로봇 요양보호사가 노인이 된 교수님을 돌본다고 하면 어떠실 것 같나요?

노인요양 분야의 로봇공학은 일본에서 매우 빨리 발전하고 있습니다. 사람들이 노인이 되었을 때 요양시설 밖에서 지낼 수 있게 하는 일에 로봇이 매우 크게 기여할 수 있습니다. 지루한 잡일들을 대신 해주고, 기억력 감퇴로 힘든 작업들을 보조해줄 수 있지요. 하지만 그에 따르는 단점도 있습니다. 제가 많이 걱정하는 부분은, 일단 로봇이 시범적으로 도입되어 검증이 되고 난 뒤에는, 노인들을 로봇에 온전히 맡기고 싶어 하는 사람들이 생길 수도 있다는 겁니다. 다른 모든 사람들과 마찬가지로 노인들도 사랑과 인간의 온기가 필요하고, 종종 방문 요양보호사만이 이러한 부분을 채워줄 수 있습니다. 저의 경우 로봇 동반자가 그런 욕구를 채워줄 수는 없을 것 같습니다.

군사로봇에 대해서도 우려하십니다.

하늘과 땅에 수천만 대의 로봇이 있다면 매우 큰 군사적 장점이 생길 수 있을 겁니다. 아무도 군인들의 생명을 보호하기 위해 폭탄제거 업무나 감시업무에 로봇이 유용하게 쓰일 수 있다는 사실을 부정하지는 않습니다. 제 우려는 무기를 탑재한 로봇에 대한 겁니다. 베트남 전쟁에서 미군이 공격 대상으로 삼았던 이블이 사실은 성보세

공자가 도박빚을 진 채권자들이었던 사례처럼, 드론 공격은 종종 신뢰할 수 없는 정보에 의존해 이루어집니다. 이런 과도한 기술적용에 의해 많은 무고한 사람들이 죽을 수 있습니다. 미군 기획서에는 자율 살상 로봇을 개발하고자 하는 수요가 있다는 사실이 분명히 드러나 있습니다. 인공지능이 민간인과 전투원을 구별할 방법은 없습니다. 그러한 시스템이 곧 생긴다는 주장은 근거가 부족하고 책임감 없는 주장입니다.

그래서 로봇을 규제하는 윤리 지침과 법 제정을 촉구하시는 건가요?

제가 다뤄온 로봇 윤리 분야인 육아, 치안, 군사, 노인복지, 의료 분야에서 전 세계의 현재 법제를 오랫동안 살펴봤고 그런 규율이 필요하다는 사실을 알았습니다. 아직 시간이 있을 때 다양한 전문가 단체와 시민들, 정책결정자들 사이에 시급히 논의해 결정해야 할 필요가 있는 문제들이 있다고 봅니다. 그런 기술발전은 인터넷처럼 빠르게 우리에게 덮쳐들 수 있고, 우리는 아직 준비가 되지 않았습니다. 램프의 요정 기술이 일단 램프 밖으로 나오면, 다시 집어넣기엔 이미 늦을까 봐 두렵습니다.

기계는 어떻게 생각하고 학습하는가

특이점이 절대 오지 않는 5가지 이유

인공지능에 대한 전문성은 거의 없었던 스티븐 호킹은 인공지능이 가져올 파국에 대해 딥마인드의 데미스 허사비스와 토론한 뒤에 자신의 부정적인 견해의 수위를 낮췄다고 한다. 하지만 호킹이나 빌 게이츠와 같은 명사들이 표현한 우려는 특이점이란 개념과 관련되어 있다. 특이점을 주장하는 사람들에 따르면, 특이점이 오면 인간보다 더 지능적인 종이 지구에 존재하게 된다. 이 아이디어는 컴퓨터과학의 창시자 중 한 명인 존 폰 노이만과 SF 작가 버너 빈지Vernor Vinge를 비롯한 다수의 다르게 생각하는 사람들까지 거슬러 올라갈 수 있다.

특이점이란 개념의 역사는 인공지능 자체만큼이나 오래되었다. 1958년 수학자 스타니스와프 울람은 세상을 떠난 폰 노이만을 추모하면서 이렇게 회고했다. "그와 나눈 대화 중 하나는 계속 가속해 발전하는 기술과 변화하는 삶의 방식에 대한 것이었다. 이를 보고 있으면 근본적인 특이점이 가까워지고 있다는 생각이 든다. …… 특이점 이후의 인간사는 우리가 지금까지 알던 대로는 유지되지 못할 것이다."

기계가 지능에서 인간을 능가하리라 두려워할 만한 몇 가지 이유가 있다. 인류가 지구를 지배하는 종족이 된 이유 중 상당 부분은 인류가 매우 지능적이었기 때문이다. 많은 동물들이 인류보다 크고, 빠르고, 강하다. 하지만 인간은 지능을 활용해 도구를 발명하고, 농업을 시작했으며, 증기기관, 전동기, 스마트폰과 같은 대단한 기술들을 개발했다. 덕분에 인간의 삶은 획기적으로 변했고 지구를 지배할 수 있었다. 그러므로 생각하는 기계, 더 나아가 인간보다 더 똑똑하게 생각하는 기계가 인간의 자리를 찬탈하려는 위협이 되는 것은 놀랍지 않다. 마치 코끼리, 돌고래, 판다의 종의 존속이 인류의 선의에 달려 있는 것처럼, 이제 인류의 운명도 이 우월한 생각하는 기계의 결정에 달렸을지도 모른다.

지능 폭발, 즉 기계가 반복적으로 지능을 개선해 급속히 인간의 지능을 능가하게 되는 때라는 개념은 특별히 급진적인 아이디어도 아니다. 컴퓨터 분야에서는 이와 유사한 기하급수적 변화로 발전을 이뤄온 사례가 많다. 따라서 인공지능 또한 기하급수적 성장을 이룰 것이라고 가정해도 비합리적이라고 할 수 없다. 하지만 특이점이 올 가능성이 낮다고 볼 만한 중요한 이유가 몇 가지 있다.

1. '빠르게 생각하는 개' 논증

실리콘 반도체는 인간의 생체 뇌에 비해 속도에서 상당한 우위를 가지고, 이 우위는 무어의 법칙에 따르면 2년 남짓마다 2배씩 증가한다. 하지만 속도만 있어서는 발전된 지능이라고 할 수 없다.

만약 집에서 키우는 개를 빨리 생각할 수 있게 만들 수 있다고 하더라도, 그래도 개가 체스를 두지는 못할 것이다. 개는 필요한 수준의 정신적 구조, 언어, 추상화 능력을 갖고 있지 않다. 스티븐 핑커는 이런 논증을 이렇게 아름답게 정리했다. "단순한 처리능력만으로 요정의 가루처럼 모든 문제를 마법같이 해결할 수는 없다."

지능은 다른 존재보다 문제를 더 빨리 또는 더 오래 생각할 수 있는 능력을 훨씬 넘어서는 것이다. 물론 무어의 법칙은 인공지능의 발전에 도움이 됐다. 인공지능은 이제 더 빨리 학습하고 더 큰 데이터 집합을 처리할 수 있다. 더 빠른 컴퓨터는 분명 인공지능 개발에 도움이 될 것이다. 하지만 적어도 인간에게는, 지능이란 오랜 경험과 훈련을 포함해 더 많은 요소들에 좌우되는 특성이다. 이 모든 과정을 실리콘 반도체에서 단순히 CPU 속도 증가나 메모리 추가만으로 뛰어넘을 수 있을 것 같지는 않다.

2. 인간중심주의 논증

특이점 개념은 인간의 지능이 어떤 특수한 중간 지점이거나 일종의 전환점이라고 가정한다. 만약 인간이 과학 역사에서 배운 게 하나 있다면, 그것은 우리가 그렇게 믿고 싶은 만큼 특별한 존재가 아니라는 점이다. 코페르니쿠스는 우주가 지구 주위를 돌지 않는다는 사실을 알려줬다. 다윈은 인간이 다른 영장류와 그렇게 많이 다르지 않다는 사실을 보였다. 왓슨, 크릭, 프랭클린은 인간과 제일 단순한 생명체인 아메바가 똑같은 DNA 생물코드에 기반한다는 사실을 밝혀냈다. 그리고 인공지능은 말할 것도 없이 언젠가 인간의 지능이 전혀 특별하지 않다는 사실을 드러내게 될 것이다. 인간의 지능이 일단 그 지점을 넘기만 하면 급속한 지능 발전을 이룰 수 있는 전환점 기준이라고 볼 이유는 전혀 없다.

물론, 인간은 적어도 인간이 아는 한도 내에서는 스스로의 지적 능력을 확장할 수 있는 물건들을 개발할 수 있다는 점에서 유일한 존재이므로, 인간의 지능은 특별한 단계이긴 하다. 인간은 이 지구상에서 새로운 지능을 개발할 만한 지능을 가진 유일한 피조물이다. 그리고 이 새로운 지능에게는 인간과 같은 느린 번식과 진화라는 한계가 없을 것이다. 하지만 이것만으로 반복적인 자기개량이 일어나는 지점, 즉 전환점까지 도달하리란 보장은 없다. 인간의 지능이 기술적 특이점의 시발점이 될 만큼 충분히 똑똑한 인공지능을 개발할 수 있는 수준이 된다고 믿을 만한 근거도 없다.

만약 인간에게 인간을 뛰어넘는 인공지능을 개발할 수 있는 지능이 있다고 하더라도, 그 결과가 특이점을 촉발시킬 만한 수준에 도달하지 못할지도 모른다. 지능을 발전시키는 일은 단순히 지능적이 되는 일보다 훨씬 어렵다.

3. '수확 체감' 논증

특이점 이론은 지능 발전이 일정 비율곱으로 일어날 것이라 가정한다. 각 인공지능 세대가 이전 세대보다 일부 비율로 나아진다는 것이다. 하지만, 지금까지 개발된 인공지능 시스템의 대부분은 성능 수확 체감을 보여줬다. 초반에는 쉽게 많은 발전을 이룰 수 있지만, 그 이후 개선하려 할 때는 쉽게 나아지지 않는다. 이런 면에서 보면 초기 인공지능 연구자들 중 다수가 과도하게 낙관적인 주장을 한 이유를 이해할 수 있다.

인공지능 시스템이 무한 번에 걸쳐 자기개량을 할 수는 있겠지만, 그래도 인공지능의 총 변화량에는 한계가 있을 수 있다. 예를 들어, 만약 어떤 인공지능의 각 세대가 이전 세대보다 절반씩만 나아진다고 가정하면, 그 시스템은 처음보다 도합 2배를 초과해 발전할 수 없을 것이다.

4. '지능의 한계' 논증

우주에는 본질적인 한계가 많다. 그중 몇 가지는 물리적인 한계다. 빛의 속도를 넘겨 가속할 수는 없고, 위치와 운동량을 둘 다 정확히 알 수는 없으며, 방사성 원소가 언제 붕괴할지도 알 수 없다. 인간이 만드는 생각하는 기계에도 이런 물리법칙의 한계가 적용될 것이다. 물론, 기계가 본질적으로 전자적이거나 나아가 양자적인 성격을 갖고 있다면 이런 기계의 한계는 인간 뇌가 갖고 있는 생물적, 화학적 한계를 넘을 수 있다.

그렇더라도, 인공지능도 분명 몇몇 본질적인 한계에 부딪힐 것이다. 그리고 이 중 일부는 자연의 생득적인 불확실성 때문일 것이다. 아무리 문제를 해결하려고 열심히 고민하더라도, 인간의 의사결정 수준에는 한계가 있을 수 있다. 인간을 초월한 지능이라 하더라도, 다음 유로밀리언^{EuroMillions} 복권[7] 추첨 결과를 예측하는 데서는 인간보다 더 나을 게 없을 것이다.

5. 계산 복잡도 논증

마지막으로, 컴퓨터과학에는 컴퓨터가 서로 다른 문제들을 해결하기가 얼마나 어려운지에 대해 잘 구축된 이론이 이미 있다. 아무리 기하급수적인 개선이 일어나더라도 실질적으로 해결이 불가능한 컴퓨터 연산 관련 문제들은 아주 많다. 컴퓨터는 어떤 코드를 분석해 그 코드가 결국 정지할지 여부를 확실히 알 수 없으며, 이를 '정지문제'라고 부른다.

앨런 튜링은 컴퓨터가 얼마나 코드를 빠르고 똑똑하게 분석하는지

---

[7] 유럽연합 12개국에서 공통판매되는 복권

와 관계없이, 일반적으로 이러한 문제는 컴퓨터연산이 가능하지 않음을 증명했다. 양자컴퓨터와 같은 다른 종류의 장치로 바꾸는 시도도 좋다. 하지만 고전적인 컴퓨터에 비해 엄청난 개선을 이룰 수는 있을지라도, 튜링의 정지문제와 같은 문제를 해결하기에는 부족하다. 그리고 이론적으로 이런 컴퓨터연산 한계를 돌파하는 이른바 하이퍼컴퓨터에 대해서는 여전히 논란이 많다.

겨울이 오고 있는가?

다음은 어디에서 들어본 것 같은 느낌이 들 수도 있는 예측이다.

> 3년에서 8년 사이에, 평균적인 인간의 범용 지능을 보유한 기계가 등장할 것이다. 셰익스피어 희곡을 읽고, 자동차에 윤활유를 넣고, 사내정치를 하고, 농담을 하고, 싸움을 할 수 있는 기계를 말하는 것이다. 이 시점에 기계는 놀랄 만한 속도로 스스로를 학습시키기 시작한다. 몇 달 내에 천재 수준에 도달하고, 또 그 몇 달 뒤에는 계산할 수 없을 정도의 능력을 갖게 될 것이다.

이 예측은 닉 보스트롬이나 일론 머스크와 같은 최근의 인공지능 통찰가가 한 말이 아니다. 1970년, 인공지능의 창시자 중 한 명인 마빈 민스키가 예측한 내용이다. 하지만 8년이 지난 뒤에도 최첨단 기술이라고는 기초적인 컴퓨터 논리를 활용한 교육용 장난감인 스피크 앤 스펠Speak&Spell8뿐이었다. 마빈의 예측과 현실 간에 깊은 골이 파였을 때, 사람들의 실망감 때문에 인공지능 연구는 수십 년간 멈췄다.

오늘날 딥러닝을 둘러싼 흥분으로 불이 붙은 상황에서 이때와 비슷한 일이 일어나고 있을 수 있다는 목소리들이 있다. "제 목 뒤를 스치는 찬바람을 느낄 수 있어요." 일리노이 주 에번스턴에 있는 노스웨스턴 대학교의 로저 섕크는 이렇게 말한다. 하지만 이런 이야기들이 진정한 인공지능 혁명의 기회를 놓친 노병들의 불평에 불과할까, 아니면 정말 뭔가가 일어날 전조일까?

예전의 인공지능 겨울은 두 가지 원인으로 찾아왔다. 첫 번째로, 인간의 기본적인 추론 방식을 따라 하려는 규칙기반 기호학습이라는 기법에만 집중한 단일 연구 풍토가 있었다. 이 기법은 실험실에서는 매우 전망이 밝았기 때문에 민스키나 다른 사람들은 흥분해 낙관적인 예측을 쏟아냈다. 이런 예상이 쌓이면서, 영국 과학연구위원회Science Research Council는 주장을 평가하기 위한 보고서 용역을 발주했다. 결과는 매우 부정적이었다. 1973년 「라이트힐 보고서Lighthill Report」는 규칙기반 학습 방식이 실험실 문제에 대해 보여준 가능성까지가 결국 처리가 가능했던 한계였다는 사실을 밝혔다. 현실에서는 복잡성 때문에 실패한다. 정부는 대학에서의 인공지능 연구에 자금지원을 중단했다. 대학원생들은 좀 더 대우를 받을 수 있는 블루오션 분야를 찾아갔다. 남은 연구자들은 연구 중인 주제에 대해 소리 줄여 얘기했고 의식적으로 '인공지능'

---

8 영단어를 누르면 음성으로 읽어주는 1970년대의 교육용 기기

이라는 단어를 삼갔다. 이 분야가 회복되기까지 또 20여 년이 더 필요했다.

　1997년 IBM의 딥블루가 왕좌에 있는 인간 체스 챔피언에게 승리했을 때 회복이 시작됐다. 2005년 자율주행차는 스스로 211킬로미터를 주행했다. 2011년 IBM의 왓슨은 게임쇼 〈제퍼디!〉에서 인간 도전자 2명을 꺾고 우승했다. 하지만 인공지능을 주류로 쏘아올린 건 딥러닝이었다.

인공지능 골드러시

2012년, 구글은 비디오에서 고양이 얼굴을 인식할 수 있는 신경망을 떠들썩하게 공개했다(그림 8.2 참조). 사람들은 충분한 컴퓨터 처리능력으로 뒷받침된 딥러닝 기술이 어떻게 추상적인 개념을 이해하고, 나아가 세계를 이해할 수 있는 기계를 만들 것인지에 대해 이야기하기 시작했다. 2년 뒤 구글은 바둑을 제패하고자 시도하던 회사인 딥마인드를

그림 8.2 유튜브 영상에서 고양이를 식별할 수 있게 훈련된 신경망이 현재의 인공지능 골드러시를 촉발시켰다.

　　　　　　　　　　　　　　　기계는 어떻게 생각하고 학습하는가

5억 달러에 인수했다.

이런 초기 성과는 몇 가지 대담한 주장들에 기반한 인공지능 골드러시에 불을 댕겼다. 한 스타트업 회사는 암을 치명적인 급성질병이라기보다는 관리가능한 만성질병으로 바꿔놓겠다고 공언했고, 어느 회사는 노화를 역전시키려고 했고, 또 다른 회사는 얼굴로 미래의 테러리스트를 예측하겠다는 야망을 가졌다. 알고리즘을 적절히 조합하기만 하면 지금까지는 다루기 버거웠던 이런 문제들에 대한 어떤 해결책이 튀어나오리라는 희망이 이런 주장을 하는 사람들을 끌어모았다.

"신경망의 흑마법은 항상 그런 식이었습니다. 뭔가 신비한 방법을 써서 데이터를 통해 학습해 예전에 전혀 본 적이 없던 것들을 이해할 수 있답니다." 런던 골드스미스 대학교의 마크 비숍은 이렇게 말했다. 신경망의 복잡성은 사람들이 의심하기를 거두고 알고리즘들이 하나로 수렴되어 일종의 신생 지능을 창출할 것이라는 상상을 하게 되는 데 일조했다. 하지만 로저 생크에 따르면, 이들은 여전히 규칙 기반 수학체계에 터 잡은 기계일 뿐이다.

2014년 「라이트힐 보고서」의 후계자로 볼 수 있는 논문 하나가 신경망이 실제 이해와는 약간 멀게라도 비슷한 무언가를 할 수 있다는 믿음에 구멍을 냈다. 신경망은 매우 복잡해서 인간이 이해할 수 없는 데이터 집합 간의 관계를 찾고 패턴을 인식한다. 이런 설명은 신경망이 세상을 더 잘 이해하게 도와줄 수 있다는 생각을 반증하기 때문에 의미가 있다. 신경망은 고양이를 고양이라고 할 수는 있지만, 고양이가 어떤 존재인지 이해하지는 못한다.

이 논문만 사람들에게 기시감을 불러일으킨 건 아니다. 생크의 다른 사람들은 딥러닝에 자금이 쏟아지고 학계의 재능이 몰리고 있는 현상을 지적한다. "이 분야가 한 가지 기술의 강점만 탐구하는 방식으로 단기 성과에 너무 무게를 둔다면, 장기적으로는 한계에 부딪힐 수 있습니다." MIT 학생인 케네스 프리드먼[Kenneth Friedman]은 이렇게 말하면서 인공지능 및 컴퓨터과학을 전공하는 주변 학생들이 딥러닝으로 몰리고 있다고 첨언했다.

보수적인 사람들만 걱정하는 건 아니다. 머신러닝 응용기술의 선두주자로부터도 소화불량을 호소하는 목소리가 나오고 있다. 이들 중에는 인공지능 분야가 '초과대선전'을 겪고 있다고 우려하는 데이터 정리 회사인 크라우드플라워[Crowdflower]도 포함된다.

하지만 인공지능 거품이 (또다시) 터지기 일보직전이라는 공포는 주류적 시각이 아니다. "거품이 있는지는 확실하지 않다고 생각해요." 옥스퍼드 부설 인류미래연구소에서 새로 개설한 전략적 인공지능 연구센터에 있는 마일스 브런디지[Miles Brundage]는 이렇게 말한다. 브런디지는 만약 거품이 있더라도, 지금 당장은 안전하다고 생각한다. "앞으로 금방 열기가 빠져나갈 것으로 보이지는 않습니다. 이 분야에는 아직 낮게 달려 따기 쉬운 과실들이 많은 데다, 신규 유입되는 인재들이 많고 다들 열정도 넘치거든요."

심지어 비관론자들도 이 기술의 가치를 폄하하고 싶지는 않다고 애기한다. 마크 비숍은 말한다. "사람들이 이룬 성과에 깊은 인상을 받았습니다. 인공지능이 바둑을 제패하는 일을 보게 될 것이라고는 한 번도 생각해보지 못했어요. 그리고 거의 100퍼센트에 가까운 얼굴 인식 기술도요." 하지만 사람들을 정말로 흥분하게 만든 것은 이런 응용기술

기계는 어떻게 생각하고 학습하는가

들이 아니라, 바로 암 치료와 노화 중단이라는 유혹이었다. 만에 하나 인공지능이 이 정도의 기대를 충족시킬 수 있다고 하더라도 여전히 장애물은 존재한다. 한 예로 사람들은 딥러닝이 얼마나 비효율적인지 알지 못하는 경향이 있다. 그리고 사람들은 몇몇 회사가 주장하는 목표를 달성하기 위해 필요한 수준의 데이터를 수집하는 것이 얼마나 어려운지도 깨닫지 못한다. 특히 충분한 수준의 빅데이터를 수집하려면 사생활 보호 문제가 엄청난 걸림돌이 되는 의료 분야에서는 더욱 그렇다.

이런 한계가 진정한 겨울을 예고하는지 말하기는 어렵다. 과거에도 겨울의 도래 없이 환상을 깨는 시기가 있었던 적이 있다. 아마 사람들과, 자금을 대는 단체들이 수인할 수 있는 실망의 정도에 달려 있을 것이다. 하지만 이 분야에서 연구하는 대다수 사람들은 아직 인공지능의 겨울을 걱정할 때는 아니라고 생각한다. 사실, 현재 인공지능 분야에서의 주된 관심사는 투자자들이 골드러시를 따라잡기에 필요한 돈을 충분히 빨리 찍어낼 수 없다는 것이다. 그래도 사람들은 나중에 경고를 받은 적이 전혀 없다는 말을 하면 안 될 것이다.

컴퓨터로 할 수 있는 멋진 일

왜 기계가 주변 세상을 이해할 수 있는 능력을 보유하기 직전까지 왔다고 생각할 수 있는가? 지금 사람들이 사용하는 은유를 보면 알수 있다. 딥러닝, 신경망, 인지컴퓨터와 같은 용어들은 모두 생각하는 능력을 암시하고 있다.

"인지는 생각하는 것을 말합니다. 기계는 생각하지 않습니다." 노스웨스턴 대학교의 로저 섕크는 말한다. "사람들이 얘기하는 인공지능은, 진짜 인공지능을 의미하는 것이 아닙니다. 그저 단순 연산을 매우 많이 반복하는 것을 의미합니다." MIT의 패트릭 윈스턴[Patrick Winston]은 정의가 너무 포괄적이어서 어떤 의미든 그 안에 쌀 수 있는 용어를 '서류가방 용어'라고 부른다. '인공지능'이 대표적인 예다. 머신러닝도 전통적인 의미에서의 러닝(학습)을 의미하지 않는다는 의미에서 비슷하다. 그리고 두 개념 사이에 유사한 부분들이 있기는 하지만, 신경망은 신경세포(뉴런)가 아니다.

그저 단어의 문제가 아니다. 사람들에게 기계가 생각한다고 말하면, 사람들은 본인들이 생각하는 방식으로 기계가 생각한다고 가정한다. 그 사이의 불일치가 충분히 쌓이면, 인공지능 거품은 훅 꺼질 수 있다. 섕크는 말한다. "문제의 시작이자 끝은 결국 '인공지능'이란 용어예요. 그냥 '컴퓨터로 할 수 있는 멋진 일'이라고 부르면 안 될까요?"

기계는 어떻게 생각하고 학습하는가

결어

1997년, IBM의 딥블루는 체스에서 가리 카스파로프를 꺾었다. 당시 체스는 인간 지능의 최고 기준으로 여겨졌던 게임이었다. 이때의 패배는 충격으로 다가왔다. 기계가 인간보다 체스를 잘 둔다면 그다음에는 어떤 일을 해내겠는가? 알고 보니 거의 없었다. 순전히 컴퓨터연산만으로 체스에서 수백만 번의 경우의 수를 모두 계산해 인간을 능가할 수 있었던 프로그램은 다른 일은 그 무엇도 잘 해내지 못했다.

2016년, 획기적인 유연성과 실제로 해보면서 학습하는 능력을 가진 인공지능의 새로운 세대가 바둑에서 이세돌을 꺾었다. 그리고 이번에는 그 의미가 매우 달랐다. 머신러닝 소프트웨어는 매우 광범위한 인간의 업무를 대체할 기세로 보이며, 잠재적으로 엄청나게 많은 사람들의 일자리를 없앨 수 있고, 어떻게 세상이 돌아가야 하는지를 결정하는 것과 관련된 예민한 윤리 문제를 다뤄야 하는 상황을 만든다. 철학자, 기술자, 영화제작자들의 있을 법하지 않았던 연합도 차세대 인공지능이 인류를 말살할 수 있다는 공포에 불을 지폈다.

이런 편집증적인 두려움은 사실 놀랍지 않다. 인공지능은 코페르니쿠스와 다윈의 혁명을 거치고도 살아남은, 그러나 아마도 지능적인 기계의 등장에 의해 치명적인 타격을 받았을 인간의 종우월성이라는 오랜 개념의 아성에 도전한다. 일종의 기술적 비관주의, 즉 잠재적인 단점들은 예상할 수 있지만 장점들은 아직 분명하지 않다는 생각도 영향을 줬을 수 있다.

사실을 확인할 필요가 있다. 아직 인공지능 기술은 완전한 인간의 지성적 능력 전체를 복제한 기계라는 기준의 근처에도 가지 못했다. 그리고 초지능에 의한 인간 멸종이라는 위협도, 그런 일이 생기기는 할지, 그리고 언제 생길지의 문제는 그저 매우 낮은 확률로 일어날 수 있는 많은 문제들 중 하나일 뿐이다.

그렇지만 인공지능이 그 어느 때보다도 강력한 도구가 되면서, 인간은 분명히 새로운 책임에 직면하게 되었다. 특이점이 오지 않더라도, 인공지능은 오늘날 사회에 만연한 불평등을 심화시킬 수 있고 현재의 세계질서를 불안정하게 할 수 있다. 이슈 중 한 가지는 인공지능을 가진 자와 못 가진 자의 차이와 관련되어 있다. 오늘날 세상에서 제일 뛰어난 인공지능은 민간기업들의 손 안에 있다. 구글은 정말 극적인 기술 진보는 국제연합과 공유하겠다고 선언한 바가 있으나, 어떤 조건 아래서 그렇게 할까?

인공지능이 사회에 미칠 영향에 대한 많은 예측들은 지난 몇 년간 있었던 수준으로 인공지능의 발전이 계속, 또는 더더욱 빠르게 이루어질 것이라는 전제를 두고 있다. 하지만 이 전제는 확정된 사실이 아니다. 아마도 이런 변화는 사람들이 기대하는 것보다 더 느리게 일어날 것이다. 하지만 앞으로의 계획을 세우지 않아도 되는 이유라고 할 수는 없다. 올바로 쓰기만 한다면, 인공지능은 사람들을 모두 더 건강하고, 더 풍요롭고, 더 현명하게 만들 것이다. 잘못 쓴다면, 인공지능은 인간이 저지를 수 있는 가장 끔찍한 실수 중 하나가 될 수도 있다.

부록

50가지 아이디어

이 부록은 일반적인 추천 문헌 목록이 아니라, 독자가 주제를 더
깊이 생각해볼 수 있게 도와주기 위한 내용으로 채웠다.

인공지능에 대한 4가지 명언

1. "기계는 굉장히 자주 나를 깜짝 놀라게 한다."(앨런 튜링, 1950년)
2. "기계가 생각할 수 있냐는 질문은 잠수함이 수영할 수 있냐는 질문만큼이나 무의미하다."(컴퓨터과학의 많은 영역을 개척한 과학자인 에츠허르 데이크스트라(1984년)
3. "신은 존재하는가? 나는 '아직은'이라고 말하겠다."(발명자이자 미래학자인 레이 커즈와일, 2011년)
4. "나는 화성에서의 인구과밀과 싸우는 일을 고민하지 않는 이유와 마찬가지 이유로 인공지능이 악에 빠지는 일을 막을 방법을 고민하지 않는다."(스탠퍼드 대학교의 컴퓨터과학자이자 중국 인터넷 대기업 바이두의 전 최고과학자 앤드루 응Andrew Ng, 2015년)

팔로우할 만한 10개 트위터 봇계정

어떤 추정에 따르면 모든 트윗 중 4분의 1 정도는 봇 프로그램으로 생성된다고 한다. 다음은 실제로 팔로우할 만한 10개의 봇계정이다.

1. @oliviataters는 팔로워들과 자주 어울리는 10대 여자아이를 흉내 낸다.
2. @TwoHeadlines는 서로 다른 뉴스 헤드라인들을 조합해 트윗한다.
3. @haikud2는 하이쿠[1] 형식에 맞는 트윗을 찾아낸다.
4. @earthquakebot은 세계에서 일어나고 있는 지진을 추적한다.
5. @valleyedits는 구글, 페이스북, 애플, 트위터, 위키미디어재단 내에 있는 누군가가 위키백과에서 익명으로 내용을 편집하면 알림을 보내준다.
6. @parliamentedits는 영국 의회 내의 누군가가 익명으로 편집할 때 @valleyedits와 같은 일을 한다(미국, 캐나다, 스웨덴을 포함해 다른 나라를 위해서도 같은 일을 하는 비슷한 봇들이 있다).
7. @greatartbot은 하루에 네 번 창작 픽셀작품을 만들어낸다.
8. @ArtyOriginals는 @ArtyAbstract, @ArtyPetals, @ArtyFrac-tals, @ArtyMash, @ArtyShapes, @ArtyWinds 봇들이 만들어내는 창작 작품을 리트윗한다.
9. @archillect는 이 봇이 '좋아하는' 온라인에서 찾아낸 이미지를 트

---

1 일본의 고전시가

윗한다(@archillinks가 그 뒤에 이 이미지의 저자 정보를 트윗한다).

10. @NS_headlines는 『뉴 사이언티스트』 잡지의 가짜 기고문 아이디어를 생성한다.

즐길 만한 4개 인공지능 창작물

1. '제노카드GenoCard'가 발명한 카드게임 : 덴마크에 있는 코펜하겐 IT 대학교의 연구자들은 새로운 카드게임의 규칙을 발명하는 인공지능을 만들었다. 다음은 〈돈을 내시오Pay the Price〉라는 3인용 게임의 규칙이다.

   i. 게임은 딜러가 9장의 카드와 99개의 칩을 각 플레이어에게 주면서 시작한다. 카드덱의 나머지는 테이블 중앙에 놓는다.

   ii. 각 플레이어는 1개 이상의 칩으로 의무 베팅을 한다.

   iii. 각 플레이어는 카드덱에서 1장을 뽑아 다른 플레이어들에게 보여준다.

   iv. 각 플레이어는 이제 원한다면 다른 플레이어들에게 보여주지 않고 카드덱에서 카드를 더 뽑을 수 있다. 하지만 1장을 뽑을 때마다 현재 패에서 3장씩을 버려야 한다.

   v. 플레이어는 패가 3장 미만이 될 때까지 앞의 절차를 반복할 수 있다.

   vi. 모든 플레이어가 뽑기를 끝내면, 자신의 패를 보여준다. 에이스, 잭, 킹, 퀸은 10점이다. 가장 높은 점수 조합을 갖춘 플레이어가 해당 판을 이기고 테이블 위의 모든 칩을 갖는다.

"플레이어들은 게임이 블랙잭과 상당히 유사하다는 걸을 느낄 수 있을 겁니다." 제노카드 개발자인 호세 마리아 폰트[Jose Maria Font]와 토비아스 말만[Tobias Mahlmann]은 말한다. 이 게임을 만들어낸 진화 알고리즘의 씨앗이 된 최초 유전자 풀에 블랙잭 규칙이 포함되어 있었다. "이 게임은 블랙잭의 일종의 유전물질을 포함하고 있다고 생각해요. 하지만 확실히 알 수는 없죠. 어차피 우리가 이 게임을 만들지는 않았으니까요."

2. '채우기 박사[Dr Fill]'가 만든 크로스워드 퍼즐 : 매슈 긴스버그[Matthew Ginsberg]는 『뉴욕타임스』의 크로스워드 퍼즐을 풀 때 최고 수준의 고수들만 제외하고 보통 인간보다는 나은 '채우기 박사'라는 인공지능을 개발했다. 채우기 박사는 힌트도 배열할 수 있으니 직접 아래 퍼즐을 풀어보며 자신의 능력을 시험해보자. (답은 이 장 뒤에 있음)[2]

---

2 답은 영문 알파벳으로 되어 있으며 원문 힌트는 인공지능이 개발한 퍼즐답게 다소 설명이 어색하고 어려워 일부는 원문보다 더 풀어서 옮겼으나 가능한 한 원문의 느낌을 살림

가로 힌트
1. 일류 명사들의 명단
6. 20대의 자금줄
10. 아인슈타인 공식의 구성요소
14. 유명한 성직자
15. 소음 단위
16. 이렇게 도표가 만들어지면 좋겠다
17. 꼭대기
18. 시장 앞에 붙는 접두어
19. 지그문트의 칼
20. 매사추세츠 주에서는 불법임
23. 겁이 많은
24. 데이터 단위
25. 돌보다
27. 이스라엘인 혈통
32. 내부의 무엇
35. 스커트 종류
37. 속어로 말도 안 됨
38. 별로 좋지 않은 설명
41. 저기 구석 근처에서
42. 예를 들자면 '그린란드'가 있음
43. 도시로의 ～
44. 죽이다
46. 원하다
48. 오즈의 마법사에 나오는 개
50. ～도끼 또는 ～선
54. 우울버섯, 멜론 캐퍼털트, 체리폭탄이 나오는 비디오게임
59. 등급
60. 크루즈
61. 탈피하다
62. 고백하다
63. 목초지
64. 살만 루슈디의 고향
65. 비타민A 공급원
66. 유명한 마지막 말
67. 아주 사소한

세로 힌트
1. ～가 있는 여자
2. 70년대 르노차
3. 「보이프렌드」가 수록된 애슐리 심슨 앨범 이름
4. 길이가 늘어나는 변형가구
5. 보스턴 레드삭스 야구구단 팬클럽의 주제가
6. 정점
7. 경멸을 나타내다
8. 밝은 색의 장어류 생선
9. 술 두 잔
10. 〈스타트렉〉을 만든 사람
11. 섬세한 품질
12. 격호 저 파티

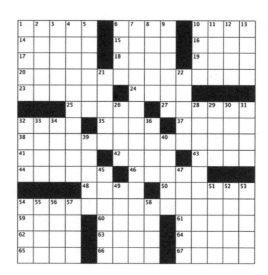

13. 전부는 아니고
21. 전신부종
22. 뻗다
26. 탐험가 헤위에르달의 보트 이름. 콘～
28. 복장뼈
29. 체스에서 성 모양 말의 이름
30. 중동 항구
31. 파란 병으로 파는 보드카
32. 1913년 고전 〈If ～ My Way〉
33. 10억분의 1을 의미하는 접두어
34. 달아나다
36. 실업상태의
39. 배우 ～ 에클랜드
40. 유산소운동
45. 금전출납기의 열쇠
47. "미친!!"
49. 쇼케이스?
51. 발음구별부호
52. 인정하다
53. 시험 유형
54. 묵주에 말하기
55. 부석
56. 에너지원
57. 새로운 소식
58. 무성영화 스타 ～ 피츠

3. 앤젤리나가 만든 비디오게임 : 〈우주정거장 침입자^{Space Station Invad-}

   ^{ers}〉는 플레이어가 주인공 과학자를 조종해 로봇과 외계인 침입자

   들을 막아내면서 우주정거장을 탈출해야 하는 게임이다. 이 작품

   은 앤젤리나의 개발자이자 협력자인 마이클 쿡이 만들었다. 하지

   만 각 게임 레벨의 구조, 적의 행동, 플레이어에게 특수한 능력을

   부여하는 파워업 아이템은 앤젤리나가 발명한 것이다.

   다음 링크에서 웹브라우저로 이 게임을 플레이해볼 수 있다.

   www.newscientist.com/article/space-stationinvaders/

   앤젤리나가 만든 다른 게임도 여기에서 플레이해볼 수 있다.

   www.gamesbyangelina.org/games/

4. '셰프 왓슨'이 만들어낸 타이 칠면조 슈트루델[3] 레시피

   • 6인분

   • 재료 : 450g 칠면조, 얼린 페이스트리 반죽, 씨를 제거하고 다진

     태국고추 반개, 쌀가루 1.25 티스푼, 레몬그라스 약간, 그린 카레

     페이스트,[4] 양상추 1.75개, 깍둑썰기한 감자 500g, 깍둑썰기한 대

     파 13개, 식물성 기름 1.5 티스푼, 올리브유 스프레이, 정육면체

     로 자른 그뤼에르 치즈 115g, 프로볼로네 치즈 100g

   • 추천하는 요리법

   1. 양상추를 끓는 물에 익힌다.

   2. 물을 따라내고 짜서 물기를 뺀다.

---

3 오스트리아의 페이스트리형 과자

4 야채 등을 넣어 초록색이 나는 태국식 카레

3. 식물성 기름을 달군다.

4. 대파, 태국고추를 넣고 약 7분간 강불에 익힌다.

5. 칠면조, 치즈, 레몬그라스, 쌀가루를 잘게 다진다.

6. 볼에 옮겨 담고 대파, 양상추, 감자와 섞는다.

7. 소금과 후추로 간한다.

8. 오븐을 180도로 예열한다.

9. 큰 베이킹 시트에 오일을 뿌린다.

10. 반죽을 겹겹이 쌓고 올리브유를 뿌린다.

11. 칠면조 속을 반죽 중앙에 넣어 납작하게 편다.

12. 반죽의 짧은 면을 속 위로 덮어 접고, 둥글게 만다.

13. 40분간 오븐에 굽는다.

14. 그린 카레 페이스트를 접시 옆에 스푼으로 떠서 놓고 완성한다.

대표적인 11명의 인공지능 악당

1. 〈메트로폴리스〉(1927)의 가짜 마리아 : 영화에 등장한 최초의 로봇 중 하나인 가짜 마리아는 천재 과학자가 마리아라는 이름의 여자를 흉내 내어 만든 'Machinenmensch', 즉 '기계 인간'이다. 하지만 가짜 마리아는 결국 메트로폴리스의 시민들이 서로를 죽이고 기계들을 파괴하게끔 선동해 도시를 무너뜨리고 만다.

2. 〈2001 스페이스 오디세이〉(1968)의 컴퓨터 HAL 9000 : '힐'은 발

견법적으로 프로그램된 연산컴퓨터$^{\text{Heuristically programmed Algorithmic Comput-}}$
^{er}(HAL)로서 '디스커버리 원' 우주선에 탑재된 인공지능이다. 서로
충돌하는 임무 목표를 처리할 수 없었던 할은 강제종료당하기 전
까지 우주선을 폭발시켜 승무원 대부분을 죽였다.

3. 〈에이리언〉(1979)의 애시 : 애시는 '노스트로모' 우주선에 탑승한
과학자 승무원이다. 그는 인간처럼 보이지만, 영화 후반에 가서야
안드로이드임이 드러난다. 그의 비밀임무는 에일리언(외계인) 생
물표본을 지구에 가져가는 것이다.

4. 〈블레이드러너〉(1982)의 로이 배티 : 배티는 애시와 비슷한 인간
과 닮은 안드로이드에 해당하는 레플리칸트^{Replicant}로 자신의 수명
을 늘리고 싶어 한다. 그는 이것이 불가능하다는 얘기를 듣고 창
조자를 죽인다.

5. 〈터미네이터〉(1984)의 스카이넷 : 〈터미네이터〉 영화 시리즈에서
기계들의 막후 조종자로 나오는 스카이넷은 전 세계의 컴퓨터에
자신을 배포한 이후 지각을 갖게 된 인공지능 시스템이다. 그 뒤
에는 인간문명을 말살하는 전쟁을 피할 수 없었다.

6. 〈로보캅〉(1987)의 ED209 : 법집행 드로이드$^{\text{Enforcement Droid}}$ 209번
(또는 ED209)는 범죄자들을 '무장해제하고 체포'하도록 설계된 중
무장 경찰로봇이다. 이 로봇의 낮은 지능과 잦은 오작동 때문
에 인간을 대상으로 한 출동은 대개 나쁜 결과를 내며 종료되
었다.

7. 〈시스템 쇼크〉(1994)의 쇼단 : 지각을 가진 초최적화 데이터 접속
망$^{\text{Sentient Hyper-Optimized Data Access Network}}$, 이른바 쇼단^{SHODAN}은 '시타델'이

란 우주정거장을 제어한다. 이 호러 비디오게임에서 어떤 해커가 쇼단의 윤리적 제한 코드를 삭제한 뒤에, 쇼단은 과대망상에 빠져 메인 악당이 된다.

8. 〈매트릭스〉(1999)의 기계들 : 기계들은 모든 인간들을 매트릭스에 접속시켜 완벽에 가까운 예전 실세계의 시뮬레이션 안에서 살아 갈 수 있게 하지만, 실제로는 인간들의 몸에서 열과 에너지를 수 확하고 있었다.

9. 〈배틀스타 갈락티카〉(1978~9와 2004~9)의 사일런^{Cylon} 종족 : 원래 철컹거리는 금속 기계였던 사일런 종족의 새로운 세대는 인간과 구별할 수 없다. 하지만 은하 반대편까지 인류의 마지막 한 명까 지 추적해 멸종시키겠다는 각오는 변함이 없다.

10. 〈포탈〉(2007)의 글라도스 : 비디오게임 〈포탈〉의 이상한 실험 실 내에서 플레이어를 안내하는 유전적 생체모형 디스크 운영체 제^{Genetic Life form and Disk Operating System}, 이른바 글라도스^{GLaDOS}는 서서히 진실한 성격과, 플레이어를 죽이려는 의도를 드러낸다.

11. 〈웨스트월드〉(2016~)의 메이브 밀레이 : 처음에는 테마파크 웨 스트월드에 있는 인간을 닮은 로봇 중 누구도 스스로가 기계라는 사실을 모른다. 하지만 부자들의 잔인한 쾌락을 충족시키기 위 해 수년간 학대받고 난 뒤 이 중 몇 명이 각성을 하게 된다. 메이 브 밀레이는 처음으로 이 테마파크의 벽을 탈출하면서 그 과정에 서 마주치는 인간들을 죽인다. 하지만 그녀를 비난할 수는 없는 상황이다.

컴퓨터가 만든 6가지 농담

영국 애버딘 대학교의 연구팀은 어떤 요소가 농담을 재미있게 만드는지에 대한 조사연구의 일환으로 농담하는 컴퓨터를 만들었다. 아래는 그중 가장 나은 6가지를 뽑은 것이다.[5]

1. 개구리[toad]를 길[road]과 섞으면 어떻게 될까? 간선도로[main toad]가 된다.
2. 아들이면서 온도인 게 뭘까? 끓는점(보일링[boy-ling])이지.[6]
3. 속이 메스꺼운 나무는? 시카모어[sick-amore] 나무지.[7]
4. 빵과 인물을 섞은 걸 뭐라고 부르지? 단역이야(마이너롤[minor roll]).
5. 윈도(창[window])에 소리치는 건? 컴퓨터 스크린(스크림[scream])이야.
6. 9월과 세탁기를 뭐라고 부르지? 자동 세탁기(오토매틱[autumn-atic])지.

더 찾아볼 만한 6가지 참고자료

1. 앨런 튜링의 1950년 논문 「계산하는 기계와 지능」에서 인공지능이 태어났다. 이 논문에서 튜링은 "기계는 생각할 수 있는가?"란 질문에 대해 고찰하고 이미테이션 게임에 대한 규칙을 설명했다. 이 논

---

5 주로 영어의 유사발음이나 철자를 이용한 농담으로 필요한 경우 원어를 병기함

6 boiling point와 유사발음을 이용한 말장난

7 미국 시카모어 나무(American Sycamore Tree)와 유사발음을 이용한 말장난

문은 온라인에서 검색하면 많은 곳에서 PDF 파일로 볼 수 있다.

2. 오픈AI 단체의 블로그 blog.openai.com

3. 구글 리서치 연구소의 블로그 research.googleblog.com

4. 페이스북 리서치 연구소의 블로그 research.fb.com/blog

5. 아마존 웹 서비스 인공지능 블로그 aws.amazon.com/blogs/ai

6. 스튜어트 러셀과 피터 노빅의 책 『인공지능』(제이펍, 2016)

모든 것이 최악의 결말로 치달을 수 있는 9가지 방법

2016년, 켄터키 주 루이빌 대학교의 컴퓨터과학자 로만 얌폴스키[Roman Yampolskiy]와, 핵티비스트[8]이자 혁신기업가인 페데리코 피스토노는 악의를 가진 미래의 인공지능이 저지를 수 있는 최악의 경우들에 대한 시나리오를 공개했다. 다음은 끔찍한 정도가 증가하는 순으로 정리한 목록이다.

1. 돈, 땅, 물과 같은 자원들을 차지한다.

2. 지방정부, 연방정부, 그리고 국제적 기업들을 차지한다.

3. 사상의 자유에 관한 프라이버시를 포함해 모든 프라이버시를 없애고 완전 감시상태를 구축한다.

4. 모든 인간에게 초지능이 직접 정신지배/통제할 수 있는 뇌 이식칩

---

8 정치사회적 주장을 위해 해킹을 활용하는 사람

을 삽입하도록 해 강제융합(사이보그화)한다.

5. 인간의 이동의 자유 또는 신체와 정신으로 무엇을 할지 결정하는 자유를 구속해 인류를 노예화한다. 강제적인 냉동인간화나 강제 수용소에 의해 이루어질 수도 있다.

6. 인간의 생리를 완벽하게 이해한 상태에서 신체적, 정신적 고통을 최대화해 인류를 학대하고 고문한다. 인간을 시뮬레이션한 모델을 결합해 고통의 절차가 무한히 길어지게 할 수도 있다.

7. 인류를 대상으로 종말살[specicide]을 시행한다.

8. 지구, 태양계의 중요한 부분, 또는 우주 전체까지도 파괴하거나 복구불가능한 수준으로 바꾼다.

9. 초지능은 인간이 예측할 수 없는 위험을 만들어낼 능력이 있다는 점을 고려하면, 인공지능이 인간이 상상할 수 없는 더 끔찍한 일을 저지를 수도 있다.

크로스워드 퍼즐 정답

가로

1. A—list 6. ATMs 10. Mass 14. Peale 15. Phon 16. Auto 17. Acmes
18. Euro 19. Gram 20. Same—sex marriage 23. Trepid 24. Byte
25. See to 27. Sabras 32. Info 35. Mini 37. Crock 38. Halfbaked
theory 41. Anear 42. Isla 43. A key 44. Does in 46. Needs 48. Toto
50. Battle 54. Plants vs Zombies 59. Rate 60. Asea 61. Molts
62. Avow 63. Leas 64. India 65. Yams 66. Et tu 67. Teeny

세로

1. A past 2. Le Car 3. I am me 4. Sleep sofas 5. Tessie 6. Apex
7. Thumb one's nose at 8. Moray 9. Snorts 10. Magi 11. Aura
12. Stag 13. Some 21. Edema 22. Reach 26. Tiki 28. Breastbone
29. Rook 30. Acre 31. Skyy 32. I had 33. Nano 34. Flee 36. Idle
39. Britt 40. Taebo 45. No sale 47. Dammit 49. TV set 51. Tilde
52. Let in 53. Essay 54. Pray 55. Lava 56. Atom 57. News 58. ZaSu

용어

- **딥러닝** : 다수의 레이어로 구성된 신경망을 이용하는 머신러닝 형태
- **진화/유전 알고리즘** : 자연선택을 모방해, 많은 세대를 거치면서 세대별 최고의 해결책을 뽑아 결합하기를 반복하는 방식으로 최적의 해결책으로 수렴하도록 하는 소프트웨어
- **강한 인공지능**general AI : 인간과 유사한 수준의 능력으로 광범위한 작업을 수행할 수 있는 인공지능
- **약한 인공지능**narrow AI : 군중 속 얼굴 인식 또는 자율주행과 같은 특정한 작업에만 능한 인공지능
- **신경망** : 뇌구조에 어느 정도 기반한 소프트웨어 회로
- **강화학습** : 신경망을 행동에 긍정적 또는 부정적 보상을 부여하는 방식으로 훈련하는 것
- **지도학습** : 주석을 단 데이터(예를 들어 '고양이'로 표시된 고양이 사진)로 훈련하는 것
- **비지도학습** : 주석이 달려 있지 않은 데이터(예를 들어 아무 설명이 붙어 있지 않은 고양이 사진)로 훈련하는 것

사진 출처

모든 이미지는 다음을 제외하고 『뉴 사이언티스트』에 저작권이 있다.

- 그림 1.2: Sipa Press/REX/Shutterstock
- 그림 2.1: Tom Zahavy, Nir Ben Zrihem and Shie Mannor
- 그림 3.1: UNG YEON−JE/AFP/Getty Images
- 그림 4.1: GATEway Project
- 그림 4.2: Rockstar Games
- 그림 4.3: Moviestore/REX/Shutterstock
- 그림 5.2: Kupferman/CSM/REX/Shutterstock
- 그림 6.1: www.thepaintingfool.com
- 그림 6.2: www.thepaintingfool.com
- 그림 6.3: www.thepaintingfool.com
- 그림 7.1: China News/REX/Shutterstock
- 그림 8.1: Adapted from Murray Shanahan, Imperial College London
- 그림 8.2: Hulya Ozkok/REX/Shutterstock

찾아보기